해탈로 가는 길, 쿤달리니

해탈로 가는 길, 쿤달리니

玄德 金得柱 지음

보문사

머리말

　'나는 무엇인가.' '너 자신을 알라!' 이 같은 회의(懷疑)는 아득한 옛날부터 수많은 철인들과 석학들에서 시중의 범부에 이르기까지 인구에 회자하면서 오늘날까지 이어져 내려오고 있다. 아주 쉬운 듯하지만 명쾌한 판단을 유보한 채 시원스레 그럴듯한 답을 내놓은 사람이 아직 없었다.

　'나'란 눈에 보이는 육체를 가리키는 것도 아니며 그 마음을 의미하는 것도 아니다. 바로 현재의 실존을 만들어낸 본질에 대한 의문이기 때문이다. 이와 같은 근원적인 문제를 해결하는 방법으로 사람들은 동서양을 막론하고 명상을 선택하였고 그 구경점이 의식이 멸진하거나 진아(眞我)를 구현하는 대충 두 가지 방법으로 집약하고 있다.

　열반이나 해탈은 진아를 자증하였을 때 이루어지며, 의식의 멸진이란 생각이 끊어진 상태인데 오감이 작용할 수 있는 경계에 이르렀을 때 체험하게 된다. 세상 대부분의 수행단체들은 화두선이 대표적인 '의식의 집중과 정신의 극도의 긴장 속에서 궁극에는 그 의식이 무의식으로 통하고 그 의식은 그대로 밖으로 뛰쳐나와 깨달음으로 이어진다'라는 의식을 멸진시키는 방법 또는 이와 유사한 방법을 채택하고 있다.

열반이나 해탈에 다가서는 길은 인간의 한계인 오감을 초월한 전의(轉依)와 삼매를 거듭하여 화엄경 십지품의 5지 이상을 수행해야 다가설 수 있는데 안타깝게도 수행방법은 생략된 채 결과만 대승경전에 기록되어 있어 수행자들이 접근할 엄두를 내지 못하는 실정이다.

능가경은 두 가지 수행방법을 열거하면서 옳고 그름까지 설하였다. 생사와 번뇌의 고(苦)에서 벗어나기 위해 열반을 구하는 것은 그 분별하는 의식만 끊어지면 바로 열반에 이르게 된다는 수행방법이다. 이는 일체의 차별상은 허망한 분별에서 비롯한 것인데 생각이 빈 공간만으로는 마찬가지의 분별상이어서 구경을 추구하는 경지에서는 '얻을 수 없는 것'임을 인지하지 못하기 때문이라고 질책하였다.

대열반은 장식(藏識)을 전변해야 이뤄진다는 설명이다. 전변은 바뀐다는 의미로 전의(轉依)를 가리키는데 이 세상의 저열한 의식이 깨달음의 상승 의식으로 바뀌고 삼매로 이어져야 함을 뜻한다. 전의가 되기 위해서는 오매일여나 숙면일여와 같은 상태와 생각이 끊어진 빈 공간인 무상정을 차례로 거치지만 의식이 바뀌는 과정이 수반되어야 열반이라는 것이다.

경의 가르침대로라면 현재까지의 수행자들은 모두 잘못된 방법으로 실행하고 있었다는 의미이다. 따라서 옛날부터 수행자들 사이에 구전되는 '도는 길 없는 길'이라는 말이 허언이 아니었음이 증명된 셈이다.

하타요가 프라디피카의 설파처럼 열쇠로 문을 열 듯이 쿤달리니로 해탈의 문을 열어야 한다. 합일이나 열반, 해탈은 쿤달리니가 각성되고 완성되어야 가능하다. 바로 일상적인 마음의 벽을 뛰어넘는 데 쿤달리니가 큰 기여를 하기 때문이다.

딴트라나 요가 경전에서는 쿤달리니가 각성되면 큰 지혜를 얻어 새로운 창조력이 일어남으로써 비전 · 심령적 체험들이 나타날 뿐만 아니라 예언자, 성자, 영감에 가득 찬 예술가, 시인, 작가, 초능력자 등이 될 수 있다는 등 몸과 마음에 커다란 변화가 찾아온다는 설명을 찾아볼 수 있다.

또한 요가경전은 쿤달리니가 각성되었을 때를 깔리여신으로 상징화한다. 깔리여신이 시바신 위에 서 있는 모습은 바로 영혼을 완전히 정복하였음을 표현한 것이다. 두르가신으로 바뀐다면 지극히 밝고 맑은 영광스러운 미래가 펼쳐지는 대신 처음에는 각성 후유증으로 감당할 수 없는 고통을 겪어야 한다고 하였다.

이상과 같은 쿤달리니의 각성은 수행하다가 또는 평범하게 생활하던 중 갑자기 일어나는 자연각성의 경우이다. 그 후유증은 현대의 의술이나 첨단 의료장비로도 치료는커녕 진료조차 불가능할 정도이므로 고통이 상상 이상이라 한다.

따라서 명상단체들은 쿤달리니를 인위적으로 각성하는 방법을 추구하였다. 그 결과 좌법(坐法:asana)과 호흡법(pranayama), 크리야요가와 명상을 수련하면 프라나를 쿤달리니가 잠든 자리로 보낼 수 있으며, 에너지가 깨어나면 척추의 중심 신경 통로를 통해 머리로 올라간다는 것까지는 파악하게 되었다. 이 정도의 노력은 도가의 『참동계(參同契)』에서도 엿볼 수 있다.

갖가지 노력에도 불구하고 상기증(上氣症)을 예방할 방법을 찾지 못해 인류는 쿤달리니와 단절된 채 오늘에까지 이르렀다. 따라서 쿤달리니라 하면 그 작용과 폐해들이 모두 부풀려지고 훼손된 채 접근할 수 없는 영역으로 인식되어 두려움의 대상이 되었다.

그러나 이제 쿤달리니 수행을 통한다면 누구나 해탈하는 길이 펼쳐지게 되었다. 20여 년에 이르도록 많은 제자들과 함께 쿤달리니 각성법을 활용해 왔지만 상기증 등 후유증이 일절 발생하지 않았다.

쿤달리니의 각성은 육체적 · 정신적 건강의 차원에서 더할 나위 없이 요긴하다. 힐링이나 명상이 대세인 요즘 병원은 고사하고 약국 방문도 불필요할 정도로 심신의 건강을 유지하게 된다. 영계나 신계에도 거침없이 드나들고 또한 전의하여 공계(空界)에도 드나들어야 할 것이다. 이 목표를 완수하는 노정에서 모든 재난으로부터 보호하고 어떤 마(魔)의 장애에도 견디도록 보장하고 있다.

마지막으로 수행자들이 고차원의 수행상 해결하기 힘든 난점으로는 첫째 이완(弛緩)을 쉽고 신속하게 해야 한다는 부분이다. 즉 허리를 쭉 편 채 호흡을 하는 듯 마는 듯 미세하게 하기 위해서는 지극한 이완이 필요하다. 둘째 의식과 몸을 분리하여 관할 수 있어야 한다. 분리하지 못한다면 높은 수준의 수행이 불가능하다. 이 문제들은 쿤달리니가 가슴쯤 도달하는 1년 정도의 시점에서 저절로 체득하게 된다. 셋째 오감을 초월하는 방법이다. 오감의 한계를 넘어 전의 삼매가 이뤄지는 방법도 제시하였는데 자신의 상황에 맞도록 취사 선택하도록 하였다.

이 세상 종교들이나 수행터의 수준이 영적 구원을 감당할 능력이 없다. 이승이든 천국, 지옥이든 모두가 윤회의 회오리 속에 갇혀 있다. 이처럼 좁고 닫힌 공간 속에서 답답하고 갑갑함을 벗어버리기 위해서는 우리 몸에 잠재하는 에너지의 각성이 절대 필요한 시점이기도 하다. 쿤달리니는 선택받는 자가 아닌 주재자가 될 수 있는 길이다. 누구나 서 있는 그대로, 가족 친지들과 함께 더불어 살면서도 얼마든지 수행하여 우뚝 설 수가 있다.

玄德　김득주

목차

1. 사람이 과연 부처가 될 수 있을까

언제부터인지 도(道)는 길 없는 길이라 하였다. 도란 무엇인가. 인도 불교의 〈구사론 권25〉에 따르면 도란 깨달음[涅槃]으로 가는 길이고, 궁극적 목적을 달성하기 위한 수행 방법이나 법칙을 의미한다 하였다.

그런데 깨닫기 위해 가는데 길이 없다 함은 무슨 뜻일까. 왜 '길이 없는 길'이라 하였을까. 사람의 조건으로는 깨달을 수 없음에 대한 상징적 표현일까. 아니면 구경의 경지에 이른 사람은 분명히 존재하는데도 깨달은 이가 자신이 어떻게, 왜 깨달았는지 그 과정을 기억하지 못하거나 설명할 방법이 없기 때문일까. 혹은 깨달은 이가 깨닫는 방법 등을 모두 설명했지만 수행자들이 이를 이해하지 못하거나 도저히 따라할 수 없는 요인이 있는 것이 아닐까.

〈잡아함경(雜阿含經)〉에 따르면 석존께서 말씀하시는 도는 '과거 뛰어난 고인들이 걸었던 길을 본받아서 오로지 걸어나간 결과 발견한 고성(古城)'이다. 예부터 존재하던 그 고성은 발자취를 따라 걷지 않는 사람에게는 결코 발견될 수 없다고 기록하고 있다.

그 발자취가 바로 팔정도(八正道)를 실행하는 것이라 하였다. 여덟 가지 실천 수행법인 팔정도는 중생을 올바른 깨우침으로 인도하는 가장 합리적인 방법으로 평가되어 피안으로 가는 배 또는 뗏목에 비유하기도 한다. 석존은 팔정도의 실천, 수련이 궁극적인 깨달음으로 가는 유일한 길이라 하였다.

그런데 언제부터인지 '도는 길 없는 길'이 되었다. 그렇다면 석존께서 일러주신 수행 방법이 잘못 전달되었을까. 왜 수행자들이 따라할 수 없을까. 석존 이후 몇몇 성자들이 전해준 수행방법들까지도 더불어 길로서 인정받지 못하고 있는 실정이다. 무슨 까닭일까.

이처럼 길이라 하면서 길을 찾지 못해 몸부림쳤던 세월들이 몇 천년 흘렀지만 오늘도 세상의 모든 수행장소에는 항상 용맹정진하는 수행자들로 가득하다. 수행자들이 길이 없다는 이 수행방법에 맹목적으로 매달리는 이유가 무엇일까.

세상에서 공인하는 종교나 단체들의 수행방법을 살펴보자.

2. 도란 무엇인가, 어떤 방법들이 있는가

　살아가다 보면 자신이 뭔가로부터 속박이나 제약을 받고 있다는 생각이 문득 떠오르는 순간이 있다. '나는 무엇인가' '나는 어디서 와서 어디로 가는가' '나는 왜 살아야 하는지.' 자신도 모르는 사이 끊임없이 되새겨지는 이 의문들은 삶 자체에 대한 회의감의 표현이다.

　이런 생각들이 명상의 시작이고 곧 이어 도를 찾는 계기가 된다. 이 명상의 근원은 인더스와 갠지스 강 유역의 모헨조다로 유적지에서 출토된 명상 자세의 한 토우(土偶)에서 비롯된다. 따라서 명상의 시작은 7천 년을 훨씬 넘었고 문자화된 기록은 BC 5~6세기경 힌두사상을 집대성한 우파니샤드에서 볼 수 있다는 것이 일반적 견해이다.

　이 기록에 의하면 윤회(輪廻)의 고통에서 벗어나려면 진아(眞我)를 찾아야 하는데 그 방법이 자신의 내면을 들여다보는 것이다. 이 마음에 의식을 집중하는 행위를 명상이라 하였다. 즉 전지전능한 신과의 합일을 위하여, 또는 궁극적인 깨달음을 향해 그 목적을 달성하기 위한 수단이 도(道)요, 도가 곧 명상이라 하였다.

명상은 눈을 감고 마음을 한결같이 한 곳에 집중함으로써 인생과 세계의 참된 모습을 알고, 인격을 연마하는 행위이다. 또한 마음의 고통으로부터 인간을 해방시켜 아무런 왜곡 없는 순수한 마음 상태로 돌아가는 수행법이다.

인류의 발생과 더불어 기원한 명상 방법들은 동서양을 막론하고 지역이나 목적에 따라 다양하게 존재한다. 명상은 모든 종교와 깊은 관계가 있다. 불성(佛性)이나 우주적 본질 등을 내세우는 종교는 사람의 내면을 탐구하는 명상을 수행의 바탕으로 하고, 창조주나 신성의 힘에 의지하는 종교는 열성적인 실천과 경건한 예배, 간절한 기도 등 집중을 위주로 하는 명상을 주요 의례로 한다. 유명 종교들이 실천하는 명상의 실태를 살펴보자.

천주교의 명상

천주교의 명상에는 향심(向心:集中)기도, 관상(觀想)기도, 묵상기도, 묵주(默珠)기도, 청원(請願)기도, 성령(聖靈)기도, 전례(典禮)기도 등이 있다. 때와 방법에 따라서는 새벽기도, 철야기도, 금식기도, 방언기도 등이 있다.

향심기도는 초대 교회 때부터의 전통적인 방법으로 하느님과의 관계를 성장시키는 수련이다. 즉 하느님이 내 안에 현존하고 활동함에 동의함으로써 하느님께 대한 응답으로 이루어진다. 향심기도는 관상기도를 하기 전 예비기도 방식이다.

그 방법은 첫째 기도를 시작하기 전 1~2분간 조용히 마음 안에서 하느님을 상정한다. 둘째 믿음으로 충만한 가운데 거룩한 이름을 불러들여 마음으로 암송하기 시작한다. 향심기도는 내 안의 하느님과의 연결을 유지해 주며 주위 사람들과 사물들에 긍정적인 마음을 가지게 한다.

묵주를 돌리면서 하는 묵주기도는 나와 하느님과의 일치로 이끌어 주는 의식이다. 청원기도는 하느님께 부탁하는 기도, 성령기도는 노래하고 몸을 흔들기도 하는 외향적인 기도, 전례기도는 성찬의 전례 의식에서 행하는 기도이다. 마음과 정신을 하느님께 몰두하여 하느님의 현존 속에서 사랑의 계명을 따르고 율법을 지키도록 구원하는 기도는 묵상기도이다.

천주교에서 가장 상위 기도인 관상기도는 하느님의 말씀을 경청하고 그리스도와 하나되는 것으로 설명한다. 우리 안에 있는 하느님을 알기 위해서는 잘못된 의식구조와 이기적인 행동 등을 정화하여 영혼을 순수하게 변형해야 한다. 이 변형은 자신의 노력이 아닌 하느님에 의한 수동적인 정화이다. 참다운 영혼의 정화는 하느님이 직접 해주는 것으로 자신을 내어놓기만 하면 된다는 것이다. 이와 같이 천주교의 명상은 신인합일(神人合一)을 목표로 하는 정신집중법이다.

기독교의 명상

기독교에서 인간은 하나님의 진리의 빛으로써 구원받을 때 본성이 완성된다고 한다. 기독교의 종교적 수행은 하나님을 믿음에 있어 청종(聽從), 즉 명을 따르고 지키는 일을 중요시한다.

정해진 시간과 장소에서 하나님에게 예배드리며 그때 자신의 사명과 소명을 확신하는 것이 중요한 수행방법이다. 자신의 구원을 허락한 하나님에 대한 감사와 응답, 속죄와 용서의 경험, 하나님의 선물인 신앙, 구원받은 이들의 책임과 사명인 선교(宣敎)가 수행의 으뜸이다.

기독교의 기도는 주로 정신집중으로 이루어진 묵상(默想)기도와 마음을 바라보는 관상(觀想)기도 두 가지로 나눌 수 있다. 묵상기도는 하나님의 말씀과 그 진리와 내용을 음미하며 소리 내지 않게 기도하고 간구하며 깊이 성찰하는 기도를 말한다.

특정한 성경적 주제에 통찰력을 깊게 하고 그에 따라 자신의 전인격과 삶을 반성하고 성찰한다. 묵상기도를 할 때는 외딴 곳, 골방, 산속 등 내적 고요를 유지할 수 있는 장소와 시간을 택한다. 눈을 감고 긴장을 푼 상태로 하나님이 존재함을 의식하며 기도하는 것이다.

관상기도는 모든 실체의 근원이며 참된 실체인 하나님을 마음으로 향하는 기도이다. 이 기도는 아무 생각이 없는 상태를 지향한다고 하는데 심지어 의식 너머에 이르고, 그곳에 머무르기를 희구한다면 초월의 경지를 추구하는 고급 수준의 명상이라 할 수 있다.

도가(道家)의 명상

도가는 노자(老子)와 장자(莊子)를 중심으로 무위자연(無爲自然)의 도를 숭상하는 중국철학의 주류이다. 육체적인 불로장생을 추구하는 신선가(神仙家)나 기복적인 성향이 강한 도교(道敎)와는 달리 정신적인 깨달음을 추구하였다.

꿈속에서 나비가 되어 즐겁게 놀았다는 고사를 가진 장자는 호흡[息]을 마음과 기(氣)로써 듣는다[聽]는 청식법(聽息法)을 수행법으로 행한다. 마음을 집중시킴으로써 텅 빈 적정(寂靜)상태로 들어갈 수 있다는 것이다. 그 적정상태를 자연의 상태 즉 인간의 본래 모습으로 보았다.

정신집중으로 인한 인위적인 상태가 아니라 자연스럽게 텅 빈 듯한 상태로서 자연으로 돌아가는 것이 도(道)라 하였다. 노자가 훌륭한 군주의 이상적 통치를 통한 개혁을 추구한 반면 장자는 개인의 자유와 생활에 중점을 두었다.

도가는 벽곡(辟穀), 금단(金丹), 도인(導引)과 조식(調息), 복기(服氣), 태식(胎息) 등 양생(養生)과 운기(運氣)를 주로 수련한다. 명상법과 수련방법이 다양하지만 수행법으로는 무아의 경지[坐忘] 같은 정신집중으로 적정(寂靜)상태를 추구하였다.

이슬람의 명상

이슬람교에서는 마호메트를 시조로 여기지만 신앙의 대상은 알라신이다. 이슬람의 어원은 평화이고 알라 신에 대한 절대적인 복종, 순종을 통해 평화를 얻는다. 평화는 이슬람의 핵심이고 궁극적인 목적이다.

수피라는 고행자들의 종파를 수피즘이라 한다. 수피의 길은 알라를 향한 길이요 자기 자신을 죽이고 신 안에 사는 것이라 한다. 고행자들은 정신적인 완성과 신과의 합일을 목적으로 극기, 금식, 명상, 걸식 등의 수행을 행한다. 자신의 영혼을 정화하고 하느님에 대한 절대적인 믿음, 자아를 소멸하고 유일자와 합일하기 위해 정진한다.

마호메트는 수행을 네 단계로 가르친다. 첫째 눈에 보이지 않는 것에 대한 믿음, 둘째 눈에 보이지 않는 것에 대한 탐구, 셋째 자신의 영혼 깊은 곳을 들여다보아 얻는 것에 대한 지식, 넷째 그 보이지 않는 것의 현실화, 즉 깨달음이다.

이슬람은 신비스러운 회전춤과 음악적 기도인 지크르를 염송하며 제자리에서 고속으로 회전하는 몰아적(沒我的) 명상을 통해 인간과 알라의 일체감을 추구하기도 한다. 이슬람교도 자아를 소멸하고 신(神)과의 합일을 바란다고 한다.

힌두교의 명상

힌두교는 여러 신들을 믿는 다신교였으나 우주 만물과 인간의 궁극적 실재를 브라흐만으로 보는 일원론으로 변모했다. 아트만이란 개별 의식과 브라흐만이란 우주 의식을 하나라 하였다. 힌두교의 목표는 바로 윤회로부터의 해탈이다. 구원에 이르는 힌두교의 길에는 카르마 마르가, 갸냐 마르가, 박티 마르가 등 세 가지 수행법이 있다.

첫째 카르마 마르가는 공덕으로써 이루는 길로, 결과를 생각하지 않고 자기 의무를 수행하는 행위의 길이다. 일상적인 행위를 충실히 수행하며 결과에 대한 집착이나 욕심을 떠나 순수한 마음으로 살아감으로써 업(業)의 구속으로부터 해탈을 얻고자 하는 행위의 길이다.

둘째 갸냐 마르가는 지혜로써 이르는 길이다. 인간의 모든 문제가 무지(無知)에서 비롯한다는 신념이다. 감각기관과 욕망을 제어하고 흔들림 없는 지혜를 얻어 궁극적 실재와 하나가 되려는 수행으로, 명상과 요가가 중요한 수행법이다.

셋째 박티 마르가는 봉헌으로써 이르는 길이다. 신에 대한 열렬한 사랑과 절대적 귀의에 바탕을 둔 헌신의 길이다. 박티란 이미 받았거나 약속된 은혜에 감사하는 마음으로 어떤 신을 지성껏 봉헌하는 것을 말한다. 세상은 인간보다 훨씬 큰 힘을 가진 존재들로 가득 차 있고 그런 존재들로부터 도움을 받을 수 있다고 믿었다.

힌두교의 수행은 생사윤회에서 벗어나 해탈을 성취함을 목표로 한다. 신체를 통한 직접적 체험을 얻음으로써 윤회로부터 해탈할 수 있다고 생각하는데 이 신체적 체험이 바로 요가다.

요가 수행법

다섯 가지 감각기관과 의식이 정지하여 움직이지 않는 상태를 최고의 경지라 한다. 이 같은 감각기관을 조율하는 다양한 방법들을 〈카타 우파니샤드〉는 요가라 정의하였다. 그 방법으로 "혀끝을 위 잇몸에 붙이고 감각기관을 조율하면서 절대신(絶代神)을 직관하라. 그러면 무아(無我)의 경지에 도달하게 된다'라고 하였다.

〈요가수트라 1-2〉는 '요가란 마음의 작용을 없애는 것이다'라 하였고 〈마누법전〉은 '요가에 의해서 진아의 본성을 알게 된다'라고 설명하고 있다. 또한 '요가는 몸을 건강하게 하고 병을 치료하며, 좌선하여 명상을 곁들임으로써 정신과 육체를 완전하게 하는 방법'이라고 설명하였다.

이상은 인도의 고전이 정의한 요가의 개념들이다. 요컨대 감각을 조절하여 오감이 안정되고 심신이 동요하지 않는 적정상태를 최고의 선정으로 여겼는데, 이같이 감각을 제어하는 방법을 일컬어 요가라 하였다.

요가 수련은 크게 두 가지로 나뉜다. 신체적 수련은 금계(禁戒)·권계(勸戒)·좌법(坐法)·조식(調息)·제감(制感) 등 다섯 단계가 있어 하타요가라 이름하며, 정신적 수련은 응념(凝念)·정려(靜慮 : 禪)·삼매

(三昧) 등 세 단계가 있어 이를 라자요가라 한다.

　　1단계-야마[禁戒]···살생하지 말고, 거짓을 말하지 말며, 질투하지
　　　　　　말고, 간음하지 말며 욕심내지 말 것 등.

　　2단계-니야마[勸戒]···순결, 만족, 고행(苦行), 학송(學誦), 최고신에
　　　　　　의 귀의[念神] 등 다섯 가지.

　　3단계-아사나[坐法 : 體位法]···명상하는 동안의 올바른 자세와 운
　　　　　　동법을 규정하고 있다. 좌법은 안정되고 쾌적해야
　　　　　　하며 명상하는 방법 및 몸과 마음을 조절하는 방
　　　　　　법으로 47가지 또는 84가지가 있다.

　　4단계-프라나야마[調息法]···금계, 권계, 좌법이 이루어지면 호흡법
　　　　　　을 반드시 수련해야 한다. 호기와 흡기 등 호흡의
　　　　　　강약과 멈추기 등 호흡을 조절하는 것이 조식이며
　　　　　　시간과 장소, 호흡수에 따라 길고 가늘게 해야 한
　　　　　　다.

　　5단계-프라티아하라[制感]···1, 2, 3, 4단계의 방법을 통해 내적 수
　　　　　　행이 이루어지면 감각적인 자극에서 마음이 벗어
　　　　　　나야 한다. 즉 오감의 감각 기능이 자신의 의지에
　　　　　　따라 통제되어야 하는데 이것이 제감이다. 감각을
　　　　　　일으키는 눈, 귀, 코, 혀, 살갗, 손발, 배설기, 생식
　　　　　　기, 심근, 의근 등 열한 가지 근(根)이 동시에 조절
　　　　　　된다면 초월의 상태에 들어갈 수 있다.

신체적 수련인 1단계에서 5단계까지를 하타요가라 하며 6단계~8단계는 정신적 수련단계이다.

6단계-다라나[凝念]…마음을 한 장소에 결속시킴으로써 마음작용을 제어한다. 의식집중이 지속되면 자연스레 관념이나 표상이 없어져 깊은 적정의 경지로 발전하게 된다. 처음에는 미간이나 코끝, 심장 등에 정신을 집중한다. 이들 집중이 원활해진 다음 추상적인 관념에도 명상한다. 성스럽고 거룩한 대상, 사랑과 자비의 상징인 신(神)이나 보살, 부처에게 또는 진선미를 갖춘 대상에 집중한다.

7단계-디아나[靜慮]…일정한 장소에 의식작용이 한결같이 집중된 상태 즉 고도의 의식 집중 상태를 정려라 한다. 주관과 객관의 대립적 의식이 완전히 끊어지지 않고 자의식이 남아 있지만 이 자의식도 경지의 진전에 따라 소멸된다.

8단계-사마디[三昧]…<요가수트라> 자재품 제3절에 '삼매는 한결 같은 상태에 있어 그 대상만이 빛나고 자기 자신은 없어진 것같이 되는 것'이라 하였고 제5절에는 '그것을 수득하면 예지는 빛난다'라고 설명한다.

푸루샤[觀照者:眞我]가 이 사마디의 경지에서 나타난다. 이 단계에서의 명상은 오감을 초월하는 경지이며 깨달음으로 가는 관문이 여기서 열린다. 어느 수행자는 이 수행법에 대해 다음과 같이 피력하였다.

"1단계부터 4단계에서 쿤달리니가 각성할 수 있으며 이 쿤달리니는 나아가 완성으로 확장하게 된다. 그리고 7단계까지는 제시된 수련방법을 통해 상당히 어렵지만 지극히 소수의 수행자는 삼매에 도달할 수 있다." 이어 "8단계에 해당하는 사마디 단계는 오감을 넘어서야 하는 거대한 벽에 가로막히게 된다. 이 단계에 들어서서 깨달음으로 향하는 길은 어떤 방법으로든 거의 불가능한 상황에 처해진다"라 하여 인간의 궁극적인 깨달음은 불가능하다고 고백하였다.

요가 수행에 의해 최고 경지에 이르렀다는 내용을 소개한다.

우파니샤드에서는 "혀끝을 위 잇몸에 붙여 여러 기관을 통할하여 위대성[mahiman : 萬有自在神]이 되어 직관하라. 그러면 무아(無我)가 되고 무아의 경지에 도달한다"라고 하였는데, "이것으로 그 당시의 요가는 이전의 행법에서 말해온 제감(制感)보다 높은 고차원적 심리 조작과 신비적인 체험을 갖추고 있었음을 짐작할 수 있다"라고 학자들은 설명하고 있다.

이 경지가 우파니샤드에서는 최상의 경지인 듯하다. '무아가 되고 무아의 경지에 도달한다'면 이무상정에 이르렀다는 것을 의미하며 '위대성이 되어 직관한다'는 말은 삼매에 이르렀다는 의미인 듯하다.

여기서 푸루샤라 함은 깊은 명상상태, 즉 삼매에서만 인식되는 '처다보는 자'로서 힌두교나 요가 및 도가, 선도 등 수행자들에게는 구경지에 도달하였다는 표식이기도 하였다. 명상중의 삼매에서 이 '쳐다보는 행위'나 신비한 형상들이 나타나면 진아를 보았다 하여 구경열반에 도달한 것으로 생각하였다.

그런데 혀를 입천장에 대는 행위와 모든 감각기관을 제어하는 행위를 동시에 시행한다는 것은 의외이다. 혀끝을 입천장에 붙이는 행위는 4단계의 호흡을 조절하기 위한 조식법에 따른 방법이며 감각을 제어한다는 것은 5단계의 오감을 억제하는 방법이다.

이 두 가지 방법은 같이 사용할 수 있지만 6단계 이상의 경지일 경우 동시에 사용한다면 감각을 제대로 제어할 수 없다. 입천장에 혀를 붙이는 행위는 작위행이지만 감각을 제어하는 행위는 무작위행이다. 이와 같은 상황은 무아를 체험할 수 있는 경지와는 거리가 멀다. 이 경지의 설명은 오감의 한계를 벗어나지 않은 상태에서의 삼매를 말하는 것으로 판단된다.

"등지가 깊어지면 기억이 사라져 마치 의식 자체가 없는 것같이 되어 객체만이 홀로 빛난다. 이것이 무심(無心)이다." 역시 객체에 대한 의식은 오감의 한계를 초월한 경지가 아니다.

어쨌든 우파니샤드는 범아일여(梵我一如)를 실현시키는 수행법이라 한다. 카타카에서는 심신이 서로 어울려 적정(寂靜)한 상태를 최상의 경지로 삼고 있는데 이는 감각의 제어를 통해서 심신이 동요되지 않는 경지를 말하였다.

슈베타슈바타라 우파니샤드에는 "…모든 감각을 마음속에 포용했을 때 범선(梵船 : om)을 타고 두려움에서 초월할 수 있다. 호흡을 절제하고 코에서 토해내는 숨소리[鼻息]가 그윽하여 날뛰는 생각[意馬]을 잘 다스리면 옴의 범선을 타고 안온하고 두려움이 없는 세계인 피안으로 간다"라고 설하고 있다.

슈베타슈바타라의 이 가르침은 초월로 가는 제대로 된 방향 제시이다. 자신의 의식과 감각들을 충분히 조절할 수 있는 수행자가 삼매로 들어가는 과정에 대한 생생한 구술이다.

모든 감각이 제어되면 전신의 피부가 가늘게 떨리며 소름이 돋으면서 머리와 귀에서 가벼운 진동소리가 난다. 이 진동음을 요가와 불교에서는 '옴'이라 표현한 듯하다. 모든 감각이 제어되고 호흡을 스스로 의식할 수 없는 지경에 이르면 그 미세한 에너지의 진동음이 들리면서 삼매에 들게 된다.

다시 말하면 이 경지에 들어선 수행자는 명상을 시작하면 의식과 감각이 동시에 제어되면서 바로 에너지가 진동한다. 곧이어 '으..오. 옴'하는 진동소리가 그침과 동시에 순간적으로 생각이 끊어진다. 다시 이어 깊은 심연으로 빠지는 감각을 느끼게 된다. 이것이 인간의 저열한 의식이 수승한 의식으로 바뀐다는 전의(轉依)의 작용인데 바로 이어 삼매가 실현되는 경지이다. 이 삼매에 들 수 있어야 깨달음을 얻게 되고 부처의 수행이 시작된다.

우파니샤드의 한 유파에서 초월의 경지에 진입하는 기록을 발견한 것은 참으로 다행이다. 요가서적에서 쿤달리니가 사하스라라에 도달하면 범아일여(梵我一如)가 되며 지고(至高) 의식이 자리잡는다는 내용을 찾아볼 수 있다. 그러나 번역서 중에서 이 과정을 마스터하였다는 수행자에 대한 기록을 발견할 수 없음은 참으로 안타깝다.

이 기록이 사실이라면 이 과정을 통과한 선인들의 기록들이 남겨져 시시비비가 펼쳐져야 한다. 석가세존은 쿤달리니에 대해서는 일절 언급하지 않았다. 이전 문도의 서적들을 직접 해독할 능력이 없어 정확하게 이해할 수 없지만 이 기록에 의해 우파니샤드가 오감의 한계를 넘어서고자 하는 수행법임을 간파하는 정도의 수확으로 만족할 수밖에 없었다.

이상 불교를 제외한 주요 종교들의 명상 방법들을 둘러보았다. 이들 종교의 수행자들은 자신들이 믿는 창조주나 신령들과 하나가 되려는 의도로, 또는 초월이나 진아를 구현하기 위해 명상을 수행하고 있음을 파악할 수 있었다.

요가나 도가에서 지고의 의식을 의미하는 것으로 알려진 진아(眞我)는 수행 중 의식 몰입 정도가 상당한 차원에서 느껴지는 현상, 또는 그 수준에서 무엇인가를 자기라고 의식하는 현상들을 말한다.

창조주나 신령은 모두 나[主觀]과 너[客觀]이 있고 선과 악이 존재하는 이원적 의식의 소유자들로 의인화(擬人化)되어 있어 권선징악(勸善懲惡)과 파사현정(破邪顯正)을 사람들에게 가르치면서 진리로 삼는다.

이 종교들은 신과 사람들을 보다 가깝게, 보다 친밀해지도록 그리고 있는데 사실상 둘 사이에는 얇은 커튼이 드리워진 상황과 같다. 이들 사이에는 친밀감과 경외심, 두려움 등이 수시로 교차한다. 의식 공동체에서 높고 낮은 신분 관계와 같아서 노력하면 소통이나 합일이 가능하고, 경우에 따라서는 음영(陰影)으로 항상 같이할 수도 있다. 따라서 신이 대상인 종교의 명상은 '길(道)'을 찾는 수행이라 할 수 없다.

불교의 명상

불교에서는 다른 종교에 비해 보다 세밀하고 친절한 수행법을 행하고 있는 듯하다. 불교의 교조 석가모니의 수행을 알아보자.

석가모니가 출가하여 선정을 배운 두 선인은 당시 으뜸가는 선정자로 많은 제자를 거느렸으며 가장 높은 경지의 선정을 수련하고 있었다. 이 선인들의 선정은 물(物)로서의 육체를 떠나 마음의 해탈을 구하는 것이었다. 이들 중 아라라 카라마 선인은 무소유처의 선정을 최고의 경지로 삼았고 웃타카 라마풋타 선인은 비상비비상처의 선정을 이상적인 경지라고 석존에게 가르쳤다.

육체는 더러운 것, 혐오스러운 대상으로 육체의 지배로부터 벗어나 오로지 평화로운 마음의 경지를 목표로 삼았다. 궁극의 경지는 역시 육체가 멸해 버린 상태에서 구해진다고 믿었다.

석존은 이들 밑에서 최고의 선정을 수행했지만 자신이 추구하는 궁극적인 선정이 아님을 깨닫고 새로운 수행방법을 찾아 나선다. 진리를 구하는 길을 고행과 동일시한 당시에는 많은 사람들이 함께 모여 육체를 혹사하면서 수행하였다. 고행자들은 숲속에서 살면서 명상을 통해 범아일여(梵我一如)의 경지, 즉 신인합일을 이루기 위해 노력하였다. 그들은 물만 마시거나 단식을 하였고, 혹한이나 혹서에도 장소를 옮기지 않은 채 극한의 고통을 인내하였다. 재나 진흙을 몸에 바르거나 양손을 들고, 또는 한 발로 서서 버티기도 하고, 해와 달을 똑바로 응시하는가 하면 가시 있는 나무나 판자 위에 눕거나 몸을 계속 구타하기도 하였다. 이와 같이 육신을 괴롭힘으로써 불가사의한 힘을 얻을 수 있다고 믿었던 당시 인도에서는 고행이 최고 해탈의 길이라 인식되고 있어서 석존 역시 실제로 행해 보았지만 마침내 이 수행법을 버리고 말았다. 고행은 육체를 괴롭힐 뿐 현실에 맞지 않으며 결국 사후에야 얻어지는 해탈 방법에 지나지 않기 때문이었다.

석존은 육체를 괴롭히는 것은 참된 해탈이 아니며 현세에서 참된 해탈을 얻기 위해서는 육체가 멸해서는 안 된다고 믿었다. 일상생활에서 해탈의 생활을 실현하는 데 수행 목표가 있어야 선정에도 의미가 있다고 생각함으로써 마음과 몸이 하나(心身一如)로 공부할 수 있는 새로운 수행방법을 찾게 되었다.

이로써 석존은 깨달음이란 명제를 창안하였고 그 수행방법으로 팔정도(八正道)를 제시하였다. 팔정도는 열반이란 깨달음의 목표를 실천 수행하는 여덟 가지 방법인데 유기적, 단계적으로 서로 결합되어 있다. 이 수행법은 일상생활 속에서도 올바른 깨침으로 인도함으로써 영성 진화를 목표로 하는 사람들에게 심령과 정신을 정화하는 좋은 길잡이가 될 수 있다.

3. 팔정도는 어떤 수행법인가

　부처님은 최초의 제자 다섯 비구에게 이렇게 가르치셨다. "비구들이여! 출가 수행자는 두 가지 극단을 피해야 한다. 첫 번째는 감각적인 쾌락에 몰두하는 것으로 이것은 저열하고 천박하고 하찮고 유익함이 없는 것이다." "두 번째는 지나친 고행에 몰두하는 것으로 이것은 고통스럽고 저열하고 유익함이 없는 것이다. 중도(中道)는 통찰력을 주며 지혜를 주며 평화를 주며 깨달음으로 이끌고 열반으로 이끈다." 부처님은 이처럼 두 가지 극단에 치우치지 않고 중도, 즉 생활 속의 꾸준한 수행자세가 무엇보다 중요함을 깨달으셨던 듯하다.

　중도란 여덟 가지 바른 길인 '바른 견해, 바른 생각, 바른 말, 바른 행동, 바른 생활 수단, 바른 정진, 바른 마음 챙김, 바른 집중'으로, 바로 팔정도를 말한다. 이것이 '여래가 깨달은 중도로서 통찰력을 주며, 지혜를 주며, 평화를 주며, 깨달음으로 이끌고 열반으로 이끈다'라고 기록되어 있다.

　열반이란 '탐욕을 소멸하고 성냄을 소멸하고 어리석음을 소멸한 경지' 즉 사람이라면 누구나 감당해야 하는 고질인 탐진치(貪瞋癡)를 치유하는 유일한 방법으로 팔정도에 정진하면 아라한이 될 수 있고 부처에도 이를 수 있다고 설하였다.

'청정한 삶이란 탐욕을 쳐부수고 성냄을 쳐부수고 어리석음을 쳐부수는 것'이라며 마치 항아리에 받침대가 없으면 쉽게 넘어지듯 마음에도 받침대가 없으면 갈팡질팡한다. 팔정도의 수행이 청정한 삶이며 마음의 받침대라 하였다.

부처님은 '출가한 수행승이나 재가 수행자의 삶이 바로 성스러운 여덟 가지의 길'이라 하였으며 '그 삶의 목표가 탐욕을 쳐부수고 성냄을 쳐부수고 어리석음을 쳐부수는 것'(<빠알리 경전>)이라 하였다.

석존께서 세상을 살면서, 또한 손수 고행수련 하면서 체득한 방법을 요약한 이 팔정도는 최초의 법문에서 말씀하셨으며 사제(四諦) 12 연기(緣起)와 함께 원시 불교의 근본 교의(敎義)이기도 하다.

원시 경전에 따르면 석존은 팔정도에 의해 아라한도, 불타도 되었고, 제자들 중 깨달음을 체득한 이들은 모두 팔정도를 수행하였다. 이는 현재 불교에서도 불자라면 당연히 실천, 수련해야 할 중요한 덕목이라 하지 않을 수 없다.

빠알리 성전협회를 창설한 리즈 데이비스는 다음과 같이 말하였다. "나는 세계의 훌륭하다는 종교조직들을 모두 살펴보았다. 그러나 그 어느 것 하나도 붓다의 아름답고 포괄적인 팔정도를 능가하는 것은 없었다. 나는 팔정도에 따라서 나의 삶을 사는 것에 만족한다."

그런데 깨달음의 길에 나선 수행자들이 부처님이 제시한 공부 방법을 깨달음의 방법으로 수용하지 못하고 있다. 팔정도의 가르침에 따라 수행에 정진한다 해도 부처는 고사하고 아라한에도 미치지 못하기 때문이다.

석존의 가르침에 잘못된 부분이 있을까. 석존 시대와 이후의 사람들 간 정신적, 신체적 구조에 차이가 존재할까. 사람은 초월이 불가능할까. 가르침을 이해하지 못하거나 행할 수 없는 부분이 있을까. 깨달음이란 허구여서 어떤 노력에도 결국 주저앉을 수밖에 없는 꿈속의 아지랑이 같은 것은 아닐까.

석존께서는 출가 수행자에게 두 가지 극단을 피하여 노력하면 깨달음에 이를 것이라 설하였다. 즉 감각적인 쾌락에 몰두하지 않고 지나친 고행에 몰두하지 않는 중도(中道)를 터득한다면 통찰력과 함께 지혜와 평화를 주며 깨달음, 열반으로 이끈다고 일깨웠다.

깨달음으로 이끄는 중도란 석존 자신의 체험을 근간으로 한 수행방법으로 수행자는 물론 비수행자라도 일상생활에서도 깨달음을 실천수행할 수 있는 가장 합리적이고 올바른 방법이라 하였다. 그 내용은 다음과 같다.

1) 정견(正見)…바른 견해. 괴로움의 원천을 알고 그 괴로움의 소멸을 알고 소멸에 이르는 길을 아는 것이다. 오늘

날 말로는 올바른 세계관, 인생관으로 보는 인연과 사제(四諦)에 관한 지혜로 풀이된다.

2) 정사유(正思惟)…바른 도리의 생각. 악을 행하지 않겠다는 생각이나 남을 해치지 않겠다는 생각이다. 행위 전 생각과 결의를 바르게 하는 것으로 자신의 입장에서 언제나 바르게 생각하는 것이다.

3) 정어(正語)…바른 말. 거짓말하지 않고 이간질이나 꾸며낸 말, 욕설, 불필요한 말을 하지 않는 것, 항상 진실하고 유익한 말을 하는 일이다.

4) 정업(正業)…바른 행동. 바른 신체적 행위이다. 살아 있는 생명을 죽이지 않고 주지 않는 것을 갖지 않고 남의 물건을 훔치지 않고 비정상적인 음행이나 애정행각을 떠나며 항상 선행을 행하는 일이다.

5) 정명(正命)…바른 생활. 잘못된 방법으로 살아가지 않고 바른 방법으로 생계를 유지하는 것을 말한다. 일상을 바르고 규칙적으로 생활하는 것이다.

6) 정정진(正精進)…바른 정진. 바르게 열심히 노력하는 것이다. 순일하고 물들지 않는 마음으로 항상 부지런히 노력하는 것, 악한 생각이 일어나지 않도록 노력하며 선한 생각이 더욱 증진하도록 노력하는 것이다. 정진이란 이상을 향한 노력으로 종교적, 경제적,

건강상의 모든 면에서 옳고 바름을 증대시키고 악을 멀리하는 노력을 말한다.

7)정념(正念)…바른 마음 챙김. 세상은 무상하고 고정된 실체가 없음을 알면서, 더러움으로 가득 찬 몸을 있는 그대로 관찰한다. 느낌을 느낌 그대로, 우주의 모든 현상을 있는 그대로 관찰한다. 바른 의식을 가지고 이상과 목적을 언제나 잊지 않는 일이다.

8)정정(正定)…바른 집중. 정신통일을 말하며 명상, 즉 선정(禪定)을 가리킨다. 조용한 곳에서 홀로 명상함으로써 오는 환희와 기쁨이 있는 첫 번째 선정에 머문다. 평온하면서 정신이 집중된 삼매에서는 환희와 기쁨이 있는 두 번째 선정에 머문다. 거룩한 이들이 말하는 '평정과 마음 챙김에 머무는 사람은 행복하게 머문다'라고 하는 세 번째 선정에 머문다. 괴로움도 즐거움도 없고 평정에 의하여 도달한 마음 챙김의 순수함이 있는 네 번째 선정에 머문다. 이는 명상을 시작하여 깨달음에 이르기까지 네 단계로 나누고 각 단계에서 느끼는 감정을 표현한 것인데 수행자들이 자신이 처한 자리를 가늠할 수 있는 척도이다.

팔정도의 내용은 오늘날에도 생을 영위하는 올바른 자세로서 추앙 받을 만한 훌륭한 가르침이요 교훈으로 손색이 없을 듯하다. 종교적 수행 역시 마찬가지이다. 팔정도의 가르침을 마주하기 전 바르게 살 겠다는 의식이 없다면 수행 결의가 미흡한 상태라 하겠다.

6), 7), 8)항은 수행의 핵심으로 삼학(三學)이란 불교의 도를 배우기 위해 필수적인 계(戒)·정(定)·혜(慧)를 말한다. 팔정도의 정견과 정 사유는 혜에 해당하고 정어와 정업 그리고 정명은 계에 해당한다. 그 리고 정정진은 삼학 모두에 공통으로 적용되며 정념과 정정은 정에 속한다.

계는 몸과 입에 의한 잘못을 저지하기 위한 계율이며, 정은 산란한 마음을 버리고 안정을 얻는 법이며, 혜는 의혹을 깨뜨리고 진리를 깨 닫기 위한 사제(四諦)나 진여(眞如), 실상(實相)을 보는[觀] 법이다. 인간 의 삶이란 실체 없는 허망한 것이어서 수행자들은 무상(無相)·고(苦) ·공(空)·무아(無我)를 항상 염두에 두어야 하는데 이는 정념에 해당 한다.

도를 행하려면 우선 명상부터 배워야 한다. 팔정도에서는 명상을 사선(四禪)이라 하였는데 이 선법은 색계의 천인(天人)들이 닦는다 하 였다. 이 선을 닦음으로써 더욱 높은 단계의 세계에 오르고 최종적으 로 부처의 경지에까지 이른다는 것이다.

사선은 선의 경지에 대한 네 가지 분류인데 초선(初禪)은 몸을 단정히 해서 마음을 대상에 집중하면 점차 욕심이나 잡념이 떠나게 된다. 그 결과 기쁨을 느끼게 되고 마음이 평안해진다고 기록하고 있다.

마음이 평정하게 되면 마음 자체는 경쾌하고 편안한 심경이 되는데 이를 제2선이라 하고, 제3선은 순간순간 넘치는 기쁨을 억제하고 오묘한 쾌락이 느껴져 '버림으로써 즐거움에 머문다'라는 경지이다. 4선은 쾌락을 떠나도 마음은 평등하게 되고 관찰지(觀察智)가 더욱 촉진된다고 하였다

초선과 2선의 내용은 수행자들에게 친숙한 명상의 효과이다. 제3선은 순간순간 기쁨이 넘친다고 하였는데 이 경지는 전문 수행자라 하더라도 몸과 마음에 큰 변혁이 일어나지 않으면 알아차릴 수 없는 단계이다. 4선은 천인들이 명상할 때 접하는 단계라 하였다.

이 팔정도는 수행 기초부터 열반까지의 공부 방법들을 모두 포함함으로써 미혹 세계의 중생들을 깨달음의 세계인 피안(彼岸)으로 데려다줄 수 있는 힘이 있다 하여 배나 뗏목에 비유된다. 금강경과 화엄경에 이 같은 의미의 배와 뗏목이란 표현들이 등장한다.

4. 달마가 온 뜻

달마는 불가사의한 인물이다. 인도인 또는 페르시아인으로 전해지며 사상과 생애에 대한 설도 제각각이어서 이해하기 쉽지 않다. 남인도 향지국의 셋째 왕자로 태어나 고승 반야다라의 가르침을 받았다.

인도를 출발한 지 약 삼년 후 힘든 항해를 마치고 중국 동부의 광주에 도착한 때가 양무제 원년(BC 520)이었다. 이때 달마는 불교를 가르치기 위해 능가경(楞伽經)을 소의경전으로 택하고 신행(信行)을 비롯하여 교의적(敎義的)으로 능가경을 따르도록 하였다.

능가경은 스리랑카 동남쪽에 위치한 산에서 부처님께서 대혜(大慧)보살을 상대로 설한 경이라 하는데 열반경을 위시해서 반야 · 법화 · 화엄 · 승만 · 해심밀경 등 여러 경전에 나오는 사상을 종합, 융화하여 독자적인 경지를 이끌어 낸 경전이다.

능가경의 내용은 다음과 같다. 세존께서 어느 날 라바나 왕을 정각(正覺)으로 인도하기 위해 불가사의한 신통력으로써 왕의 눈앞에 한량

없는 불국토를 드러내 보이신다. 마라야 산의 봉우리들을 온갖 보배로 꾸미고 그 봉우리마다 부처님이 라바나 왕과 그 무리들에게 설법을 행하였는데 설법이 끝나자 모두 홀연히 사라졌다.

왕이 문득 정신을 차려보니 자신은 궁중에 그대로인 채 아무런 변화가 없었으므로, 일체의 모든 현상들이 자신의 마음에서 분별한 경계일 뿐임을 깨닫게[證得] 된다.

"보는 자[能見]가 없으며 보이는 대상[所見]도 없고, 설하는 자[能說]도 없고 설해진 것[所說]도 없으니 부처님을 보고 법을 들었다는 것도 모두 분별이다. 능가왕은 이렇게 사유하고 깨달아서 마음 밖에서 깨달음을 구하지 않았다."

능가경은 금강경과 함께 난해한 말들로 시작한다. 따라서 능가경은 불교의 강원(講院)에서도 강의한 적이 없는 경전이어서 독실한 불자라 하더라도 익숙지 않다.

"능히 자심(自心)의 지혜로써 관찰하여 일체의 사념 분별과 삿된 이해를 떠나 큰 수행에 머무르는 수행사(修行師)가 되었다. 갖가지 몸을 나타내서 방편을 잘 체득하고 보살의 여러 지위를 거쳐 올라가는 상을 잘 파악하였다. 항상 즐거이 심(心:제8식)·의(意:제7식)·의식(意識:제6식)을 멀리 떠나고 세 가지 상속견(相續見:業相, 轉相, 現相)을 끊어 외도의 집착을 멀리 떠나 자심에서 깨우쳐 여래장을 들고 불지(佛地)에 나아가자…"〈卷第一 라바나왕권청품 第一〉

책 첫머리부터 부처님의 불가사의한 신통력으로 불국토가 펼쳐진다. 이는 세상에 살면서 직면하는 모든 현상이 자기 스스로 분별한 경계인 것을 고려한다면 바르게 알지 못함을 경계하는 좋은 실례이기도 하다.

공부는 보살 계위에 따라 단계별로, 즉 보살 10지의 순서에 따라 차례로 착실하게 진행하라 진술하는데, 이는 철저한 점오점수(漸悟漸修)를 뜻하는 것이다. 항상 번뇌 망상을 멀리하고 집착을 떠나 차례대로 수행하라는 가르침이 이 경의 핵심이다.

능가경에는 전권을 관통하여 공부 방법이나 그 설명들이 나열되어 있다. 우선 네 가지 선(禪)과 수행자의 기준을 제시한 부분이 우부소행선(愚夫所行禪), 관찰의선(觀察義禪), 반연진여선(攀緣眞如禪), 제여래선(諸如來禪)이다.

우부소행선은 말 그대로 어리석은 범부가 행하는 선으로 '성문·연각의 수행자가 인무아(人無我)를 알며 자타의 신(身)이 뼈로 연결되어 있음을 보고, 이것들은 모두 무상(無常)하고 고(苦)이며 부정(不淨)한 상(相)이라고 관찰하기를 굳게 지키고 놓지 않으면 차츰 진전하여 무상멸정(無想滅定)에 이른다'라 설명하였다.

성문과 연각이라면 상당한 경지의 수행자들인데 이들을 어리석은 명상 수준으로 평가하였다. 이 정도 수준의 수행자라면 뼈와 피, 고름으로 이루어진 몸에 대해 더러운 존재라는 부정관은 배우고 익혀서 알 만할 것이다. 이 선은 세상이 무상해서 괴롭고, 그래서 공이고 무아까지 안다고 하지만 이 사성제(四聖諦)를 터득하면 무상멸정 즉 무상정(無想定)과 멸진정(滅盡定)에까지 이른다 하였다.

세존이 출가해서 두 스승 밑에서 배웠다는 수준이 이 경지이다. 기초 선의 경지가 매우 높다. 오늘날 곳곳에 수행자들이 많이 존재하지만 무상멸정 정도의 경지에 이른 사람이 과연 있을지 의문이다. 몇년 전 불교신문에 게재된 오매일여와 숙면일여의 논쟁에서 비롯한 불신이다. 관련 스님이나 학자들이 중국의 전적이나 뒤적이며 '된다, 안된다'라고 떠들 뿐 정곡에서 벗어난 주장만 난무하였다. 뿐만 아니라 수행자들은 한 사람도 참여하지 않은 것으로 기억한다. 수행자들의 명상 수준이 우부소행선에도 훨씬 미치지 못함을 자인하는 셈이다.

오매일여에 뒤이어 일어나는 경지가 무상멸정, 즉 이무상정(二無相定)이다. 오늘날의 수행자들이나 학자들은 능가경에서 설하는 수행방법이나 과정을 전혀 이해하지 못한 듯한 인상이다.

관찰의선은 '자상(自相)·공상(共相)·타상(他相)이 무아(無我)임을 알고, 또한 외도가 설하는 자타(自他)가 함께 작(作)한 것이라는 견해에서도 떠나, 법무아(法無我)와 수증(修證)의 여러 단계의 모습과 뜻을 잘 따라 관찰하는 것'이라 적고 있다.

공통적이든 일반적이든 고유한 것이든 모두 무아임을 알고 수행하여, 이치를 증득한 단계들을 마음에 떠올려 관한다는 관찰의선도 심상치 않다. 모든 상들이 무아임을 안다는 의미는 듣고 보고 안다는 해오(解悟)의 개념이 아닌 몸과 마음으로 깨달음을 얻는 증오(證悟)를 말하는 것이다.

수증(修證)도 수행하여 이치를 직접 얻는다는 의미인데 자증, 증득, 증오의 증(證)자를 포함한 용어들은 전의 이후에나 사용할 수 있다. 전의는 현재 불교에서 사용하지 않아 수행자들에게도 낯선데, 오매일여 등 경지를 지나 이무상정을 체험한 뒤 삼매 중에 인간의 번뇌 의식이 순식간에 열반의식으로 바뀌게 되는 현상, 즉 요즘의 견성이나 돈오 등과 같은 의미이다.

견성 이후의 선을 의미하는 관찰의선에서는 '법무아와 수증의 여러 단계의 모습과 뜻을 잘 관찰하는 것'이라 하여 견성 후에도 공부할 단계가 많아 이를 수행하여 증명해야 한다 하였다. 견성하면 바로 성불한다는 고승, 대덕들의 말들이 참으로 무색하다.

우부의 선은 인간이 수행해서 달성할 수 있는 최고의 경지이며 관찰의선은 석존이나 도달할 수 있는 깨달음의 경지를 나타낸다. 이 두 경지도 설명이나 이해가 어려운데 반연진여선(攀緣眞如禪)이나 제여래선(諸如來禪)은 더욱 표현하기 난감하다. 한마디로 능가경이 말하는 사선은 현재 수행자들의 실력과는 현저한 차이가 있다는 점을 인정할 수밖에 없다.

앞서 능가경은 수행법을 기록한 책이라 언급하였는데 첫 품에서 법(法)과 비법(非法) 등에 대한 문답이 시작된다. 법이란 실체가 없으니 버려야 하고 그 법을 버리게 하는 비법도 모두 버리며 말만 있는 비법, 예를 들면 토끼 뿔, 석녀의 자식 등의 분별도 버려야 한다고 하였다.

"이 법과 비법을 버린다는 것은 곧 일체의 분별을 버리게 된다는 것을 의미한다. 법과 비법은 오직 분별이며 분별하는 까닭에 버리지도 못하고 떠나지도 못하며 오히려 허망을 증장하여 적멸을 얻지 못한다" 하였다.

또한 "어떻게 사량분별이 일어나며 어떻게 이를 청정히 합니까? 왜 미혹이 일어나며 어떻게 미혹을 청정히 합니까?"로부터 시작하여 무상(無相)에 이르는 방법과 멸진정으로부터 각을 이루는 방법 등 약 140여 가지의 다양한 질문이 이어지고 부처님께서는 간략하게 대답한다.

생각이 생멸하는 것을 바다에서 파도가 생기듯 설명한다. "자심에서 증득한 진실한 자리는 주관(能)과 객관(所)의 분별을 떠나 있나니, … 어리석은 범부는 생·주·멸을 보는 이견(二見) 즉 능취와 소취에 떨어진 까닭에 거기에서 유무의 분별이 일어난다"는 등 고급 수행자에게는 필수적인 의문들에 대한 답변이 문답 형식으로 잘 정리되어 있다.

수행자가 보살 8지에 이르면 전의하게 되는데 전의 이후의 공부, 즉 오감을 초월하는 경지 이후에 대해서도 자세히 설한다.

"대혜여! 보살마하살은 오래지 않아 생사 열반의 두 가지 평등을 얻고 마음 지어 행하는 작의행(作意行)을 떠나 자연히 저절로 이루어지는 무공용행을 얻으며, 중생이 환(幻)과 같고 그림자 같아서 연(緣)으로부터 일어나는 것임을 관찰하고, 일체 경계가 마음을 떠나서 얻을 수 없는 것임을 알아 무상의 도를 행하면서 점차 보살의 여러 지위에 오르며 삼매경에 머물러 삼계(三界)가 모두 자심(自心)임을 요달하고, 여환정(如幻定)에서 영상을 끊고 지혜를 성취하여 무생법인(無生法忍)을 증득하고 금강유삼매에 들며 마땅히 불신(佛身)을 얻어 영원히 여여함에 머무르면서 모든 변화 일으키는 힘에 통달 자재하느니라.

대혜여! 심(心)·의(意)·의식(意識)을 떠나 의지하는 것을 돌려서[轉依] 점차 여래신(如來身)을 이루는 것이니라. 생주멸법(生住滅法)에서 희론하고 분별하는 것을 멀리 떠나야 하느니라.

삼유(三有)는 무시 이래의 망상습기로 인해 일어난 것이라고 관찰하고 불지(佛地)의 무생(無生)이며 자심에서 증득한 성스러운 진리를 사유하여 심자재(心自在)와 무공용행과 여여함을 얻어 중생심 따라 적절히 변화신 나타내어 오직 마음뿐임을 깨닫게 하여 점차 여래지에 들게 한다.

이 까닭에 대혜여! 보살마하살은 자실단(自悉檀:자심 증득의 가르침)에 따라 마땅히 잘 수학하여야 하느니라." 〈集一切品 第2之1〉

수행자가 부처가 될 때까지의 삼매 과정에 대해서도 설명하였다.

"수행을 여실히 행하는 자만이 보살 제지(諸地)의 상(相)을 알고, 허망한 분별을 하지 않고 자심의 소견임을 능히 아느니라. 수행인들이 여러 삼매와 자재한 힘을 통달하고, 제불의 관정(灌頂)을 받고 보살들이 주위를 둘러싸는 경계를 알면 생사의 큰 바다를 뛰어넘나니…

이 보살은 머지않아 생사 열반의 두 가지 평등을 얻고 무공용행을 얻으며 일체 경계가 마음을 떠나서 얻을 수 없는 것임을 아는 무상의 도를 행하면서 점차 보살의 여러 지위에 오르며 삼매경에 머물며 삼계가 모두 자심임을 요달하고 여환정(如幻定:보살8지의 선정)에서 무생법인(無生法忍)을 증득하고 금강유삼매[보살9지의 선정]에서 미세 번뇌를 끊고 불신(佛身)을 얻어 머무르면서 자재하리라."

보살이 전의하면 생사가 열반과 다르지 않다는 것을 알게 되며, 무엇을 하겠다[作意行]는 것보다 힘들이지 않고도 명상만 꾸준히 하면 저절로 경지가 높아지게[無功用行] 된다. 중생들이 사는 것이 환과 그림자 같으며 이런 현상들은 인연으로부터 일어나므로, 분별이나 집착을 여의면서 보살의 경지에 점차 한 단계씩 오르게 된다.

전의를 넘어 삼매를 거듭하면 중생계와 색계, 무색계 3계가 모두 자신의 생각임을 분명히 인식하게 된다고 설한다. 일체 제법이 환으로 보이는 삼매를 체득하면 무상의 지혜를 성취하게 되고, 만법의 실체가 없고 공하므로 생멸의 변화가 없는 무생의 진리를 증득하면 부처의 몸을 얻게 된다.

불신을 얻기 위해 반드시 필요한 과정이 전의인데 이때부터 여래신(身)이 단계적으로 이루어진다. 세상에 집착하는 마음과 인연으로 이루어진 생주이멸법을 분별하는 것에서 서서히 멀어지게 된다. 무념, 무상, 무주의 3해탈이 저절로 이루진다는 설명이다.

전의를 선종에서는 견성이라 하며, 순식간에 일어난다 하여 돈오라고도 한다. 이는 사람들이 의지하고 있는 의식(意識)이 열반 세계의 수승한 의식으로 바뀌는 과(果)를 말하는데 의식이 오감(五感)을 초월하는 현상을 가리킨다.

전의하면 삼매 상태가 되는데 삼매하면 전의가 되었다고 역으로 생각할 수도 있다. 부처가 되기 위해서는 수십 차례 전의를 반복해야 하는데 깨달음이란 이때 몸과 마음으로 느껴 알게 되는 현상들이다. 이를 자증(自證), 증오(證悟) 등 증(證)자를 사용하여 표현한다.

보살10지의 여러 단계를 순서대로 수행하면서 부처가 되기 위해서는 전의가 절대 필요조건이다. 그리고 공(空)·무상(無相)·무원(無願)의 3해탈도 무공용행이라 하여 삼매가 반복되면 저절로 얻게 됨을 설하였다.

삼매가 이루어져야 부처로 가는 길에 들어서는데 삼매가 항상 긍정적인 것만은 아니다. 삼매라 하더라도 경각심을 가져야 한다는 경전의 가르침이다. "보이는 경계에 집착해서는 안 되며 또 얻게 되는 모든 삼매의 법에 떨어지지 말아야 할지니라." '2승과 3승의 삼매의 과실(過失)을 멀리 떠나며'에서 볼 수 있듯 삼매의 법 또는 삼매의 과실을 조심하라고 능가경은 경고하고 있다.

삼매에서의 깨달음은 타인으로부터 받는 것이 아니라 자신의 마음으로부터 감촉하여 얻는 것이므로, 삼매를 통한 깨달음을 최고의 이상으로 하지만 성문과 연각, 2~3승들은 아직 삼매에 미숙하여 마(魔)

의 유혹에 빠질 경우가 우려되기 때문이다.

명상 중 정신 집중이 심화되면 흔히 삼매에 들었다고 한다. 깨달음의 경지에서 말하는 삼매는 의식이 전의한 상태에서의 삼매이므로 이들과 비교할 수 없다. 외도나 2~3승의 삼매는 정신이 세밀하게 집중되거나 생각의 끊어짐이 느껴지는 경지에서 일어난다. 물론 이 정도면 중생들 사이에서는 뛰어난 경지일 수 있다.

이들 삼매에서는 잠재의식이 좋지 않은 상태로 표출되어 신령들을 보거나 음성을 듣는 등의 현상들이 일어나는데 이때 자신의 몸을 해치거나 사물을 투시하거나 길흉을 예견하는 경우 등이 발생한다. 이들은 귀신선(鬼神禪)에 떨어졌다고 하여 경계하는 현상들이다.

이런 현상에 매혹되거나 유혹당해서는 안 된다. 바로 마의 경계라는 경고이다. 수행자가 중생을 제도하겠다는 원이나 또는 다른 집착이 있다면 이 생각들이 삼매 속에서 마(魔)나 귀(鬼), 신령(神靈)의 형태로 나타나 유혹한다.

이들 귀령은 신비로운 재주 등 신통(神通)을 보여주기도 하는데 수행자는 이를 자신의 성취로 착각한다고 능가경은 경계하고 있다. 능엄경도 같은 지적을 한다. "수행 중에 무엇을 얻겠다는 욕심을 내면 그 틈을 타서 각종 마와 귀신이 들어와 신통한 경계를 보여주는데 수행자는 이를 자신이 성취한 것으로 착각한다"라고 하였다. 결국 귀령에게 이용당하고 수행으로 쌓은 공덕을 빼앗기거나 신체까지 손상하여 폐인이 될 수 있으므로 반드시 조심해야 한다고 설하였다.

능가경에는 최소한 이무상정이나 전의를 통과한 수행자가 부처가
될 수 있는 과정을 세밀하게 조목조목 설명하고 있다. 그런데 이무상
정 근처에 이르지 못한 수행자들이 능가경의 가르침을 전혀 이해하지
못하는 데 심각성이 있다.

사람이 수행하여 이를 수 있는 최고 경지가 이무상정 정도다. 이
경지를 능가경은 2~3승의 삼매라 하여 대수롭지 않게 설명하지만 이
무상정 정도의 경지에 이르러야 수행자들이 능가경을 조금이나마 이
해할 수 있다. 능가경의 가르침은 현상세계를 초월한 전의 이후의 공
부에 초점이 맞춰져 있기 때문에 이무상정 정도의 지혜가 없다면 이
해할 수 없는 것이다.

능가경은 대승 불경 중 최상의 경전이지만 말씀의 난해함 탓에 한
국 조계종에서조차 종도들에게 가르치지 못하고 있는 실정이다. 달마
는 열반을 수행의 목표로 했으므로 능가경을 소의경전으로 삼아 수행
자들을 초월로 이끌어 그 발판에서 열반으로 가고자 한 것이다. 능가
경은 목표를 가리키는 나침반이고 팔정도를 그 추진력으로 하였다.

이무상정 상태에서도 전의의 실현은 쉬운 일이 아니다. 현재의 저
열한 법에 의지함을 버리고 수승(殊勝)한 법을 성취하는 과(果), 다시
말하면 생사를 멸하고 열반을 얻는, 의식이 확 뒤바뀌어 깨달음을 얻
는 순간이 전의이다.

그런데 초월의 경지에서도 전의하기가 쉽지 않다 하였다. 마치 깨

달음의 길 복판에 버티고 있는 거대한 장벽으로 인해 진로가 끊겨 버린 것과 같다. 달마 이후 수행단체들은 이 장애물을 제거하기 위해 갖은 묘수를 동원해 왔는데, 그 수행의 예를 알아보자.

5. 달마의 능가종 수행법

달마대사는 2조 혜가대사에게 능가경을 전하며 다음과 같이 말했다.

"내가 보건대 중국에 오직 이 경이 있을 뿐이다. 인자가 이에 의지하여 행한다면 스스로 증득하여 세상을 제도할 수 있을 것이니라. 이 능가경 4권을 너에게 부촉한다. 이 경은 여래심지(如來心地)의 요문(要門)이며 모든 중생이 개시오입(開示悟入)하게 할 것이니라."

달마대사 이래 초기 선종(禪宗)을 능가종, 그 선사들을 능가사(楞伽師), 그 선법을 능가선(楞伽禪)이라 하였고 능가경은 선의 지침서로서 선종의 뿌리이다.

초기 선종의 역사를 기록한 능가사자기(楞伽師資記)는 시조를 구나발타라로, 보리 달마를 제2조로 섬기고 있다. 구나발타라는 중국에 처음 능가경을 들여와 번역했으므로 그를 첫 번째로 올려 전기와 어록을 싣고 있다. 그러나 구나발타라는 달마가 중국에 오기 11년 전

입적한 것으로 전해져 달마가 초조(初祖)로 기록되어 있다. 능가경의 가르침을 구현하기 위해 구나발타라 삼장은 근기에 따라 선법의 요지를 5개항으로 나누어 실시하였다.

첫째 가장 상승 경지에 속하는 수행자들이 이에 속한다. 부처의 마음이란 생각이 일어남이 없는 자리다. 이 경지에서는 조용한 곳에서 단정히 자리하고 앉아서 묵묵히 깨달아 구경으로 나아가는 것이다.

둘째 "성불하고자 하면 안심(安心)하는 법을 배워야 한다. 최상의 안심은 곧 심(心)과 이(理:眞理)가 평등함이니 이를 불심이라 한다"라고 하여 수행하고자 하면 먼저 안심을 배워야 한다고 설파하였다. 구나발타라는 "혜해(慧解)로 부지런히 닦아 비록 번뇌를 끊고 장애를 제거하였다고 하더라도 도에 대한 집착이 다투어 일어나 안정을 얻지 못하니 이는 안심이라 칭하지 못한다"라고 수행의 바탕에는 안심이 가장 중요함을 강조하였다.

안심은 근기에 따라 네 가지로 분류한다. 1) 이(理)에 위배되는 마음이니 평범한 범부를 말한다. 2) 이(理)에 향하는 마음이니 생사를 싫어하여 열반을 구하며 적정에 따르는데 이를 성문심이라 한다. 3) 이(理)에 들어가는 마음이니 비록 장애를 끊고 이에 들었다 하더라도 아직 주관(主觀:能)과 객관(客觀:所)이 없어지지 않았음을 말하니 이는 보살심이다. 4) 이심(理心:眞理)이니 이 밖에 다른 이가 없고 마음 밖에 다른 마음이 없어 진리가 곧 마음이며 마음이 능히 평등함이다. 이를 이름하여 마음이라 하고 불심이라 한다.

셋째 어언문자(語言文字) 공부에 치우치지 말아야 한다. 수행의 목표와 방법을 알기 위해서는 강의를 듣거나 서적의 도움 등이 필요하다. 다만 정도를 넘는 집착을 드러내지 않아야 한다.

넷째 염념이 끊임없이 염불하여 적연(寂然) 무념(無念)하게 되면 청정을 증득한다. 무상(無相)이 불심이니 곧 무념, 무심이 염불심이라 하였다. 안심의 근기에 따른 분류에 의하면 성문심 정도라 할 수 있다.

다섯째 사물을 가리켜 질문함으로써 가르침을 받는다.

"스승 따라 배우되 깨달음은 스승으로 말미암지 않는다." "나무를 가리키며 이것이 어떤 물건인가?" "네가 능히 물병에 들어갈 수 있고 기둥에 들어갈 수 있으며 불구덩이에 들어갈 수 있다. 그러한데 나무 지팡이가 설법할 수 있는가 없는가." 또 말씀하셨다. "나뭇잎이 능히 법을 설하고 물병이 능히 법을 설하며 집이 능히 법을 설하고 내지 지수화풍이 모두 법을 설하며 토목와석이 또한 법을 설한다는 것이 무슨 말인가?"

훗날 우문(愚問)에 기답(奇答)하는 선종 조사들의 선문답이 여기서 비롯한 것으로 유추된다.

달마선사는 "이와 같이 안심하며 이와 같이 행을 발하고 이와 같이 사물에 순응하고 이와 같이 방편을 행하라. 이것이 대승의 안심법문이니 어긋남이 없도록 하라. 이와 같이 안심의 행을 하는 자는 벽관(壁觀)할 것이다"라며 순서대로 정연하게 가르치고 있다.

"안심이란 이(理)에 들어가는 마음이고 그 뜻은 모든 중생은 동일한 진성(眞性)이나 망상에 덮여 드러나지 못하고 있음을 깊이 믿는 것"이라 하였다. "망상을 버리고 진성에 들어가고자 하면 응념(凝念:정신집중)과 벽관(壁觀:坐禪)을 행하여 자타가 각기 따로 존재하는 것이 아니며 범부와 성인이 평등하여 둘이 아니라는 것을 굳게 믿어 흔들리지 아니한다."

또한 "문자도 좇지 아니하면 진리와 더불어 하나가 되어 분별함이 없게 되고 적연(寂然) 무위(無爲)하게 된다"라고 하여 깨달음을 추구하는 수행자의 정신 자세와 수행법을 설파한다.

벽관은 벽을 마주보고 앉아 하는 좌선을 가리킨다. 수행의 기본자세인 좌선은 토굴이나 집에서 행해야 한다. 오늘날에도 산이나 들, 길거리에서 수행하는 인도의 수행자들을 본다. 싯달다 태자도 산야에서 수행하였으며 보리수 밑에서 명상하던 중 깨달음을 얻었다고 사람들은 생각한다.

이처럼 산이나 들을 포함하여 어디에서나 명상하는 것이 과연 가능할지 생각해 보자. 사람이 없는 곳을 택했을 경우 우선 바람과 햇빛이 방해한다. 졸졸거리는 물소리, 지절대는 새소리, 윙윙거리는 모기 소리가 여기저기서 들려오고 개미가 온몸을 기어 다닌다. 명상은 곧 정신 집중인데 몰입이 가능하겠는가. 도저히 집중할 수 없는 상황인데도 경전은 산과 들 그리고 보리수를 지적한다.

게다가 능가경에서 설명하는 깨달음에 가까이 다가간 명상은 오감을 초월해야 한다. 정신 집중까지 해소해서 생각이 일어나지 않는 상태를 유지해야 한다. 이처럼 깊은 명상을 하기 위해서는 울타리와 가리개로서 충실한 기능을 하는 동굴이나 조용한 집이 필요하고, 또한 소음이 없는 곳이어야 한다.

싯달타 태자는 네란자라 강에서 멀지 않은 바위산의 동굴을 수행터로 삼았다고 전해지고 달마 스님도 좌선 장소로 동굴을 택했다 한다. 동굴이나 집에서는 벽을 마주하고 앉을 수밖에 없으므로 벽관이라 표현한다.

"시방의 모든 부처님 가운데 만약 한 분이라도 좌선을 하지 않고 성불한 분이 있다는 것은 도저히 있을 수 없는 일이다"라고 혜가는 말하였고 4조 도신(道信)대사는 "부지런히 좌선하라. 좌선이 근본이다"라고 권장하였다.

도신대사는 수행자에게 항상 유마경을 비롯하여 다음 내용들을 숙지시켰다.

첫째 유마경(維摩經)에 의하면 "이 몸은 뜬 구름과 같아 잠깐 동안에 변멸하고 만다." 따라서 자신의 몸이 텅 비어 청정하고 그림자와 같아 볼 수 있으나 얻을 수 없음을 항상 관해야 한다. 텅 빈 가운데서 6근이 생하였으니 6근 또한 텅 비어 고요하며 대상인 육진(六塵)의 경계가 꿈과 같고 환과 같음을 뚜렷이 안다고 하였다.

둘째 유교경(遺敎經)에 이르길 "이때 한밤중에 이르러 고요하여 아무 소리 없었다. 여래께서 법을 설하심은 공적(空寂)으로 본을 삼으셨음을 알 것이니 여섯 가지 감각기관이 텅 비어 고요함이 저 한밤중의 고요함과 같음을 항상 염해야 한다. 낮에 보고 들은 것은 모두 몸 밖의 일이고 몸 속은 항상 텅 비어 있다고 알아야 한다."

셋째 유마경에 이르길 "마음을 굳게 지키는 것이 도량이다. 수일(守一)하여 불이(不移)함이란 이 텅 비어 맑은 눈으로 하나의 사물에 주의하기를 밤낮으로 끊어짐 없이 이어가며 오로지 힘써 항상 부동하는 것이다. 마음이 흩어져 달아나려고 하면 급히 거두어 들여 안정시키는 것이 마치 새 다리를 새끼로 묶어 두었다가 날아가려고 하면 끈을 당겨 잡는 것과 같이 하며 종일 끊임없이 하면 고요하여 마음이 스스로 선정에 들게 된다."

넷째 유교경에 의하면 "감각기관이란 마음을 주로 하나니 이를 한 곳에 제지(制止)하면 마음을 잘 다스리지 못할 것이 하나도 없다."

"이상의 공부 지침들은 모두 대승의 올바른 이치이며 모두 경문에 의거하여 말한 것이고 망설이 아니다"라고 도신은 당부하였다. 또한 "이는 무루업(無漏業)이며 구경의 뜻이다. 성문지(聲聞地)를 지나 곧바로 보살지로 나아가게 하는 법문이다. 듣는 자는 마땅히 따라 수행할 것이며 반드시 의혹해서는 안 된다"라고 강조하였다.

도신은 학인들에게 오로지 좌선과 마음 관찰[看心]하는 수행법을 강조하고 있다. "부지런히 좌선에 힘써라. 좌선이야말로 근본이다. 3년이나 5년 이상 옳게 좌선을 해야 한다. 겨우 굶주림과 병고를 면할 정도만의 양식을 준비하여 문을 걸어 잠그고 좌선하되 경전을 읽지 말고 남과 이야기도 하지 말라. 능히 이렇게 해야만이 오랫동안 쓸모가 있다. 마치 원숭이가 알밤 속을 후벼 파먹듯이 앉은 그대로 힘쓰라."

선(禪)이란 무엇인가. 도신대사는 다음과 같이 설하였다. "고요하고 산란함에 끄달리지 않는 것이 선에서의 중요한 마음 자세라는 것을 알아야 한다. 항상 호흡 조절[止心]에만 머무르면 활기를 잃고 마음 관찰[觀心]에 머무르면 산란해진다."

또한 "밤에 좌선할 때 일체의 선악경계를 보거나 청황적백 등의 삼매에 들거나 몸에서 대 광명이 나오는 것을 보거나, 여래의 신상을 보거나, 갖가지 변화를 보건 간에 그것들에 집착하지 말아야 한다. 그것들은 모두 공한 것으로 다만 망상으로 보이는 것이다"라며 공부가 일천한 수행자들이 좌선할 때 보이는 모든 경계와 삼매에 대해 집착하지 말 것을 경계하였다.

도신대사는 부처의 가르침 가운데 "계는 일상(一相)법계에 합치하는 것, 이것을 이름하여 일행삼매(一行三昧)라 하느니라. 이 일행삼매에 들고자 하면 먼저 반야바라밀을 듣고 설한 대로 수학해야 법계에 그대로 합치하여 물러섬이 없고 무너짐도 없으며 걸림 없는 무상(無相)에 처할 수 있다'라고 설한다.

또한 "일행삼매에 들고자 하면 마땅히 여유롭고 한가로운 곳에 기거하며 모든 어지러운 생각을 버리고 마음을 오직 일불(一佛)에 두어 불의 명호를 외우고 몸을 단정히 지니면 능히 과거·현재·미래의 부처님을 볼 수 있다'라고 설명한다.

도신대사는 "무릇 몸과 마음이 기거하는 자리, 발을 들고 내리는 그 자리가 항상 도량에 있음이며 거동함이 모두 보리이다'라 설하고 있다. 이어 "항상 불을 염하여 대상에 끌리는 마음이 일어나지 아니하면 상이 끊어져 무상하고 평등하여 불이(不二)하다. 이 경지에 들어가면 불을 염하는 마음도 사라지고 다시는 법에 따라야 할 필요가 없어진다. 이러한 마음이 바로 여래 진실 법성의 신(身)임을 본다'라고 하여 마치 대사 자신의 모습을 피력하는 듯 그 경지가 범상치 않음을 보여준다.

번뇌를 소멸하는 방법에 대해서도 도신대사는 다음과 같이 밝힌다. "어떤 경계에 끌려 생각이 일어날 때에는 곧바로 그 일어난 곳이 필경에 일어난 바가 없음을 관하라. 이 마음이 끌리어 생각이 일어날 때 그 생각이 어디로부터 온 바가 없으며 사라져도 또한 간 바가 없다. 이 어지러운 마음이 일어난 바가 없음을 관하면 곧 거친 마음의 동요가 안정을 이루게 된다."

도신대사는 자신의 법력이 무념에 이른 듯 그 과정을 거침없이 설하고 있다. "만약 마음이 안정을 이루게 되면 다시는 대상에 끌려 생각을 일으킴이 없게 되고 그에 비례하여 고요한 선정이 이루어지고 또한 그 부분에 비례하여 모든 번뇌를 소멸시킬 수 있다. 이처럼 새로 생각을 짓지 않음을 이름하여 해탈이라고 한다."

대사는 번뇌가 소멸한 다음에는 마땅히 이와 같이 되어야 한다고 설하였다. "또한 염불하지도 않으며 또한 마음을 잡으려고도 아니하고 또한 마음을 보려고 하지 아니하고 또한 마음을 분별하지도 아니하며 또한 사유하지도 아니하고 또한 관행(慣行)하지도 아니하고 또한 산란하지도 아니하며 단지 맡겨둘[任運] 뿐이다."

도신대사는 전의하여 참으로 많은 경지를 자증(自證)한 것으로 여겨진다. 대사는 그러나 "진여를 친증(親證)하지 못하였으니…"라 하여 스스로 진여에는 미치지 못하였다는 아쉬움을 전하였다.

능가종의 수행법을 들여다보았다. 이 가르침의 설명문들은 선에 대해서만 강조하고 있지만 팔정도의 정견, 정사유, 정어, 정업과 정명의 다섯 가지 이념이 수행의 바탕에 깔려 있고 정정진과 정념, 정정 이 세 가지가 바로 선의 모습임을 가르치고 있다.

이 조사들의 설법으로 미루어 능가종의 수행자들은 석존께서 교시하신 팔정도를 치열하게 수행한 것으로 보인다. 능가사자기(楞伽師資記)는 8대에 걸쳐 24인이 도과(道果)를 성취하였다고 전한다. 그런데

당시 수행자들 사이에는 이 사실을 인정하지 못하고 의문 내지 부정
이 팽배하였음이 분명하다. 결국 '도는 길 없는 길'이 되어 혜능이 종
풍을 크게 변질시키는 계기가 되었다.

6. 보살(菩薩) 10지

　십지품(十地品)은 초심자에서 시작하여 궁극적 깨달음을 얻을 때까지의 보살 수행 단계를 설명한 경전으로 화엄경에 수록되어 있다. 보살 10지는 달마 이래 능가종이 수행의 참조자료로 사용하였을 것으로 추정되며 팔정도를 수행 수준이나 경지에 따라 열 가지 단계로 나누어 설명한 경이다.

　화엄경보다 제작 연대가 4~5세기나 빠른 대품반야경(大品般若經)에 설해져 있고 능가경에도 언급되고 있어 불교 초창기에 인도에서 생성된 독립된 경전으로 보인다. 따라서 화엄경은 십지품을 주제로 하여 후대에 편집, 제작된 경으로 추정된다.

　세존께서 직접 수행하였던 과정들을 되살려 제자들에게 가르치던 내용들이 이 십지품을 구성하는 배경으로 보인다. 팔정도는 수행자의 품성 측면에서 바탕을 다지고 십지품은 수행 현장에서 자신의 경지나 단계를 파악할 수 있도록 배려한 내용이다.

　십지품의 내용 중 중생 구제 등 수행과 관계없는 부분은 모두 생략하였는데 후대에 대승불교가 발흥하면서 필요에 따라 중생 구제에 대한 내용을 첨가한 것으로, 마명(馬鳴)과 세친(世親)을 거치면서 삽입한 듯하다.

능가경이나 대반열반경 등 반야경전에는 수행 중 일체의 서원(誓願)은 장애가 된다고 밝히고 있다. 중생 구제 등 서원들은 수행 현장에서는 불필요할 뿐 아니라 마장(魔障)을 불러오는 빌미가 되는 장애요인으로 보았다.

수행자들이 공부한 실력을 가늠하는 보살 10지의 내용은 다음과 같다.

제1지 환희지(歡喜地)

"초지인 환희지에 들어가자마자 보살은 범부지(凡夫地)를 초월한 자가 되며 보살의 확정된 자리에 들어가며, 여래의 집에 태어나며, 깨달음의 궁극의 목적으로 미래의 혈통에 속하는 자가 됩니다.

환희지에 들어간 보살은 많은 환희가 있게 됩니다. 그는 환희의 보살지에 들어가자마자, 곧 서원을 세웁니다.

모든 부처님을 공양하고 공경하기 위해, 모든 뛰어난 모습을 갖추고… 마음을 청정히하겠다. 모든 여래께서 설하신 진리의 눈을 수지하고 그 가르침을 지켜가겠다… 넓고 좁고 크고 작은 모든 곳에서… 온갖 분별을 잊는 지혜를 얻겠다.

모든 국토가 한 국토에 들어가고… 무량한 불국토의 광명으로 장식되며, 모든 번뇌를 떠나 청정한 도에 도달하겠다. 어떠한 대가도 바람도 없는 선근(善根)을 닦기 위해, 여러 부처 보살과 멀어짐이 없기 위해, 궁극에 도달한 초자연적인 능력을 얻기 위해, 불가사의한 진리를 갖추도록 하겠다.

물러섬이 없는 보살행을 위해 신·구·의의 활동을 헛되지 않게 하기 위해, 번뇌를 제거하기 위해 활동을 게을리하지 않겠다. 더없는 깨달음을 얻기 위해, 또 중생들에게 완전한 열반을 보이기 위해, 또 부처님의 위대한 경계·위신력(威神力)·지혜에 도달하기 위해 큰 깨달음의 수행을 계속하겠다."

보살이 깨달음의 경지를 서원하며 나아가는 새로운 출발점이 용맹심과 즐거움이다. 인간의 경지를 넘어서 부처의 세계를 향해 나아가기 때문이다. 제1지의 환희지에 들어간 보살은 진리를 체득하기 위해 마음과 몸이 환희에 넘쳐 있다. 따라서 초발심자답게 용맹정진하여 제대로 공부할 것을 서원하며 수행에 들어간다.

제2지 이구지(離垢地)

"제1의 보살지에서 청정한 수행을 한 보살은 제2지 이구지에서는 열 가지 마음가짐이 일어납니다. 즉 정직·유연(柔軟)·근면·교화(敎

化)·정적·진실·잡란되지 않는 것·돌아보지 않는 것·큰 마음가짐
이 그것입니다. 따라서 더러움을 떠났다는 제2의 보살지에 들어온 것
으로 간주됩니다.

불자들이여! '이구'라는 보살지에 든 보살은 본래 열 가지 선한 행
위의 길[十善業道]을 갖춘 구도자입니다. 열 가지 선한 행위의 길은 무
엇입니까?

그는 살아 있는 목숨을 해치는 것으로부터 떠납니다.

그는 주어지지 않는 것을 훔치는 일에서 떠납니다.

그는 욕정에 사로잡힌 행위에서 떠납니다. 그는 거짓말에서 떠납니다.
그는 이 말하고 저 말하는 일에서 떠납니다. 그는 욕설에서 떠납니다.
그는 야유하는 말에서 떠납니다. 그는 탐욕이 없는 자가 됩니다.
그는 성내지 않는 자가 됩니다. 그는 바른 견해를 가진 자가 됩니다.
또한 그는 중생을 관찰한 끝에 다음과 같은 생각을 합니다.

아, 그들 중생은 악한 견해에 떨어지고 지혜도 악하며 뜻도 악하다.

아, 그들 중생은 사이좋게 못 지내고 서로 배반하여 항상 증오하고
있다.

아, 그들 중생은 만족할 줄 몰라서 남이 얻는 것을 가지고 싶어 한다.

아, 그들 중생은 욕심[貪]·성냄[瞋]·어리석음[痴]에 사로잡혀 여러
가지 번뇌의 불꽃 속에 타고 있다.

아, 그들 중생은 어리석음[無明]에 덮여서 깨달음의 지혜의 광명과
는 멀리 떨어져 있다.

아, 그들 중생은 항상 윤회의 숲속을 헤매며 언제나 불안에 떨고 있다.

아, 그들 중생은 정욕과 무지의 흐름 속에 떨어지고 윤회의 물결에 표류하여 갈망의 기슭에 도달한다.

아, 그들 중생은 많은 고뇌와 근심과 불안을 수반하고 탐욕에 의해 방해받는다.

아, 그들 중생은 자기와 자기 소유라는 관념에 사로잡혀 있다."

제2 보살지에 들어온 보살은 열 가지 마음가짐과 열 가지 선행의 길을 가기 위해 부지런히 마음을 다잡고 수련하게 된다. 우선 마음이 바르고 정직해야 한다. 바르고 정직하지 못하면 진실의 세계, 진리의 도리는 체득하지 못하게 될 것이다.

유연이란 부드러운 마음이다. 정직한 마음이면 부드럽지 않을 수 없다. 과거는 돌아보지 아니하고 큰마음을 갖는 것 등 열 가지의 마음가짐은 바로 팔정도의 실수(實修)이기도 하다. 또한 열 가지 선한 행위의 길 역시 팔정도의 가르침이다.

세상의 모든 부조리한 일들을 연상하면서 가르침을 확인해 보면, 초지와 2지의 가르침은 마음가짐의 기본이므로 가르침에 따라 수행자들은 열심히 따라서 수행하게 된다. 제2지인 이구지는 열 가지 마음가짐과 열 가지 선한 행위의 길을 음미하면서 정진하게 되면 세속에 물든 때를 벗어나 청정해진다는 경지이다.

제2지에서 마음이 청정해진 보살은 제3지인 발광지로 들어간다.

제3지 발광지(發光地)

"세간의 때를 벗어 청정해진 보살은 제3지에서 머물면서 모든 존재
가 무상(無常)함을 있는 그대로 관찰합니다. 그것이 고뇌요 깨끗지 못
한 것임을 관찰합니다. 이렇게 모든 존재를 관찰하면 진실한 벗도 없
고 모든 근심과 슬픔, 고뇌가 없어 그의 마음은 여래의 지혜 쪽으로
기울어집니다. 그는 여래의 지혜가 비할 데 없으며 무량함을 잘 관찰
합니다.

그것은 자유로운 지혜에서 생기는 깨달음입니다. 그러므로 그는 더
욱 진리의 가르침을 듣기를 원합니다. 주야로 진리의 가르침을 듣기
를 원하며 진리를 사랑하며 진리를 기뻐합니다. …그는 진리의 말씀
을 들으면 좋아하지만 삼천 세계에 가득 찬 보배를 얻어도 기뻐하지
않습니다. 그는 잘 설해진 시구(詩句)를 들으면 기뻐하지만 전륜성왕
의 지위를 얻어도 기뻐하지 않습니다."

제2지에서 마음이 맑아진 보살은 제3지인 발광지로 들어가게 된다.
2지까지는 가르침을 따르기만 하였지만 3지부터는 진실한 도리를 생
각하는 사유(思惟) 즉 명상을 해야 한다. 조용히 앉아 모든 존재가 무
상하다는 현상을 관찰해야 한다.

이 과정에서 생로병사와 생주이멸의 과정을 거치게 된다. 이것이 무상(無常)인데 무상함을 느낀다면 세상 모든 현상이 바로 고뇌임을 알게 된다. 여기까지 사유된다면 세상에는 동반자나 짝이 있을 수 없고 환희와 근심, 슬픔 등 모든 감정들이 허무하다는 본질을 보게 된다.

'모든 존재가 무상'함을 관찰하여 사유한다고 하여 무상을 쉽게 이해하고 지각할 수 있는 것이 아니다. 듣고 보고 배우는 것만으로는 무상의 의미를 이해할 수 없다. 세상에서의 삶 자체를 고(苦)로 보는 사람은 별로 많지 않기 때문이다.

제3지에서 불교의 기본 교리인 사제(四諦)가 등장함으로써 바로 본격적인 명상 수행이 시작된다. 1~2지에서는 초발심에서, 또한 스스로 각오를 다지는 마음으로 열심히 수련하지만 3지에서는 수련 방법을 격상시켜 명상 위주가 된다. 따라서 3지가 수행에서 가장 중요한 시기임과 동시에 수행의 성패를 가름하는 곳이기도 하다.

고통에서 벗어나 아무런 왜곡 없는 순수한 상태의 마음으로 돌아가는 것을 초월이라 하며 이의 실천이 명상이다. 수행자에게 명상이란 '깨달음을 얻다'라는 뜻이 된다. 다른 말로 '참다운 나를 본다'라고 표현할 수도 있다. 명상 방법으로는 위파사나[觀]와 사마타[止] 두 가지가 있다.

위파사나는 통찰명상이라고도 하는데 현상을 통찰하여 사물의 본질을 알고 미혹에 빠지지 않는 지혜를 얻는 방법이다. 통찰명상은 마음이 해방되고 궁극적 진리인 열반을 실현토록 이끌어 준다.

사마타는 집중명상으로 정신 집중력을 개발하는 방법이다. 마음을 한 곳에 모아 망념을 쉬고[止] 산란하지 않게[定] 삼매(三昧)에 들 수 있는 방법을 추구한다. 여기서 얼마나 정신을 집중할 수 있는지가 수행의 성패를 결정한다.

요즘 명상 수행자들은 알아차림과 집중, 마음 챙김 등을 사마타와 위파사나 대신 널리 사용하고 있다. 제3의 보살지에서 청정한 광명을 체득한 보살은 제4의 염혜지로 나아간다.

제4지 염혜지(焰慧地)

"보살은 염혜지를 얻자마자 곧 스스로 진리를 얻기 위해, 지혜를 성숙하게 하는 열 가지 진리를 가지고 여래의 집에서 성장하는 자가 됩니다. 그 열 가지 진리란 무엇입니까? 퇴전하지 않는 생각을 지닐 것이며 삼보에 대한 궁극의 신앙에 도달하는 것이며 존재의 생멸을 관찰하는 것입니다. 모든 것의 자성은 불생(不生)임을 관찰하는 지혜, 세계의 생성과 소멸을 관찰하는 지혜, 업(業)에 의해 생존이 생김을 관찰하는 지혜, 윤회와 열반을 관찰하는 지혜, 중생의 국토와 업을 관장하는 지혜, 원초와 종말을 관찰하는 지혜, 비존재(非存在)와 소멸을 관찰하는 지혜가 그것입니다.

불자여! 염혜지에 든 보살은 개체는 실재한다는 견해와 이것으로 야기되고 사고되고 관찰된 모든 것을 떠나 버립니다."

제3지 발광지에서 청정한 광명을 체득한 보살은 제4의 염혜지에 나아간다. 염혜지에서는 제3지에서 발현된 지혜의 빛이 불꽃처럼 타오르게 된다.

이 지혜의 광명에 의해서 온갖 존재의 세계를 관찰할 수 있으며 업으로 인한 생성과 소멸을 주시할 수 있는 지혜를 터득하고 윤회와 열반까지 조명할 수 있는 지혜를 갖게 된다고 하였다. 게다가 개체가 실재하고 관찰되고 생각하는 등 모든 법으로부터 자유롭다는 데에 이르면 어떤 수행자라도 혼란스러울 수밖에 없다.

제3지와 제4지의 경지 차이가 너무 현격하여 자신에게 특이한 사변이 생기지 않는다면 이 과정을 전혀 이해하고 뒤따를 수 없다는 생각에 좌절감을 느낄 것이다. 염혜지에서 과연 무슨 일이 일어난 것일까. 제3지에서 생겨난 지혜가 불꽃처럼 타오른다는 의미가 무엇일까.

이에 대한 좋은 실례가 있다. 싯달타 태자가 출가하여 당시 가장 고매한 선정자인 아라라 카라마 선인과 웃다카 라마풋다 선인에게서 선정(禪定)을 배운다. 싯달타 태자는 이들 밑에서 최고의 선정을 실수하였지만 자신이 희구하는 이상적 선정은 아니라는 생각에 그들을 버리고 새로운 수행법을 찾아 유행하였다.

당시 우루벨라 촌에는 많은 고행자(苦行者)가 모여 수행을 하고 있었고 싯달타도 그곳 관습에 따라 고행의 생활을 시작하였다고 한다. 이 수행법은 우파니샤드의 철인들에 의하여 고안된 요가의 수행법이었다.

그곳 철인들은 삼림에서 생활하면서 고행하며 범아일여(梵我一如)의 경지에 이르기 위해 노력하였다. 물만 마신다거나 단식 등 다양한 수행법을 통해 고행을 지상의 행복으로 수용하였다.

당시로서는 고행이라는 수행법이 해탈에 이르는 최고의 길로 여겨졌지만 태자는 마침내 그것 역시 버리고 말았다. 이와 같이 싯달타 태자는 고행을 버리고 정통 요가 선정의 수행법에서 환골탈태하여 자기 나름의 선정법을 확립하였다.

이상의 과정이 현재 학자들이 인지하고 있는 석존의 수행기이다. 그런데 이 기록은 우선 공부의 순서가 맞지 않다는 것이 본인의 견해이다. 두 선인 밑에서 무상정과 멸진정을 배웠다고 하였는데 이 두 가지 경우 경지가 비슷하다 하여 이무상정(二無相定)이라 일컫는다. 이는 전의하기 직전에 나타나는 고도의 명상의 경지이므로 아무나 알 수 있는 자리가 아니다. 조사(祖師)나 대덕들이 모두 견성 정도는 하였다 하지만 이 경지에 대한 이 분들의 저술이나 표현을 대한 적이 없다.

이무상정은 오감(五感)을 초월하기 직전의 상태이다. 다시 말하면 명상 중 감각 기능과 의식작용이 동시에 한동안 멈추어야 이 경지에 들 수 있다. 이 현상은 몸과 마음에 급격한 변화가 일어나야 가능해진다. 즉 제3지 발광지에서 지극하고 꾸준한 수행으로 지혜의 불꽃이 극에 달하게 되면 이 같은 현상이 나타나는데 이때를 제4지 염혜지의 초입에 해당한다고 유추한다.

이 같은 돌발적인 현상이 일어나면 수행자는 상당한 정신적·육체적 시련을 겪게 된다. 현대의학에서도 이 경우 진단부터 불가능하므로 무슨 병인지 파악하지 못하며 치료는 아예 엄두도 낼 수 없다. 그러나 호흡이나 수행 등을 통해 절묘하게 고통을 잘 이겨내면 상상을 초월한 능력이 발현된다. 그 중 뚜렷한 능력은 영적 안목이 갑자기 열리고 생각과 생각 사이 빈틈이 생긴다는 것이다.

생각과 생각 사이의 공간을 잘 활용하면 바로 이무상정의 경지를 누릴 수 있다. 또한 영적 세계를 관조할 수 있게 되므로 존재의 생멸에 대한 관찰이 가능하며 윤회와 열반의 관조가 이루어져 업에 대한 결과들이 마음에 자연스레 다가온다. 따라서 염혜지에서 제대로 수행하게 되면 개체가 실재한다는 견해와 이것으로 일어나는 모든 것을 떠나 버린다는 경의 말씀에 저절로 수긍이 간다.

이 같은 논리에 따른다면 싯달타 태자가 출가 후 처음 들어간 곳은 고행자들의 수행터였고 이곳에서 수행 중 보살 제3~4지에서 이와 같은 경지를 경험하게 되었으며 이때 싯달타의 정신과 육체에 일대 변혁이 일어난다. 어려움을 무난히 극복한 태자는 어느 날부터 명상 중 정신집중이 매우 쉽게 이루어진다는 사실을 인식한다.

정신집중이 수월해지자 태자는 더 이상 고행하는 곳에 머물 필요가 없어져 선정을 배우기 위해 두 선인을 찾게 되고 한 스승에게 무상정(無想定)을, 다른 스승에게는 멸진정을 배우게 된다. 태자는 여기서 최고의 선정을 실수하였지만 그 선정도 궁극적인 선정이 아니라는 생각에 다시 그들을 떠난다.

　이상의 내용을 정리해 보자. 제1~3지까지 가르침대로 열심히 꾸준히 수행한다면 사람의 능력 한계까지 공부한 셈이다. 특히 3지는 중생이 사는 모습에서 고독, 근심, 슬픔 등 사람으로서는 도저히 해결할 수 없는 문제들에 대하여 명상, 사유하는 과정이다.
　열심히 수행하는 가운데 어느 날 심신에 일대 변화를 겪는다. 온몸에 느끼던 억제할 수 없는 고통들이 진정되는 순간 갑자기 건강이 호전되고 특히 정신집중이 뚜렷해진다는 사실을 스스로 체득하게 된다.
　이후 명상하는 동안 정신집중이 선명하게 잘 될 뿐만 아니라 생각이 순간순간 끊어지는 특이한 현상까지 나타나게 된다. 생각이 끊어지는 경지에 이르면 머지않아 의식이 전도되면서 삼매에도 들게 된다. 태자는 이렇게 하여 전의를 거쳐 삼매에 노닐다가 새벽별을 보는 행운을 차지하게 된다.

　제4지 염혜지의 가르침은 이제 막 올라온 수행자가 스스로 진리를 얻기 위해 지혜를 성숙시키는 열 가지 진리로, 여래의 집에서 성장하게 된다. 그 새로운 진리는 존재의 생멸을 관찰하는 것이며 모든 것의 자성은 불생(不生)임을 관찰하는 지혜, 세계의 생성과 소멸을 관찰하는 지혜, 업(業)에 의한 생존을 관찰하는 지혜, 윤회와 열반을 관찰하는 지혜, 중생의 국토와 업을 관찰하는 지혜, 원초와 종말을 관찰하는 지혜 등이 그것이다.

3지와 4지의 가르침에는 현격한 차이가 있다. 3지는 해오(解悟)로써 일반인이 어느 정도 공부할 수 있다지만 4지부터는 명상 중 눈앞에 깨우쳐 주는, 즉 증오(證悟)되는 현상이 있어야 하므로 일반 수행자들로서는 접근이 전혀 불가능하다.

어떻게 이 같은 변화가 갑자기 나타날 수 있는가. 이 돌발현상이 바로 쿤달리니의 각성이다. 불교 경전에는 쿤달리니에 대한 언급이 없다. 그러나 힌두경전에는 이런 현상을 쿤달리니 현상이라 부르는데, 쿤달리니가 각성되어야만 부처나 성인이 될 가능성이 있다고 기록되어 있다. 제4지에서 수행자의 명상 수준이 비약적으로 상승하는 원동력이 쿤달리니 각성의 힘에 기원하는 것이다.

쿤달리니가 상승하면서 영적 안목이 열리고 신통한 힘들이 생기기 시작함으로써 업의 관찰, 윤회와 열반의 관조가 가능하게 된다. 이때부터 오감을 초월한다는 의미를 부여하며 깨달음의 의미를 비로소 알게 된다.

쿤달리니가 수행자의 머리 부위까지 올라가 오매일여(寤寐一如), 숙면일여라는 특이한 감정에 사로잡히게 되는 얼마 후 이무상정이라는 초기 삼매에 진입하게 된다. 이는 전의하기 전 경험할 수 있는 최초의 삼매이다. 따라서 쿤달리니가 완성단계에 이르면 제4지의 가르침을 부족하나마 납득할 수 있고 또한 중오로써 수행할 수 있게 된다.

3~4지에서 쿤달리니가 각성해서 완성되지 않는다면 이무상정에 원천적으로 진입할 수 없으므로 수행은 더 이상 진척이 불가하여 탈락할 수밖에 없다. 이제 제4 보살지에서 도가 정화된 보살은 제5 난승지에 들어간다.

제5지 난승지(難勝地)

제5지인 난승지에 이른 보살은 사제와 팔정도에 의해 청정한 활동이 생기고 고결한 마음이 생겼으므로 다시 다음 단계의 도를 구하면서 실다운 성품[如實性]에 도달한 자가 된다. 그리고 복덕과 지혜를 닦아 점점 위를 바라보고 나아간다.

"이것은 고(苦)라는 성스러운 진리[苦諦]이다라고 있는 그대로 인식합니다. 또한 이는 고의 원인[集諦]이다, 이는 고의 소멸[滅諦]이다, 이는 고의 소멸로 이끌어 가는 길[道諦]이다라고 있는 그대로 인식합니다. 또한 그는 세속적 진리와 불법의 진리에 다 같이 뛰어난 자가 됩니다. 그는 모든 존재는 헛되고 허망한 것이라고 있는 그대로 인식합니다. …그는 부처님의 지혜를 구하며 온갖 존재의 원초와 종말을 관찰합니다. …그는 십바라밀 중 선정바라밀이 가장 뛰어납니다. 불자여! 이것이 난승지라는 보살지입니다."

사제(四諦)는 고제(苦諦)·집제(集諦)·멸제(滅諦)·도제(道諦) 등 네 가지 진리이다. 12연기의 뜻을 교리적으로 조직화한 것으로 석존의 최초 설법에서 설해진 것이라 한다.

빠알리 경전 내의 거룩한 진리[四諦]에 대한 설명에 의하면 "첫째 괴로움의 진리[苦諦]는 태어남도 괴로움이고, 늙음도 괴로움이고, 죽음도 괴로움이고, 슬픔·한탄·고통·비탄·절망도 괴로움입니다. 구하여도 얻을 수 없는 것이 괴로움입니다. 다섯 가지 집착의 무더기[五蘊]가 괴로움입니다. 이것이 괴로움의 거룩한 진리입니다.

둘째 괴로움의 근원[集諦]은 갈애(渴愛)로서 윤회를 가져오며, 쾌락과 욕망을 동반하며, 여기저기서 쾌락을 추구합니다. 갈애에는 감각적 쾌락에 대한 갈애와 존재에 대한 갈애, 비존재에 대한 갈애가 있습니다. 이것이 괴로움의 근원의 진리입니다.

셋째 괴로움의 소멸[滅諦]은 갈애를 남김없이 소멸하고 갈애를 놓아버리고, 갈애를 내버리고, 갈애에서 벗어나는 것입니다. 이것이 괴로움의 소멸의 거룩한 진리입니다.

넷째 괴로움의 소멸에 이르는 길은 바로 여덟 가지 바른길[八正道]입니다. 바른 견해, 바른 생각, 바른 말, 바른 행동, 바른 생활수단, 바른 정진, 바른 마음챙김, 바른 집중입니다."

석가세존께서 가르친 진리는 고(苦)가 없는 열반의 경계[涅槃境]에 도달하기 위해서는 팔정도에 따라 수행해야 한다는 것이다.

과연 팔정도에 따라 수행하면 슬픔이나 고통, 절망에서 벗어날 수 있을까. 수행하는 동안 몸과 마음이 급격한 변화, 즉 쿤달리니가 각성되지 않는다면 3~4지까지의 수행으로 만족하여야 한다.

열반에 다가가기 위해서는 쿤달리니가 선택된 수행자만이 가능할 수 있다. 쿤달리니 각성만으로는 부족하다. 쿤달리니 샥티가 머리를 돌아 완성하여야 하고 명상을 원만히 병행하여 전의하고 삼매에 들게 되면 부지불식간에 모든 욕망과 고통들이 서서히 내려지고 저절로 소멸하게 된다.

제4지까지는 들어서 이해가 가능한 해오(解悟)의 영역이 있지만 제5지부터는 스스로 몸과 마음으로 깨달아 아는 증득(證得)으로 수행이 이루어진다. 따라서 제5지는 쿤달리니 완성 이후, 전의가 이뤄지는 경지라 할 수 있다.

자증(自證), 증오(證悟), 증득(證得), 체증(體證), 친증(親證) 등 증(證)자를 포함한 말은 능가경에서 깨달음의 경지를 표현할 때 사용하는 용어이다. 몸과 마음으로 스스로 깨달아 앎을 가리키는 용어인데, 증오한 현상들이 계속 반복되어 쌓이면 이것들이 구경의 깨달음이다. 타인이 깨닫게 해줄 수 없음이 당연하다. 따라서 제5 난승지부터는 깨달음의 과(果)를 말할 때 증자 돌림말만을 쓰게 된다.

삼매(三昧)

명상 수행자들은 정신집중이 잘 되거나 의식이 몰입되면 삼매에 들었다고 말한다. 능가경에서는 이런 경우를 2~3승의 삼매라 말하고 있다. 이 삼매에서 수행자들은 신령들로부터 유혹을 당하여 돌이킬 수 없는 피해를 보는 경우가 적지 않다. 이 경지에 처한 수행자는 항상 드러난 현상들을 세밀히 관찰해야 하고 경각심을 가져야 한다.

쿤달리니 완성단계에서도 여러 가지 마의 유혹을 경험하게 되는데 이 경우가 석존께서 마장(魔障)을 겪은 사례와 비슷하다. 수행자는 뚜렷한 의식을 유지한 채 마의 행동을 면밀히 살피면서 즐기거나 심지어 마의 행동을 수정하기까지 할 수 있는 여유를 가지게 된다. 이 같은 마장을 겪고 난 다음 단계에서 이무상정, 즉 무상정이나 멸진정의 경지에 들게 된다.

진정한 삼매는 사하스라르에서 쿤달리니 샥티가 시바신과 결합하면 비로소 시작된다고 탄트라 교전은 설명하고 있다. 이 삼매는 무상정(無想定)과 멸진정(滅盡定) 등 이무상정(二無相定)을 가리키는데 중국 선교가 말하는 오매일여(寤寐一如) 같은 미묘한 체험 뒤에 이루어진다.

전의하면 수행자는 그때부터 부처의 반열에 든다고 하는데 삼매에서 비로소 깨달음이라 할 만한 일들이 이루어진다. 이 경우 명상할 때마다 항상 의식이 전의되면서 삼매가 이루어지고 이 과정에서 느낀 것들에 대한 증오가 바로 깨달음이다.

불교에서 말하는 견성이 전의에 비교될 수는 없지만 전의 경지에

접어들면서 공부가 새롭게 다시 시작한다. 이때의 공부는 명상, 즉 삼매만 거듭하면 되는데 어느 날 갑자기 삼매가 안 되는 순간 그때가 바로 완전한 부처가 되는 날이다.

쿤달리니

탄트라 교전에서는 쿤달리니를 우주의 원초적 에너지로 본다. 대체로 쿤달리니는 세 바퀴 반을 감고 잠자는 뱀으로 묘사된다. 물론 진짜 뱀이 아니지만 그림 속에서 항상 뱀이 시바신의 머리와 팔, 허리를 감싸고 있음을 볼 수 있다.

쿤달리니는 각성 직후 제대로 조율할 수 없을 때 '깔리'라 하고, 조정하여 좋은 목적에 활용할 수 있을 때 '두르가'라 부른다. '깔리' 상태일 때는 무시무시한 기운이어서 각성자의 영혼을 완전히 정복할 정도의 대단한 위세를 발휘하는 것으로 미루어 고통의 수준을 짐작할 수 있다.

쿤달리니의 각성이라 함은 무의식적 힘인 '깔리'가 깨어난 뒤 한동안 고통을 느끼는 기간이 지나 어느 순간 안정되어 영광을 가져다주는 초의식 상태인 '두르가'로 변함을 의미한다.

요가철학은 쿤달리니가 각성된 상태를 깔리 여신으로 상징화한다. 깔리 여신이 시바신 위에 서 있는 모습은 개체 영혼의 완전한 정복을 의미한다. 힌두 신화에서도 쿤달리니를 원초적 에너지로 보는데 발가

벗은 검은 피부의 여신이 깔리의 개념과 일치한다.

탄트라의 교전에 의하면 쿤달리니 샥티[氣]가 사하스라라에 올라서면 시바와 샥티가 결합하였다 한다. 머리 정수리인 사하스라라가 초의식 또는 시바의 자리이다. 시바와 샥티 사이에 합일이 일어나면 깨달음에 대한 탐구방법이라 할 수 있는 삼매가 시작된다.

쿤달리니 요가의 모든 체계는 수슘나의 각성에 집중되어 있다. 수슘나가 활성화되면 상위의식과 하위의식이 서로 통하여 쿤달리니의 각성이 일어나기 때문인데 오랜 기간 규칙적으로 프라나야마를 수련해야 가능하다.

쿤달리니를 각성시키는 직접적인 방법인 프라나야마에 대한 체험은 폭발적이고 효과는 매우 빠르다. 팽창이 신속하게 진행되고 마음의 변형이 빨리 온다. 그러나 엄청난 체험에 심적, 철학적, 육체적, 정서적으로 준비된 사람이 아닐 경우 축복이 아니라 오히려 두려움만 느끼게 될 것이다. 프라나야마는 매우 빠르지만 위험하고 어려운 방법이라 하였다.

하타요가 프라디피카 105-111에는 다음과 같이 구술하고 있다. "열쇠로 문을 열듯이 요기는 쿤달리니로 해탈문을 열어야 한다. 위대한 여신은 입을 다물고 잠들어 있다. 그 입은 브라마란트라, 아픔도 고뇌도 없는 장소로 올라가게 하는 문이다. 쿤달리니 여신은 칸다 위에 잠들어 있다. 요기에게 해탈을 주는 쿤달리니는 뱀처럼 똬리를 틀고 있다. 이것을 움직이게 하는 사람은 해탈한다."

다시 십지품의 가르침과 쿤달리니의 발전과의 관계를 파악해 보자. 보살 십지품의 가르침으로 미루어볼 때 명상 과제가 현상을 벗어나는 제3지나 제4지 초입에서 쿤달리니가 각성되는 것으로 여겨진다. 보살 십지품의 1,2지는 불보살의 본을 받고 일상생활의 모든 행위에서 미혹을 끊으며 십선업도(十善業道)와 삼악도(三惡道), 무명(無明) 등을 잘 가려 행한다 하였다.

제3지는 존재의 무상, 삶의 고뇌, 중생계의 많은 고난 등을 관찰한다. 진리의 가르침을 원하는 열의로 가득하다고 기술하고 있다. 제1지부터 3지까지는 현상세계를 대상으로 하는 명상이므로 이 과정은 수행을 결심하면 누구나 가능하다.

제4지부터는 존재의 생멸을 관찰하고 자성이 불생(不生)하며 세계의 생성과 소멸, 윤회와 열반을 관찰하는 등 사람으로서는 이해나 납득이 전혀 가지 않는 반야지(般若智)에 대해서 명상하게 된다.

제3지와 4지의 명상은 그 수준에 현격한 차이를 보인다. 이 차이를 극복하기 위해서는 쿤달리니의 지혜가 필요하다. 제1지에서 제3지까지의 기간이 2~3년, 그 동안 꾸준히 수행에 정진했을 경우 이때 쯤 쿤달리니가 각성될 것이다. 이 기간에 각성되지 않는다면 노력 부족 또는 수행과 인연이 먼 탓으로 여겨야 할 것이다.

수행 중 각성을 하게 되면 일단 후유증으로 극심한 고통을 겪게 된다. 현대의학으로도 쿤달리니 각성으로 인한 증상들은 진단이 불가능하므로 정신과적 치료나 스스로 고통을 극복하는 수밖에 없다.

쿤달리니 각성 후유증이 너무 혹독하여 이 과정을 이겨낸 사람은 공식적으로는 석가모니 오직 한 분뿐이다. 이 때문에 모든 불교경전들이 쿤달리니를 외면할 수밖에 없었고 사람들은 아예 접근할 수 없는 영역으로 인식되었다.

이 혹독한 후유증을 벗어나기 위해서는 오로지 호흡을 이용하여 '깔리'로 표현된 쿤달리니 프라나(氣)를 척추 위로 밀어올리는 방법밖에 없다. 즉 척추에는 프라나야마의 통로인 수슘나라는 관이 있는데, 프라나가 두 번째 차크라인 스와디스타나의 위치인 배꼽 언저리에 올라오면 그때부터 서서히 '두르가'로 바뀌면서 후유증의 고통도 차츰 사라지게 된다.

이 어려움을 돌파한 수행자들은 조용한 자리를 찾아 명상을 해야 한다. 쿤달리니가 스와디스타나를 통과하면서 수행자는 명상 속에서 빛과 함께하게 된다. 처음 오색찬란한 빛이 수행자의 주위를 감싸면서 황홀한 감정에 빠짐과 동시에 제4지가 설명하는 명상의 내용들과 다르지 않아 그 의미가 스스럼없이 다가온다.

쿤달리니가 상승하고 명상이 매일 습관화되면 다양하고 황홀한 빛에 감싸인다. 머리에 가까워지면 서서히 단순한 빛으로 바뀌다가 완성단계에서는 흰색이 된다. 삼매 속에서 수행자를 감싸는 이 하얀 빛은 공부가 깊어지면서 조금씩 투명한 색깔로 변화한다. 그리고 그 빛 속에서 유형무형의 형태들이 깨달음으로 자증되면서 공중무색의 경지까지 수행자와 함께한다.

세 번째 마니푸라 차크라를 통과하여 일곱 번째 사하스라라 차크라에 도달하는 동안 마음의 눈이 밝아지면서 중음계와 영계, 신계(神界)를 명상 중에 차례차례 여행하게 될 수 있다. 인간계를 넘어 신령계(神靈界)를 직접 두루 보고 느낀 지혜로써 제5지의 가르침을 어렵지 않게 마음으로 소화하여 증오들을 하게 된다.

쿤달리니 샥티가 사하스라라에 도달하면 천인합일이라 하고 샥티가 머리를 지나 심장부위까지 내려오면 쿤달리니 완성이라 한다. 보살십지품은 쿤달리니의 각성부터 완성까지의 모든 과정을 제4지 염혜지와 제5지 난승지에서 마치는 것으로 예정하고 있다.

쿤달리니가 완성되면 금강신(金剛身)이 이뤄짐으로써 건강이 현격하게 좋아져서 병원은 물론 약국을 찾는 경우도 드물어지지만 정작 견고해지는 것은 영적 차원의 강건함이다.

쿤달리니의 거친 성정이 두르가로 변화하게 되면 그때부터 미지의 세계로의 여행을 시작한다. 신령계부터 부처의 세계까지 길고 긴 여정에서 쿤달리니가 피안으로 가는 나룻배 또는 뗏목의 역할을 하게 되는 것이다.

대반열반경에 '무상 보리를 구하려고 이 허약한 몸을 버려 금강 견고한 몸을 얻게 하려는 것이다'라는 구절이 바로 두르가로 순화된 쿤달리니를 지칭하는 것이다. 육체적 건강에 대해서는 평생 특별히 유념할 필요가 없게 된다. 영체적 건강은 온갖 마의 장애에도 흔들림이 없으며 어떤 영적 현상에 직면하더라도 두려움 없이 관조할 수 있으므로 견고한 금강신의 몸을 가지게 된 것이다.

'도(道)는 길 없는 길이다'의 의미

팔정도와 보살 10지품의 가르침에 따라 공부하고자 한다면 쿤달리니를 각성하고 초의식 상태인 두르가로 변화하지 않으면 제4지부터는 불가능하다 하였다. 다음은 쿤달리니의 각성으로 고통을 겪던 고피 크리슈나의 말이다. "전국의 아쉬람을 모두 알아봤지만 쿤달리니에 대해 가르침을 받을 만한 스승을 발견할 수가 없었다. …쿤달리니가 백 년에 두세 명이 각성되는데…"

인도의 모든 아쉬람에서 쿤달리니 각성자가 한 세기에 겨우 두세 명 나올 정도로 드물었음을 언급하고 있다. 이 사람들이 모두 고통을 잘 이겨내고 초의식 상태로 두르가를 이뤘다면 그 공부 방법들이 후세에 전해졌을 뿐 아니라 훌륭한 스승이 존재했을 것이다.

그런데 각성되는 사람은 극소수인데다가 각성할지라도 고통을 이겨내지 못하고 수행을 포기하거나 수행터에서 이탈할 수밖에 없었을 것이다. 인도의 모든 요가단체들이 쿤달리니가 가슴 부위까지 올라온 사람에 대한 기록조차 발견할 수 없었으므로 지도할 스승이 없음은 당연한 일이다.

인도에는 쿤달리니에 대한 상당한 분량의 자료들이 확보되어 있지만 그 제작 연대에 대해서는 예부터 전해져 온 것일 뿐 명확히 아는 사람이 없다고 한다. 그런데 우리나라에서는 40여 년 전 광덕(光德)스님이 쿤달리니를 소주천으로 알고 있으면서 그 운행 방법을 본인에게 언급한 적이 있다. 선방에서는 어렴풋이나마 쿤달리니의 이치를 인식하고 있었고 그 명맥이 스승과 제자 사이에 은밀하게 전해져 왔다고 짐작할 수 있다.

쿤달리니를 각성한 사람이 희소한데다 후유증이 극심하여 이를 극복한 사람이 석가모니 이외에는 경서(經書)나 논소(論疏)에서 전혀 찾아볼 수 없다. 물론 다른 종교에서도 마찬가지이다. 쿤달리니를 각성하고 초의식 상태에 들어간 사람들이 몇 명이나마 배출되어야 각성이나 후속 공부법들이 전승되었을 터인데 참으로 안타까울 뿐이다.

사람들은 쿤달리니를 당연히 도외시하였을 것이고 경전에서도 묵살하였으며 현재 인도의 요가 스승들까지 위험성 탓에 극구 만류하고 있는 실정이다. 따라서 쿤달리니를 활용하지 못한 상태에서 수행자들은 오감의 한계인 4지와 5지에 머물러 더 이상 길을 찾을 수 없음을 한탄하고 있을 수밖에 없는 상황이다.

보살 10지품 중 제5지의 이름이 난승지(難勝地)인 의미를 파악할 수 있을 것이다. 쿤달리니 각성자라 하더라도 초의식이 두르가로 진행하지 못한 수행자는 제4지 이상 공부할 수 없다. 그러나 힘겹게 난관을 헤쳐 나가며 비상한 결심으로 임하는 수행자는 그래도 존재할 수 있다.

제4지는 해오로써 어느 정도 넘길 수 있지만 제5지에 들어서면 몸과 마음으로 느껴 증오할 수 없다면 아예 공부가 되지 않으므로 쿤달리니를 각성하지 못한 수행자는 물론 각성했다 하더라도 두르가로 진행하지 않으면 난승지는 도저히 감당할 수 없는 자리, 극복할 수 없는 자리가 될 수밖에 없다.

수행의 목표가 삼매든 열반이든 합일이든 해탈이든 쿤달리니가 각성되고 완성된 후에야 가능하다. 2~3천년이 지나도록 석존 외에 이 길을 지나간 흔적을 발견할 수 없는 까닭이다. '도는 길'이라는 구절이지만 흔적이 지워진 길일 수밖에 없게 되었다. 수행할 수 있는 보살은 나타날 수 없었지만 보살 10지품에서 제5지 이후의 공부 방법은 계속 설해지고 있다.

제6지 현전지(現前地)

"불자여! 제5의 보살지에서 도가 충만해진 보살은 제6의 현전지(現前地)에 들어갑니다. 그는 열 가지 진리의 평등성에 의해 거기에 도달합니다. 열 가지 평등성이란 무엇입니까?

　　　　모든 것이 무상(無相)이라는 평등성
　　　　모든 것은 발생하지 않는다는 평등성
　　　　모든 것은 무성(無性)이라는 평등성
　　　　모든 것은 불생(不生)이라는 평등성
　　　　모든 것은 고요하다는 평등성

모든 것은 원래 청정하다는 평등성

모든 것에는 희론(戱論)이 있을 수 없다는 평등성

모든 것에는 본래 버리고 취함이 없다는 평등성

모든 것은 환상·꿈·그림자와 같다는 평등성

모든 것은 존재와 비존재가 둘이 아니라는 평등성입니다."

이상의 평등성들을 마음에 깊이 다지지 않은 채 읽는다면 대충 넘어갈 수 있다. 반면 이 내용들을 궁구하면서 들여다본다면 순간 가슴이 턱 막히고 앞이 캄캄해질 것이다. 이 진리를 꿰뚫어 간파하는 것은 인간의 한계를 훌쩍 넘어서는 경지이다. 그 다음 설명도 들여다보자.

"그는 세간의 발생과 소멸을 관찰할 때 다음과 같이 생각합니다. '무릇 세간의 작용이 발생하는 것은 모두 아집(我執)에서 생긴다. 자아의 집착을 제거하면 세간의 작용은 발생하지 않는다.' 그는 십이연기(十二緣起)를 순역(順逆)으로 관찰한 끝에 다음과 같이 생각합니다. '이 미혹의 세계가 존재하는 원인은 오직 마음뿐이다.' 여래가 설하신 십이인연도 또한 한 마음에 의지함을 알 수 있습니다. 왜냐하면 어떤 사물에 대해 탐욕과 결부된 마음이 생겼을 때 인식작용이 발생하기 때문입니다. 사물은 구성된 것이며, 구성에 관한 어리석음이 무지입니다. 무지에서 생기는 것이 개체입니다. 개체에서 증대된 것이 여섯 감각기관입니다. 이 감각기관과 결부되는 것이 접촉입니다. 접촉과 함께 생기는 것이 감수작용입니다. 감수에서 싫증을 안 느낄 때, 그것이 갈망입니다. 핍박되는 것이 취착(取着)입니다. 이런 생존의 지분(支分)이 생기는 것이 생존입니다. 생존이 발생하는 것이 생입니다. 생은 늙음을 낳습니다. 늙음의 끝에는 죽음이 있습니다.

이리하여 그는 열두 가지 양상을 가진 연기(緣起)를 관찰하면서 자아가 없고 중생이 없고 개체의 존재가 없으며 원래 공(空)이요, 지은 자와 감수하는 자를 떠난 것으로서 관찰할 때, 모든 존재는 공해서 그 본성이 없다[空無性]라는 깨달음의 문[空解脫門]이 열리게 됩니다. 그가 이런 온갖 생존의 지분의 자성을 없애고 궁극의 깨달음에 안주할 때, 어떤 상도 생겨나는 일이 없습니다. 그러므로 그는 무상의 깨달음의 문[無相解脫門]을 연 자가 됩니다. 그가 공무성(空無性)과 무상(無相)의 깨달음에 들어갔을 때 그는 소원 없는 깨달음의 문, 무상해탈문[無相解脫]을 연 자가 됩니다. 불자여! 이것이 보살의 제6 현전지입니다.”

현전지는 너무 높은 수준으로 인해 일반 수행자들이 전혀 접근할 수 없는 곳이다. 이곳에 들어서면 열 가지 진리의 평등성이 과제로 주어진다. 그 진리란 무상(無相)과 무성(無性), 불생(不生), 적정(寂靜) 등 삼해탈(三解脫)인 공(空) · 무상(無相) · 무원(無願)의 궁극적 깨달음의 표현들인데 이 깨달음이 수행의 과제이다.

쿤달리니를 완성하고 전의(轉依)하여 깨달음의 문에 들어선 수행자에게는 삼해탈의 진실한 의미를 중오할 수 있도록 과제가 주어진다. 삼해탈 정도의 고도의 명상은 전의 후 이루어지는 삼매에서만 가능하다.

전의는 어떻게 이룰 수 있을까. 명상은 제4 염혜지까지는 영적으로 예민한 수재들이 간혹 정신집중을 위주로 하여 가능했지만 제5 난승지부터는 명상의 방법을 바꿔야 한다. 생각과 생각 사이의 빈 공간을 이용할 줄 알아야 한다.

쿤달리니가 완성되면 생각과 생각 사이에 빈 공간이 만들어진다. 생각이 끊긴다는 것은 사람의 한계를 초월하였다는 의미이므로 정신집중법 등 의식을 이용하는 수행방법들은 이 경지에서는 아무런 역할을 할 수 없게 된다. 다만 신통력(神通力)을 기르기 위해서라면 쓸모가 있을 뿐이다.

쿤달리니가 완성하고 생각과 생각 사이 빈 공간이 만들어진다 해도 전의하기에는 아직 역부족이다. 이제까지 닦았던 수행 기초를 더욱 다져야 한다. 몸을 가능한 한 최대로 이완(弛緩)시키고 호흡은 더욱 미세(微細)해져야 하며 오감(五感)이 움직여서는 안 된다. 이 상태들이 잘 조화되어야 전의에 들게 되는데 쿤달리니 완성자라면 이 난관도 어렵지 않게 돌파할 수 있다.

전의가 되면 바로 삼매가 되는데 삼매에서는 무언가를 '하겠다'는 의지작용은 전혀 있을 수 없게 된다. 안 하는 것이 아니라 그 자체가 없는 것이다. 오로지 심안(心眼)에 보여주는 것을 관(觀)할 수만 있을 뿐이다. 제6지 현전지에서 수행하는 과정으로 미루어보아 이 지점이 바로 전의가 이루어지는 곳으로 간주된다.

앞서 제4지 염혜지에서 설한 석존의 수행 이야기를 계속해 보자. 싯달타 태자가 이무상정을 배우고 나서 이 단계가 궁극적인 경지가 아니라고 생각하여 새로운 구도의 길을 떠났다. 경전들은 싯달타 태자가 두 스승을 떠나 고행을 시작하였다고 기록하고 있다.

이무상정을 이수한다는 것은 일반 수행자로서는 불가능한 일이라 하였다. 쿤달리니를 완성해야 가능한 이무상정 수행자가 새로운 수행의 선택이 고행이라 함은 있을 수 없는 일이다. 더욱 깊은 명상을 수련하기 위해 조용한 장소를 찾아 길을 떠났을 것이란 짐작이 타당하게 여겨진다.

인도 현지에는 경전과는 다른 이야기들이 전해져 내려오고 있다. 네란자라 강에서 멀지 않은 곳에 코끼리 형상의 상두산(象頭山)이라는 바위산이 있다. 그 정상 아래 자연 생성된 동굴을 붓다가 깨달음을 얻기 전 수행한 곳이라 하여 전정각산(前正覺山)이라고도 한다.

산속 인적 없는 동굴을 거처로 정한 싯달타는 빛과 소리, 감촉 등 오감의 한계를 넘어서기 위해 피나는 노력을 하였으리라. 그리고 철저한 이완과 미세한 호흡으로 의식이 바뀌는 전의에 도달하였을 것이다.

어느 날 보리수 아래가 아닌, 굴속에서 벽관(壁觀)하던 중 샛별과 같은 빛[光彩]을 보았을 것이다. 그 빛이 곧 '나'라 느껴졌을 것이다.

쿤달리니를 통해 공부한 나도 직접 체증한 이 현상으로 인해 이때 동시에 무한히 확대되는 고귀한 자아를 체험하게 되었을 것이다. 당시에도 지금과 마찬가지로 진실한 '나'를 보는 것이 수행자에게는 공부의 끝이라 여겨 수행을 접게 되었던 것으로 추측된다.

짐작컨대 싯달타 태자가 왕궁을 떠나 고행하기 2~3년 후쯤 쿤달리니가 각성된 것으로 보인다. 태자는 쿤달리니 후유증으로 고생을 하면서도 호흡 수련을 연마해 천우신조로 깔리가 초의식인 두르가로 안착하였을 것이다.

어느 순간 갑자기 정신집중이 수월해지는 것을 인식하였으리라. 태자는 고행을 멈추고 명상에 전념하기 위해 두 스승을 찾는다. 이 스승들 밑에서 무상정과 멸진정을 마쳤다면 쿤달리니가 완성되었다는 의미이므로 다시 2~3년 정도의 시간이 지났을 것이다.

석존의 수행 기간이 6년 안팎인 것을 감안하면 스승을 떠나 전의까지의 과정을 1년 정도, 전의에서 새벽별을 보기까지 1년 정도의 기간이 소요된 셈이다. 6년여의 짧은 기간에 새벽별, 즉 '나'를 깨달았음은 쿤달리니를 각성하고 완성, 전의하였기에 가능한 일이다.

전의와 새벽별을 보는 두 단계는 싯달타 태자가 혼자 힘으로 이룬 쾌거이다. 샛별을 보는 자리는 전의한 후 1년여 공부하면 이르는 곳이다. 능가경이 말하는 무공용(無功用)의 자리에 진입하여 수월하게 공부했음을 추론할 수 있다.

아뇩다라삼먁삼보리의 깨달음

"왜 아라한에게 보살마하살과 같이 아뇩다라삼먁삼보리를 수기(受記)하시나이까? 나는 아라한이 유여열반에 머무르지 않고 무여열반을 얻도록 하기 위함이다. 이는 아라한들이 보살행을 하도록 은밀히 권하기 위해서이다."〈능가경(楞伽經)〉

수기란 아라한이 내세에 반드시 부처가 된다는 부처로부터의 기별(記別:豫言)을 일컫는데 아뇩다라삼먁삼보리의 성취가 필수임을 금강경은 설하고 있다. 금강경은 이 아뇩다라삼먁삼보리가 주제어인 경이다.

보살마하살은 위계로 보아 부처의 바로 아래 단계이므로 아뇩다라삼먁삼보리의 깨달음을 갖추면 부처가 됨을 의미한다. 그런데 아뇩다라삼먁삼보리를 얻는 방법을 밝힌 경전은 없다. 예측할 수 있는 단서는 인간의 한계를 뛰어넘어 초의식 상태에 들어가면 삼먁삼보리는 스스로 얻어지는 것이란 추측뿐이다. 쿤달리니가 완성된 수행자는 얼마 후 전의 즉 초의식 상태가 되면서 아뇩다라삼먁삼보리를 터득해 간다고 추정된다.

석존의 수행기나 능가경이 설하는 수행의 수준과 형태로 보면 바로 쿤달리니에 의한 수행임을 알 수 있다. '위없이 높고 바른 깨달음'이며 부처다운 지혜의 깨달음인 아뇩다라삼먁삼보리는 쿤달리니의 힘에 의해서만 성취하는 깨달음이 분명하다.

깨달음은 쿤달리니가 각성한다고 간단히 얻을 수 있는 것이 아니다. 각성하면 완성으로 이어질 수 있도록 계속적인 호흡 수련이 필요하다. 뿐만 아니라 명상도 부지런히 하여 쿤달리니 상승과 균형을 맞춰야 한다. 이 같은 꾸준한 수련을 거쳐 쿤달리니가 완성되는 시점에 이무상정에 들게 된다. 다시 말하면 완성될 시점에 생각이 끊어지는 현상이 일어나므로 최초이지만 유사한 삼매를 터득, 증오하게 되는 것이다.

쿤달리니 완성 이후 1년 정도의 시기에 전의를 증오하게 된다. 일단 전의하게 되면 금강경이나 능가경이 설명하는 부처의 깨달음이라는 아뇩다라삼먁삼보리를 성취하는 출발 시점에 온 것이다.

삼매의 구분

제6의 현전지에는 "세간의 작용이 발생하는 것은 모두 아집에서 생긴다. 자아의 집착을 제거하면 세간의 작용은 발생하지 않는다"면서 십이연기(十二緣起)를 순역(順逆)으로 관찰하라는 과제가 부제(副題)로 주어진다.

십이연기는 세존이 관(觀)하여 깨달음을 얻었다 하여 근본 불교의 가장 기초적인 교의(敎義)로서 아함경에 실려 있다. 범부(凡夫)인 유정(有情)이 열두 가지 조건에 따라 성립됨을 설명한 것으로 '이것이 있을 때는 저것이 있고, 이것이 생겨서 저것이 생기며, 이것이 없을 때는 저것이 없고, 이것이 멸함으로 저것이 멸한다'라는 관계를 설하는 것이 12연기이다.

여기서 삼매를 구분해야 할 필요가 생긴다.

첫째 삼매는 쿤달리니가 완성한 후에 이뤄지는 이무상정(二無相定)이다. 이 삼매는 주관과 객관의 상대적 차원을 초월한 선정(禪定)으로 심왕(心王)과 심소(心所)의 작용이 끊어진 경계이다. 수행자가 처음 겪는 의식이 없는 상태의 삼매로 무상정(無想定)과 멸진정(滅盡定)을 말한다. 수행자는 이무상정 경지를 몇 차례 체험하게 된다.

둘째 쿤달리니 완성 후 생각 사이 빈 공간의 활용법을 터득하지 못할 경우 정신집중으로써 수행할 수밖에 없다. 이 경지의 명상에서는 선명하고 뚜렷한 현상이 만들어지고 그 속에서 자기 의지대로 집중하는 행위가 가능한데 경우에 따라서는 신통술(神通術)을 얻는 데 이용할 수도 있다.

셋째 전의 후의 삼매다. 전의란 일상 의식이 순식간에 수승한 식(識)으로 바뀌면서 이루어지는 삼매다. 이 삼매에서는 일체의 하고자 하는[作爲] 생각이 있을 수 없는 경지에 이른다. 생각이 그친[止] 상태에서 그저 바라보는[觀] 의식이 있을 뿐이다. 전의하면 부처의 경지에 들어선다고 하지만 깨달음의 수행은 바로 이 시점부터 시작한다고 보아야 할 것이다.

십이연기를 관(觀)하는 것은 사제관(四諦觀)과 같이 중요한 관법이다. 십이연기는 인간 삶을 송두리째 꿰뚫어 아는 깨달음이지만 의식작용이 있어야 공부할 수 있는 내용이다. 의식작용을 할 수 없는 전의한 후의 연기론 공부가 불가능하므로 보살 3~4지에서 공부함이 옳을 것이다.

쿤달리니 완성 후에도 생각 사이의 빈 공간을 활용할 수 없다면 전의가 불가능하므로 앞으로 나아가지 못한다. 석존의 경우 의지를 이용한 명상법을 전의한 후에도 사용하였다는 추정은 옳지 않다. 전의가 된 이후에는 과거에 활용하였던 집중 방법을 사용할 수 없기 때문이다.

석존이 이 연기법을 거슬러 올라가며 보고, 또 순으로 내려오면서 관찰하고 난 후 4경이 지나고 5경이 되어 먼동이 틀 무렵 샛별과 눈이 마주치는 찰나 최상의 정각을 성취하였다 하였는데 제자들의 기록이 잘못되었다고 본다. 따라서 이는 보살 6지에 해당하는 과제라 할 수 없다.

제7지 원행지(遠行地)

"불자여! 제6보살지에서 보살도를 만족시킨 보살은 제7의 원행지(遠行地)에 들어갑니다.

제7의 보살지에 머무는 보살은 헤아릴 수 없는 중생계, 세계, 여러 가지 차별성을 지닌 진리, 겁수(劫數), 뛰어난 확신, 갖가지 의향, 마음의 작용, 성문승(聲聞乘)의 출리(出離)에 수반되는 갖가지 성질, 독각승

(獨覺乘)의 완전지(完全智)의 완성, 보살행의 가행(加行)에 들어가며 그와 동시에 부처님의 지혜에 들어갑니다. 그는 이렇게 생각합니다. '여래의 경계는 백천억 내지 무수의 겁을 세어도 셀 수가 없다. 그리고 부처의 경계는 우리들에 의해 완성되지 않으면 안 된다. 더욱이 그것은 저절로 분별함이 없이 충족되어야 한다.'"

　제7지 원행지에 들어서면서 수행자들이 부처의 경지에 이르는 것으로 간주된다. 석존의 경우 먼동이 틀 무렵 마침 동쪽 맑은 하늘에 떠오르는 샛별에 눈빛이 마주치는 찰나 큰 지혜의 광명이 개발되어 최상의 정각을 성취하였다. 이것이 일체종지(一切種智)이며 더 이상 깨달을 것이 없는 최상의 지혜이다. 이를 일러 아뇩다라삼먁삼보리라 하고 이는 곧 최상의 바르고 원만한 정각을 성취하였음을 뜻한다.

　팔상록은 이 경계를 가리켜 부처의 경계라 하였다. 샛별과 같은 자연의 현상을 정각의 성취로 그렸지만 이는 쿤달리니의 역할을 모르고 저술한 학승(學僧)들의 오류이다. 후세의 조사(祖師)와 종사(宗師) 등 지도자들이 견성하게 된 계기를 한결같이 어떤 현상과 직접 결부시킨 것이 바로 여기서 비롯되었다고 추정된다.

　이무상정의 경지부터는 소리나 냄새, 빛 등 오감의 자극을 철저히 배제해야 한다. 더구나 전의 전후의 명상에서는 장소나 시간을 포함한 모든 조건을 치밀하게 준비하지 않으면 안 된다.

　앞에서 언급했듯이 내 경우 쿤달리니 완성 후 약 1년 정도의 명상에서 전의를 하였으며 다시 1년여의 시간이 지난 다음 새벽별과 같은 빛[光球]을 보게 되었다. 이와 같은 깨달음의 현상과 공부하는 방법은 능가경에 잘 표현되어 있다. 보살 10지품의 설명들은 공부 방법에 혼란을 불러올 수 있다.

화엄경은 이 보살 10지품을 주제로 저술하였기 때문에 대승의 이념이 많이 삽입되어 있다. 대승(大乘)이 군림하던 시대에도 이미 도를 '길 없는 길'로 여긴 점으로 보아 수행서라기보다 중생들에게 보이기 위한 목적이었던 듯하다.

제8지 부동지(不動地) 이하는 생략하기로 한다.

논소(論疏)란 성현의 저작인 논(論)과, 경(經)과 논(論)을 쉽게 해석한 소(疏)를 합한 말이다. 이 논소를 통해서 보살10지에 대한 견해를 피력한 내용들이 심심치 않게 등장한다. 대부분 저자 자신의 경지를 과시하고자 하는 의도인 듯하다. 참조하기 바란다.

★ 『현수 기신론별기』에 모든 생명체 가운데 7지 이하 중생은 여섯 가지 거친 번뇌 속에 살고 8지 이상 자재보살은 미세 번뇌 가운데 있다.

★ 여섯 가지 거친 번뇌는 7지를 벗어났고 세 가지 미세 번뇌는 10지 금강 유정에서 제거되는 것이라고 하였다. 몽중일여는 여섯 가지 거친 번뇌의 영역이고 숙면일여는 세 가지 미세 번뇌의 영역이며 꿈

이 없는 경지라고 하였다.

★ 무공용(無功用)은 보살 8지에서 수행할 수 있다.

★ 번뇌를 끊는 자리는 보살 5~6지에 해당한다. 5~6지는 삼계의 현행 번뇌를 끊을 뿐 번뇌습은 끊지 못하고 부사의생사(不思議生死)에 머문다.

★ 법무아(法無我)의 지혜를 얻고 나면 9지 선혜지(善慧地) 및 10지 법운지(法雲地)에 이른다. 여기에 이르면 불보살이 전후에 둘러싸고 손을 펴시어 머리를 관(灌)하나니 불자의 지(地)를 넘어 자증법(自證法)을 획득하여 여래 자재신을 성취하노라. 이를 법무아상(法無我相)이라 한다.

★ 무상정과 멸진정은 보살 6지에 해당한다.

★ 법무아(法無我)는 7지 원행지(遠行地)에 들고…

★ 삼매에 들어 고요히 부동하여 심해에 전식(轉識)의 파랑이 일어나지 않으면 마음 경계가 무소유의 깨달음을 이름하여 입삼매(入三昧) 의성신(意成身)이라 하며 3·4·5지에서 일어난다.

★ 보살 8지에서 모든 존재가 환과 같아 무상(無相)임을 깨닫고 심식에서 전의하여 여환삼매에 머물며 무량한 자재 신통을 나타낸다.

★ 보살마하살은 제6지에서 멸진정에 들며…

7. 혜능의 출현, 종풍이 변질되다

오조 홍인대사께서 하루는 문인(門人)들이 다 모이자 말씀하셨다.

"세상 사람의 나고 죽는 일이 크거늘 너희들 문인들은 종일토록 공양을 하며 다만 복전만을 구할 뿐 나고 죽는 괴로운 바다를 벗어나려고 하지 않는다. …지혜가 있는 자는 게송 한 수를 지어 나에게 가져오너라. 내가 너희들의 게송을 보고 큰 뜻을 깨친 자가 있으면 가사와 법을 부촉하여 육대(六代) 조사가 되게 하리니…"

신수(神秀) 상좌가 밤중에 촛불을 들고 남쪽 복도의 벽 위에 게송을 지어 써놓았다.

몸은 보리의 나무요
마음은 밝은 거울과 같나니
때때로 부지런히 털고 닦아서
티끌과 먼지 묻지 않게 하라.

오조께서 말씀하시기를 "네가 지은 이 게송은 소견은 당도하였으나 다만 문앞에 이르렀을 뿐 아직 문안으로 들어오지 못하였다. 범부들이 이 게송을 의지하여 수행하면 타락하지 않겠지만 이런 견해를 가지고 위없는 보리를 찾는다면 결코 얻지 못할 것이다."

한 동자가 이 게송을 외면서 방앗간 옆을 지나갔다. 혜능은 한 번 듣고, 이 게송이 견성하지도, 큰 뜻을 알지도 못한 자의 것임을 알았다. "지금 외는 것은 무슨 게송인가?" 동자가 말하길 "큰스님께서는 나고 죽는 일이 크니 가사와 법을 전하고자 한다 하시고… 큰 뜻을 깨쳤으면 곧 가사와 법을 전하여 육대의 조사로 삼으리라…" "신수 상좌가 벽에 게송 한 수를 써 놓았는데 큰스님께서 문인들로 하여금 다 외우게 하시고…"

혜능이 말하기를 "나는 여기서 방아 찧기를 여덟 달 남짓 하였으나 조사당 앞에 가 보질 못하였으니 나를 남쪽 복도로 인도하여 이 게송을 보고 예배하게…" 동자가 혜능을 인도하여 남쪽 복도에 이르렀다. 혜능은 글자를 모르므로 다른 사람에게 읽어 주기를 청하였다.

혜능은 한 게송을 지어, 다시 글을 아는 이에게 청하여 서쪽 벽 위에 쓰게 하여 자신의 본래 마음을 나타내 보였다.

보리는 본래 나무가 없고
밝은 거울 또한 받침대 없네
부처의 성품은 항상 깨끗하거니

어느 곳에 티끌과 먼지 있으리오.

마음은 보리의 나무요
몸은 밝은 거울의 받침대라
밝은 거울은 본래 깨끗하거니
어느 곳이 티끌과 먼지에 물들리오.

오조스님이 혜능의 게송을 보시고 곧 큰 뜻을 알았으나 여러 사람이 알까 두려워… 오조스님께서 밤중 삼경에 혜능을 조사당으로 불러 금강경을 설해 주시었다. 혜능이 한 번 듣고 말끝에 문득 깨쳐서 그날 밤으로 법을 전해 받으니 사람들은 아무도 알지 못하였다. 오조스님은 단박 깨치는 법과 가사를 전하시며 말씀하셨다.

"네가 육대 조사가 되었으니 가사로 신표를 삼을 것이며 대대로 이어받아 서로 전하되, 법은 마음으로써 마음에 전하여 마땅히 깨치도록 하라." 오조스님은 또 말씀하셨다. "혜능아, 예로부터 법을 전함에 목숨은 실낱에 매달린 것과 같다. 만약 이곳에 머무르면 사람들이 너를 해칠 것이니 너는 속히 떠나라."

오조스님께서 몸소 구강역까지 혜능을 전송해 주시었으며 떠날 때 문득 처분을 내리시되 "너는 법을 가지고 남쪽으로 가되 3년 동안은 이 법을 펴지 말라. …뒤에 널리 펴서 미혹한 사람들을 잘 지도하여 마음이 열리면 너의 깨침과 다름이 없으리라" 하셨다.

이상은 육조단경에서 제2편 3~6의 내용을 간추린 것이다. 핵심은 단박 깨치는 돈오법(頓悟法)이다. 혜능은 늙은 어머니와 단둘이 살면서 장터에서 땔감을 팔아 연명하고 있었다. 어느 날 나무를 판 뒤 여관 문을 나서려는데, 금강경 읽는 소리가 들렸다.

혜능은 한 번 들음에 마음이 밝아져 문득 깨치자 이는 필시 업연이 있다고 생각해서 바로 오조 홍인을 찾아간다. 혜능은 출가하여 불법을 공부하지 않은 채 방앗간에서 8개월 지냈는데도 게송을 짓게 된다.

이 게송을 대한 오조스님은 밤에 혜능을 조사당으로 불러들여 금강경을 설해 주었는데 혜능이 한 번 듣고 말끝에 깨침으로써 그날 밤으로 법을 전해 받고 육대 조사가 되었으나 이 사실을 아무도 알지 못하였다는 내용이다.

글자를 전혀 모르는 무식한 사람이 그 어려운 금강경을 듣자마자 두 번씩이나 깨쳤다는 일이 가능할까. 당시 능가종에서는 실사 깨우쳤다 하더라도 삼매를 통해 자중 또는 중오하는 깨우침 외에는 인정하지 않았을 터이다.

오조와 혜능 단 둘이서 문답하다 깨우쳤다는 것을 육조단경은 오조가 인정했다고 기록하고 있다. 전생에서 깨쳤다는 석존도 다시 현생에서 깨침을 얻기까지 뼈를 깎는 6년의 세월이 지나고서야 가능했다고 전해지고 있다.

단박에 깨친다는 돈오법이란 일자무식일지라도 때가 되면 순식간에 구극의 깨달음에 이른다는 것인데 당시의 수행법은 달마가 가르친 능가경과 보살십지품 등 수행법에 따라 순서와 차례를 거치는 점오법이 유일했던 듯하다.

신수(神秀)는 오조 홍인이 가장 아끼던 수제자였다. 신수가 능가경을 강의하거나 토론할 때면 그 이론이 참으로 명쾌하다는 칭찬이 자자했고 1천여 명의 문인 중 경전과 학문이 제일이었다고 전한다.

그 같은 수재가 쓴 게송이 마치 경전에 대한 초보자가 쓴 듯 기초적인 점오의 내용이고, 혜능이 쓴 게송은 그 점오의 수행법을 비난한 대구(對句)인데다 무식한 사람이 썼다고 보기에는 상당히 유려한 문장이다.

오조가 게송 한두 구절과 금강경에 대한 높은 이해도를 이유로 혜능에게 돈법과 가사를 전했다면, 달마 이후 5대를 지탱해온 능가선을 송두리째 무너뜨리는 엄청난 사건이다. 게다가 자신의 후계자인 육대조(六代祖)로 지명하면서 능가종의 거점에서 떠나라고 하였다. 어떻게 이런 일들이 가능하였을까. 능가사자기에는 이 일에 대한 언급이 전혀 없다.

어쨌든 육조단경에 따르면 혜능은 5조 홍인대사로부터 돈법과 가사를 전수받고 6조가 된다. 혜능은 고향 소주(韶州)로 돌아가 산문(山門)을 열고 '무념을 종(宗)으로 하고 무작(無作)을 본(本)으로 하며 진공(眞空)을 체(體)로 하고 묘유(妙有)를 용(用)으로 한다'라고 선포한다. 북종선(北宗禪)에 대한 남종선의 우월성과 독립성을 선언하였으며 자기의 성품을 보는 견성(見性)이 수도의 목적이라 주장한다.

혜능선사의 대두로 중국 불교는 회오리바람에 휩싸인다. 달마로부터 시작한 불교 능가경을 소의경전으로 하는 신수의 북종선과 금강경에 의지하는 혜능의 남종선 두 파로 분리되었고 수행방법도 이때부터 급격히 바뀌게 된다.

능가사자기의 기록에 의하면 홍인대사는 "내 일생 동안 수많은 사람을 가르쳤으나 나의 도를 후대에 전할 사람은 단지 열 명이 될 뿐이다. 내가 신수와 능가경에 대해 논하였는데 이(理)를 말함이 통쾌하여 반드시 많은 이익을 얻었음을 알 수 있다"라고 하였다.

홍인대사는 나머지 사람들에 대해서도 각기 그 장단점을 말한다. 그 중 소주 혜능(韶州惠能)에 대해 "사람의 스승은 될 수 있으나 단지 일방(一方)의 인물이다"라고 밝힌 것으로 보아 상당 기간 문하에 머물렀으며 그 인품과 수행의 경지에 대해서도 잘 파악하고 있었던 것으로 보인다.

혜능은 10대 제자의 한사람으로 불법에 능통하고 능가선의 수행법도 잘 숙지하고 있었다고 추정된다. 하지만 수행하기에는 이해할 수 없는 어려움을 파악하여 북종선의 수행법과는 비슷하지만 다른 새로운 질서 체계를 주도한다.

단경에서 혜능은 "나는 오조인(五祖忍) 화상의 회하에서 한 번 듣고 말끝에 크게 깨쳐 진여의 본래 성품을 단박에 보았다"라고 말한 데 이어 "이 돈법(頓法)을 뒷날에 널리 퍼지게 하여 도를 배우는 이들로 하여금 보리를 돈오(頓悟)하게 하여 저마다 스스로 마음을 관찰하여 자기의 본성을 단박에 깨치도록 하는 것이니라"라고 말하여 오조가 직접 인정하고 추천하고 권장한 것처럼 설하였다.

단경은 또한 "만법이 모두 자기의 마음 가운데 있거늘 어찌 자기 마음 가운데에서 진여의 본래 성품을 단박에 보지 못하는가? 식심견성(識心見性)하면 다 부처님 도를 성취하는 것이니 활연히 깨쳐서 본래 마음을 도로 찾느니라"라는 등 돈법과 견성이라는 새로운 수행 목표까지 제시한다.

당시 불교에서는 돈오나 견성이라는 언어를 사용하지 않았다. 그러나 '견성한 사람은 망념이 없어져 만법이 모두 나타난 청정 법신불이므로...' 견성이 곧 성불이라며 자신을 부처라고까지 자찬하였다.

"돈오하면 곧바로 불지에 들어가 지위(地位)와 점차(漸次)를 없애는 것이 단경(壇經)의 근본 방침이니 이에 바로 부처를 이룬다[直了成佛]" 하여 한 번 깨친 것으로 수행을 마친다 하였다. 부연해 설명하기를 '본래 마음을 알게 되면 곧 해탈이요 이미 해탈을 얻으면 곧 반야삼매요, 반야삼매를 깨치면 이것이 무념'이라 하였다.

단경은 '오직 돈교법만을 전하여 세상에서 삿된 종을 부수고 오직 견성법만을 전하여 세상의 삿된 종을 부수도다(唯傳頓敎法 出世破邪宗 唯傳見性法 出世破邪宗)'라 하여 수행의 목표를 돈오와 견성에 두었다.

혜능은 이 새로운 수행법에 확신을 주기 위해 "오조(五祖) 스님은 단박에 깨치는 법과 가사를 전하시며… 네가 육대(六代) 조사가 되었으니 신표로 삼을 것이며 대대로 이어받아 서로 전하여…"라 하여 홍인대사가 보증하였음을 기록하고 있다.

혜능은 당시 불교의 본류였던 능가선을 가리켜 "어떤 사람이 앉아서 마음을 보고 깨끗함을 보되 움직이지도 말고 일어나지도 말라고 가르치고 이것으로 공부를 삼게 하는 것을 본다. 미혹한 사람이 이것을 깨닫지 못하고 거기에 집착하여 전도됨이 곧 수백 가지이니 이렇게 도를 가르치는 것은 크게 잘못된 것임을 알아야 한다"라며 힐난하고 있다.

한편 혜능의 남종선 때문에 북종선의 개조(開祖)가 된 신수대사는 홍인의 1천여 명이나 되는 문인 중에서 학문이 가장 뛰어났다고 능가사자기는 전한다. 신수의 가르침은 낙양과 장안에 널리 알려졌고 많은 달마의 법계 중에서도 정부가 정통이라고 인정하기에 이른다. 신수대사는 측천무후와 중종 2대에 걸쳐 국사(國師:帝師)였던 분이다.

8. 혜능이 이끄는 남종

　달마삼장이 중국에 불교를 들여온 이후 150년이 지난 6조 혜능 대에서 일대 변혁이 일어난다. 혜능은 능가선에 대항하여 남종이라는 새로운 종문(宗門)을 열고 생각 없음[無念]을 세워 종(宗)으로 삼으며 모양 없음[無相]으로 본체를 삼고 머무름 없음(無住)으로 근본을 삼는다며 삼해탈(三解脫)을 선포한다.

　이어 부처님을 시조로 하여 보리 달마까지의 계보를 만들고 달마로부터 혜능 자신까지의 선종(禪宗)의 전수(傳授) 계보를 만들어 정통성을 확보하고 소의경전을 금강경으로 정한다. 수행 방법으로는 단박[頓]이라는 돈법과 견성을 새롭게 제시하였다. "오직 견성하는 법만을 전하여, 세상에 나아가서 삿된 주장을 부순다"라고 큰소리친다.

　"한 번 듣고 말끝에 크게 깨쳐 진여의 본래 성품을 단박에 보았다"라는 이 말은 "견성하면 즉시 여래가 되느니라" "만약 불성을 보면 일념에 성불하느니라<宗鏡錄>"로 발전한다. 수행방법은 아름다운 말로 포장만 바꾸었을 뿐 능가선의 방법을 그대로 사용하며 후대에 가서는 묵조선과 간화선을 병용한다. 원오와 대혜 시대에는 화두법으로 귀결된다.

달마 이후 선종은 좌선을 근본 수행법으로 삼았는데 혜능은 좌선보다 행주좌와 즉 언제, 어디서든 어떤 형태의 상황에서도 수행할 수 있다 하였다. 북종은 공부가 까다로워 접근이 쉽지 않았지만 남종은 누구든 아무 때나 수행에 도전할 수 있을 정도로 쉽게 보이도록 꾸몄다.

수행자들이 어떤 마음과 자세로 화두에 임하였는지 선경어(禪警語)를 통해 살펴보자.

"상좌들이여! 사람 몸 얻기 어렵고 불법 듣기 어려우니 이번 생에 이 몸을 제도하지 못하면 다시 어느 생에 제도하겠는가!"

"마치 고양이가 쥐를 잡고 닭이 알을 품듯이 끊어짐이 없게 하라. 아직 투철하지 못하면 마치 쥐가 널을 갉듯이 바꾸지 마라. 이처럼 공부를 지어가면 반드시 분명히 밝힐 때가 있을 것이다."

"공부를 하되 가장 긴요한 것은 간절하다는 절(切) 자이니 절실함이 가장 힘이 있다."

"공부를 하되 의정(疑情)을 일으키는 일이 가장 중요하다. 생사문제라는 관문을 뚫지 못하면 의정이 눈꺼풀 위에 맺혀서 놓으려야 놓을 수 없고 쫓으려야 쫓을 수 없다. 홀연히 하루아침에 의심 덩어리를 깨뜨리고 나면 생사라는 두 글자가 무슨 부질없는 것일까 보냐!"

"결단코 의정과 함께 한 곳에 매어 두면 시끄러운 경계는 군이 버리려 하지 않아도 저절로 버려지고 허망한 마음은 굳이 맑히려 하지 않아도 저절로 맑아지게 된다."

"공부를 하되 무엇보다 고요한 경계에 맛 들이는 일을 두려워해야 한다. 고요한 경계는 말라 죽은 듯한 적막 속에 갇히게 만든다."

사람 몸 얻기 어렵고, 남자로 태어나기 어렵고, 게다가 불법을 만나기 어려운데 여기서 이 몸을 제도하지 않으면 어느 생에 다시 이런 기회가 있을 수 있을까. 마치 고양이가 쥐를 잡듯, 닭이 알을 품듯이 끊어짐이 없게 하라는 선경어들, 그리고 오늘날 선방에서 수행하는 모습들로 보아 능가종의 수행법이나 다름없이 어렵기 그지없다.

수행자들은 답도 없고 의심하려야 할 수도 없는 의심을 큰 의심이라며 하염없이 읊조리고 있다. 오직 깨달음을 향한 염원에 젊음도 인생도 송두리째 쏟아붓는 이 화두법도 처절한 고행이라 아니할 수 없다.

혜능과 그의 제자 신회(神會)가 북종선보다 더 수월하게, 더 친밀해 보이도록 수행방법을 고치고, 견성이나 돈각이라는 논리가 그럴듯하여 사람들의 환심을 사게 된다. 거기다 당 왕조의 도교 보호정책으로 약화되었던 불교가 측천무후(則天武后)의 혁명으로 다시 크게 세력을 확장할 수 있었다.

측천무후와 신수(神秀) 사후, 선종 내부에서 갈등이 일어나면서 하남성 활대(滑臺)의 무차대회에서 신회는 '북종은 방계이며 가르침은 점문'이라며 공격하고 '혜능이야말로 달마의 가르침을 계승한 정통 후계자'라고 주장한다. 그 증거로 달마가 법을 부촉하는 실례로 전해졌다는 가사를 만들어 혜가승찬 등 5대를 거쳐 현재 혜능이 보존하고 있다는 전의설(傳衣說)을 근사하게 꾸며 주장하였다.

신회는 신수 문하에서 3년, 혜능 문하에서 4년을 기거하였다. 그 후 여기저기 떠돌다가 다시 혜능에게 돌아와 5년 동안 가까이하였다고 한다. 오조 문하에서 혜능이 고심했던 문제들을 신회가 그대로 이어받아 야망을 키운 것이다.

신회는 안록산의 반란으로 나라가 피폐해지자 모금을 통해 중앙 정부에 헌납하며 협력을 아끼지 않았다. 북종 신수의 문하는 빛을 잃어가는 데 반해 남종 혜능의 제자들이 정통으로 우뚝 서는 계기가 되었다.

이처럼 국가가 위급할 때 군비를 헌납하고 협력한 결과 신회 사후 10년째에 정부는 혜능을 선종 제6조로 인정하기에 이른다. 이로써 신회는 제7조를 계승하면서 북종은 쇠락하고 남종이 정통파로 바뀜에 따라 선종이 하나로 통합하게 된다.

그러나 선종 내부에서는 끊임없이 수행에 관한 반론이 제기된 듯하다. 신회의 직전 제자인 규봉종밀(圭峰宗密)은 혜능과 신회 두 스승의 돈오돈수를 거역해 돈오점수(頓悟漸修)를 주장하였다. "부처와 같다는 돈오를 하더라도 오랜 세월 동안 사대(四大)가 자기 자신이라고 헛되이 집착한 습기를 일거에 끊을 수 없다"라면서 "모름지기 깨달음에 의지하여 점차 닦아 덜어내고 또 덜어내어 더 덜어낼 것이 없는 곳에 이르는 것이 성불"이라고 반론한다.

석가모니불을 비롯하여 과거 7불부터 당말 오대까지 253명 선사들의 행적을 담은 〈조당집(祖堂集)〉은 "가섭이 석가모니에게서 가사를 전해 받았다고 하는데 이는 지어낸 이야기에 지나지 않는다"라고 말하고 "전의설(傳衣說)은 당나라 신회가 육조 혜능이 오조 홍인을 이은 중국 선종의 정통 후계자임을 주장하기 위한 조작"이라고 폭로하였다.

홍인과 신수의 동산법문의 수행법이 혜능계의 동산양개와 조산본적에서 조동종을 형성하고 묵조선으로 꽃 피운다. 혜능의 견성과 돈오의 이론에 대한 끊임없는 저항은 깨달음에 이를 수 없다는 수행자들의 절망감에서 비롯하였다.

혜능이 소의경전을 금강경으로 바꾼 것에 대해 당시〈태평광기(太平廣記)〉라는 책은 "금강경을 믿음으로써 큰 공덕과 복락을 누린다고 생각하여 신앙의 대상으로 믿게 되었다"라고 기술하였다. 또한 "능가경은 너무 어렵고 도저히 이해가 안 되었고 좀 더 선에 가깝고 대중들이 이해하기 쉬운 경전이 금강경이었다"라고 실토하였다.

이 같은 세태의 흐름을 간파한 혜능은 소의경전을 주저 없이 바꾸었을 것이다. 혜능 계통인 마조도일과 백장회해는 능가경과 금강경을 모두 설하면서 능가경을 선의 교과서로, 금강경을 참고서로 삼았다고 전한다.

"나는 오조 홍인화상의 회하에서 한 번 듣자 그 말끝에 크게 깨쳐 진여의 본래 성품을 단박에 보았노라. …마땅히 반야의 관조를 일으키라. 잠깐 사이에 망념이 다 없어질 것이니… 한 번 깨침에 곧 부처를 아느니라." 혜능이 밝힌 견성과 돈오의 순간이다.

"자성의 마음자리가 지혜로 관조하면 본래 마음을 알고, 만약 마음을 알면 그것이 곧 해탈이며 이미 해탈을 얻으면 이것이 곧 반야삼매며 반야삼매를 깨치면 이것이 곧 무념이니라."

"온갖 사물을 생각하지 않음으로써 항상 생각이 끊어지도록 하지 말라. 이는 곧 법에 묶임이니 곧 변견이라고 하느니라."

이 내용들은 돈황본 단경의 견성과 돈오편에서 간추린 것이다. 이 글은 그럴듯하지만 세 번째 글은 이치에 어긋난 내용이다. 번뇌가 멸진한 것은 물론 생각이 끊어져 본 적이 없음을 실토하고 있다. 그야말로 대반열반경과 능가경에 능숙한 혜능이 글자를 짜 맞춘 구절에 불과하다. 한마디로 전의 이후의 경지에 대해서는 전혀 이해하지 못하고 있음을 확인시켜 준다.

2~3승 삼매의 실력만으로도 이 내용을 숙독하면 의문을 품지 않을 수 없다. 능가선에서는 인정받지 못하지만 이 정도의 삼매라면 그래도 오감의 한계에 다다른 경지라 해도 모자람이 없는 수준이다. 혜능이 이 정도의 경지는 터득하였을 터이니 1천 명에 가까운 문인들 중 10대 제자에 이름을 올렸을 것이다.

혜능은 달마대사의 혈맥론에 견성이란 단어가 등장하고 '불(佛)'을 구하려 하거든 모름지기 견성하라. 성(性)이 즉 불이다'라는 설명을 염두에 두었을 것이다. 그리고 인도의 무착과 세친이 세우고 현장과 규기로 이어진 법상종(法相宗)에, 성문이나 연각의 과정을 거치지 않고 곧 바로 보살의 자리에 들어가는 것을 돈오의 보살이라 하는 데서 착안한 듯하다.

견성과 돈오, 즉 전의는 어느 날 갑자기 찾아오는 것이 아니다. 오매일여와 같은 이상 현상이 느껴지다가 무상정과 같은 상당한 초의식적 변화가 내심에 꾸준히 일어나야 한다. 이와 같이 치열한 수행 가운데서 어느 날 갑자기 변환하는 현상을 전의, 즉 견성 또는 돈오라 일컫는다.

혜능 이후 선종에서는 끊임없이 깨달음에 대한 회의와 반칙 그리고 새로운 시도가 존재할 수밖에 없었다. 그러는 중에도 깨달음을 성취했다는 경우가 혜능과 신회에서 시작, 원오와 대혜에까지 이어지고 또한 청나라가 패망하기까지 큰 사찰마다 끊이지 않고 등장한다. 우리나라 불교에서도 역시 견성하여 부처가 되었다는 소문이 심심치 않게 전해져 왔다.

9. 묵조(默照)와 화두(話頭)

"본성이 곧 마음이고 마음이 곧 본성이다. 바로 이것이 모든 부처의 마음과 같다. 앞 부처와 뒷 부처가 다만 이 마음을 전하였을 뿐이다. 이 마음을 제외하고 얻을 부처가 없다. 단지 자기 마음만 알면 될 뿐, 마음 밖에 다른 부처가 없다."〈달마 혈맥론 〉

달마조사의 가르침은 깨달음이 본래부터 개개인 모두에게 갖추어져 있으므로, 성불하였다는 그 드러난 자각현상을 좌선을 통하여 자증하여 나가는 것이다. 이는 묵조선 수행의 기본 구조이다. 본래 깨달은 상태이므로 그 깨달음으로 나아가는 수행방법이 묵조선에서는 구체적으로 구분되거나 나열되어 있지 않았다.

대체로 묵조선의 수행법은 묵묵히 앉아 마음을 텅 비우고, 깊이 침묵하여 밝게 드러나고 고요히 있어 묘한 존재로 나타난다고 설명한다. 또는 조용히 묵묵히 실참실구(實參實求)하여 불행(佛行)을 깊이 다지는 것 등으로 표현한다.

묵조선은 좌선 수행을 깨달음의 수단으로 보지 않고, 좌선이 바로 수행이고 깨달음의 행위임을 강조하는 조동종지(曹洞宗旨)를 바탕으로 하였다. 묵조선은 선종에서 형식과 내용상 수행 가풍(家風)의 차이로 대립과 이견이 발생하면서 묵조(默照)와 간화(看話)라는 형태로 분리되어 나타났다는 것이 그 유래다.

혜능은 좌선에 대한 이해를 행주좌와(行住坐臥)로 폭넓게 해석함으로써 단순히 앉음새만이 좌선이 아니라 모든 측면에까지 그 의미를 확장시켰다. 좌선 위주의 인도식 선정을 탈피한, 선(禪)의 일상성을 강조하는 중국적 해석의 차이라고 학자들은 말하고 있다.

과연 학자들의 의견처럼 수행의 가풍 차이에서 묵조선이 파생하였을까. 신수대사가 입적하기 전 묵조와 언어도단(言語道斷), 심행처멸(心行處滅)의 법을 전법하였다는 능가사자기의 기록에서 묵조선의 기원을 찾아볼 수 있다.

혜능이 불교를 왜곡 개혁한 뒤 송대에 이르기까지 4백여 년이 지나도록 종풍(宗風)의 가르침에 따라 공부하여 구경에 도달한 사람이 전무하였다는 사실이 사멸한 묵조선까지 다시 동원하게 한 원인이라 할 수 있다.

구나발타라와 달마로부터 전해져 도신과 홍인, 신수로 이어진 능가종의 수행법이 혜능의 개혁과 회창폐불(會昌廢佛) 등의 법난(法難)으로 완전히 소멸된 것으로 알려져 있었다. 그러나 능가선의 수행법은 혜능의 제자 청원행사를 통해 동산양개(洞山良价), 조산본적(曹山本寂)으로 이어지고 진헐청료(眞歇淸了)와 굉지정각(宏智正覺)에 이르러 다시 묵조선으로 꽃을 피운다.

묵조선은 "모든 관념과 의욕이나 감정 등 의식 활동을 추구하거나 억제하지 않고 의식이 생멸거래(生滅去來)하는 그대로 맡겨 둔다. 관념과 의욕, 감정 등 번뇌작용은 그대로 내버려 두면 본래 무자성(無自性)한 것이라서 저절로 사라지기 때문이다"라고 설하였다.

약산(藥山)은 "비사량(非思量:無念)에 철저한 것이 좌선의 요체이다. 곧 반석처럼 움직이지 않고 오롯하게 단좌하여 불사량(不思量:생각하지 않음)의 사량이 비사량으로 철저화된 것이 좌선의 가장 중요한 점이다"라 하였다. 이상과 같이 묵조선은 능가선과 별개인 것처럼 이론, 수사, 명칭 등의 변화는 있지만 능가종의 수행법을 그대로 답습하고 있다.

굉지정각(宏智正覺)은 묵조에 대해 "그것은 닦아서 증득하는 것이 아니라 본래 구족되어 있어 달리 오염되지 않으며 철저하게 청정한 것이다. 진실로 이렇게 청정하며 철저하게 비추고 완전하게 탈락하여 분명하게 체득하고 안온하게 실천해야 한다"라고 주장한다.

묵조선의 이런 방법들은 능가경의 가르침인, 삼매에서는 힘들이지 않고 쳐다만 본다는 무공용행(無功用行)을 바탕으로 하는 수행들에 대한 묘사이다. 안타깝게도 이 무공용행은 쿤달리니를 완성하고 전의에 든 사람만이 활용할 수 있는 수행법이다. 이 수행법은 하고자 하는 의지로써 행하는 것이 아니라 전의에 들면 보이는 현상만 쳐다볼 수밖에 없기 때문이다.

남송대(南宋代)에서 대혜종고(大慧宗杲)와 굉지정각(宏智正覺)으로 대표되는 간화와 묵조라는 두 가지 수행 형태가 대두되자 간화선을 대표하는 대혜(大慧)는 "혹 아무 말 없이 흑산 아래 귀신 굴에서 눈을 감고 앉아 있는 것을 부모미생전(父母未生前)의 소식이라 하며 묵묵히 앉아 항상 뚜렷이 비추어 보는 것을 선(禪)이라 한다"라고 묵조선을 비난한다.

대혜는 "묵조의 거짓된 스승들은 깨달음의 방법이 있다는 것을 믿지 않고 깨달음을 미친 것으로 생각하고 깨달음을 방편으로 간주하고 깨달음을 극락으로 인도하는 수단으로 간주한다. 이와 같은 무리들은 남과 자신을 속이는 일이며 남과 자신을 그릇되게 망치고 있으면서도 그러한 사실을 알지 못한다"라고 질책한다.

대혜는 묵조의 폐해를 고치려면 "생생하게 공안을 들어 끊임없이 의심에 의심을 더해가야 한다"라고 말한다. 깨닫는 데에는 우선 의심해야 하고 그 의심을 공안에서 찾아야 하며 큰 의심에서 큰 깨달음이 온다고 주장한 것이다.

대혜가 말하는 간화선의 수행방법은 우선 공안에 대한 집중을 강조한다. "마치 천길 우물 속에 떨어진 것과 같이 아침부터 저녁까지 그리고 저녁부터 아침까지 온갖 생각이 모두 그 우물로부터 벗어나는 방법을 구하는 데에 맞추어져 있어 달리 생각할 여지가 없다." 이것이 간화선을 수행하는 전제조건으로서 필수불가결하다는 설명이다.

 "이로써 의식의 집중과 정신의 극도의 긴장 속에서 궁극에는 그 의식이 무의식으로 통하고 그 무의식은 그대로 의식 밖으로 뛰쳐나와 깨달음의 체험으로 이어진다." "깨닫기 위해서는 바로 의식의 집중이 관건으로 작용하지만 이 의식은 공안을 참구하는 데 하나의 의단(疑團)이 필요하다"라고 하였다.

 이 내용은 간화선의 깨달음 시점의 현상을 그대로 드러낸 것이라 하여 모든 수행자들이 이를 기억하여 이 시점을 못내 고대한다. 그런데 깨달음이란 특정한 곳, 일정한 순간에 돌출하는 것이 아니다. 이로 미루어 대혜 자신도 나름대로 주장하는 방법이 옳기를 바랄 뿐 깨달음의 환상 속에서 확신 없이 내뱉은 상상이었을 따름이었으리라 짐작된다.

 묵조와 간화선의 다툼은 치열했지만 신념 부족 탓인지 아니면 대세가 기울었기 때문인지 굉지가 양보하고 만다. 이로써 대혜의 간화선이 주도권을 차지하고 이후 선교의 수행법은 간화선으로 통일된다.

 조용한 곳에 앉아서 묵묵히 깨달아 자증하여 구경으로 나아가는 굉지의 수행법이, 의심을 앞세운 공안에 정신을 집중하는 대혜의 수행법보다 열등하여 굴복한 것은 결코 아니었다.

 굉지는 선관책진에 사례가 소개될 정도로 간화선에도 열중했던 수행자였다. 또한 불립문자(不立文字), 교외별전(敎外別傳), 직지인심(直指人心), 견성성불(見性成佛)을 종지로 한 5대 선종 중 하나이며 보리달마를 원류로 하는 조동종(曹洞宗)의 종장(宗長)이기도 하였다.

그 같은 굉지가 묵조선을 포기한 이유는 묵조는 물론 간화를 비롯한 어떤 방법으로도 도저히 구경지에 다다를 수 없다는 인간의 한계에 대한 인식이 단초였을 것으로 추정된다.

구나발타라 삼장이 만든 선법의 요지에 의하면 조용한 곳에서 묵묵히 깨닫는 수행법은 가장 상승경지에 속한 수행자들이 행한다는 행법이다. 묵조선의 행법이 바로 구나발타라가 제정한 선법의 요지 5개 항 중 '정좌하여 본을 지키고 진(眞)으로 돌아간다'라는 첫 번째 행법이다.

수행법 논쟁에서 승리를 쟁취한 대혜의 간화선은 선법의 요지 중 마지막 항목인 '사물을 가리켜 질문하는 것으로 가르침을 받는다'라는 행법으로, 근기가 가장 열악한 경우나 초입자들의 공부 방법이다. 당대 이후 불법이 퇴행을 거듭하자 송대 이후의 선사들은 경론보다 선문답을 즐겼고 선기(禪機)나 흉내 내고 기행(奇行)을 일삼는 것을 뛰어난 경지라 생각한 듯하다.

더구나 대혜가 경론을 통한 법문과 그 행들에 대해 모두 지해(知解)에서 벗어나기 어려운 것으로 비난, 폄하하고 오직 화두 참구할 것을 강조하면서 간화선이 일반화되었다. 간화선이 정착하면서 달마가 전래한 불교는 말뿐인 형해(形骸)만 남게 되었다.

10. 깨달음의 현상

이상으로 구경열반을 추구하는 중국의 선종, 즉 혜능의 선종과 능가종, 조동종의 묵조선 수행방법 등을 살펴보았다. 각 종파들은 그 교의와 수행방법에 따라 구경각, 성불 그리고 견성하여 깨달음을 얻었다는 현상들을 다음과 같이 설명한다.

우선 깨달음이란 명제가 석가세존에서 비롯하였으므로 능가경이나 금강경 등 반야경전과 합치되어야 한다. 따라서 경전들이 말하는 두 가지 조건과 일치하여야 할 것이다. 첫째 평상 의식에서의 깨달음과 의식을 초월한 상태에서의 깨달음을 구별하여야 한다. 둘째 명상 중 정신집중으로 의식이 명료한 상태에서 이룬 삼매인지 전의(轉依) 이후 이룬 삼매에서 이뤄지는 깨달음인지 확인하여야 한다. 우선 바라밀 경전들은 깨달음을 어떻게 설명하는지 들여다보자.

"즉견불성(卽見佛性)해야 아뇩다라삼먁삼보리를 증득하느니라." 〈大涅槃經 2〉

"반드시 아뇩다라삼먁삼보리를 증득해야 불성을 정견(正見)함을 얻느니라."〈大涅槃經 20〉

"중생이 본래 갖추고 있는 여래의 지혜는 곧 진여 불성이다. 모든 망념이 다 끊어지면 그것이 견성이며 무상정등각(아뇩다라삼먁삼보리)이다."〈八十華嚴經 51〉

대반열반경과 화엄경은 불성과 아뇩다라삼먁삼보리를 분리시키지 않고 동일시한다. 금강경은 "여래가 위없는 최상의 바른 깨달음(아뇩다라삼먁삼보리)을 얻었는가?"라고 묻는다. 열반경과 금강경은 아뇩다라삼먁삼보리를 얻어야 불성을 증득한다고 하였는데 화엄경은 망념이 끊어지면 견성이며, 아뇩다라삼먁삼보리라 하였다. 열반경 등 상품경은 제9 암마라식을 자증하여야 구경각 즉 깨달음이라고 하였는데 화엄경은 망념이 끊어지면 깨달음이라 하였다.

전의가 되면 삼매가 시작된다. 삼매에서는 망념이 없지만 삼매가 끝나면 망념이 없기도 하지만 생각이 일어날 수 있다. 생각이 일어나지 않는다고 바로 견성이라 함은 옳지 않다.

전의된 시점이 구경지를 향한 새로운 출발점이다. 번뇌가 일어나지 않으면서도 구경지인 암마라식의 경지까지는 아직 많은 세월과 삼매를 거쳐야 한다. 그런데 화엄경은 망념이 그치는 시점부터 구경각이라 표현한다.

삼먁삼보리는 불타가 불타다운 까닭인 구경각, 지혜의 깨달음, 위

없이 높고 바른 깨달음이라고도 한다. 삼먁삼보리의 깨달음의 의미나 작용이 분명하게 설명된 부분은 없다. 어떻게 얻을 수 있는지 알려지거나 밝혀진 내용도 없다. 다만 능가경에 이 깨달음의 사용법에 대한 설명이 있다.

"무슨 까닭에 아라한에게 보살과 마찬가지로 아뇩다라삼먁삼보리를 수기(受記)하시나이까? 나는 아라한이 유여열반에 머무르지 않고 무여열반을 얻도록 하기 위함이다."

이 문장에 의하면 부처님께서는 무여열반을 위해 아뇩다라삼먁삼보리를 얻는 방법을 직접 표현하지 않고 미래에 얻게 되리라고 말씀하신다. 마치 미래에 부처가 될 것을 고려하듯 아뇩다라삼먁삼보리의 증득(證得)도 수기라는 표현을 빌리고 있다. 삼먁삼보리는 부처님께서도 직접 가르쳐줄 수 없는 듯하다.

말을 직접 듣거나 현상, 책 등을 통한 깨달음을 해오(解悟)라 하는데 뭔가를 보던 중 또는 부지불식간의 터득도 오감의 한계 안에서의 깨달음 즉 해오에 포함된다. 모든 깨달음은 삼매 속에서 몸과 마음으로 자증(自證)하여야 얻게 된다는 것이 반야경의 기본이고 철칙이다.

오매일여, 숙면일여, 몽중일여 등의 체험은 오감을 넘어서기 전 육체적·정신적 한계상황에서 최초로 몸과 마음으로 느껴지는 범상치 않는 감각현상들이다. 이 현상들이 있고 나서야 이무상정(二無相定)을 하게 된다. 이는 철저히 점수(漸修)와 점오(漸悟)로써 이루어진다.

삼먁삼보리의 깨달음을 얻는 과정을 살펴보기로 한다. 삼먁삼보리의 깨달음은 부처님께서도 가르쳐줄 수 없다 함은 오감을 초월하는 깨달음의 경지에서 일어나는 일들은 말이나 행동으로써 표현하거나 전달할 수 없음을 의미한다. 다만 수행자 스스로 감각의 한계를 벗어나 초의식 세계로 진입하여 전의의 관문을 통과하면 삼먁삼보리의 시작이라는 것이 내 견해이다.

쿤달리니 완성 이후 초의식 세계에 들어가면 곧 전의하게 되고 동시에 삼먁삼보리를 증득하기 시작한다. 이 시점부터 삼먁삼보리가 발현되고 구경지까지 무공용행으로 힘들이지 않고 나아갈 수 있다.

삼먁삼보리는 구경지에 도달해서 얻는 것이 아니라 전의부터 시작하여 구경지에서 완성되는 것으로 본다. 무공용행은 자주 열심히 명상만 한다면 가만히 앉아 있어도 수많은 삼매에 들고 역시 그 삼매 속에서 수많은 자증을 하면서 구경지에 한 발짝씩 다가가게 된다.

삼매에서는 항상 밝고 찬란한 흰빛 속에서 설명할 수 없지만 무언가 계속 변화되는 현상을 인지하게 된다. 전의 후 1년여가 지날 무렵 석존께서 보았다는 새벽별, 즉 공중에 떠 있는 광체(光體)가 나타나면서 바로 '나'라고 하는 감정을 느끼게 된다.

또한 이 삼매의 여행에서는 많은 사람들이 나를 빙 둘러앉아 손을 모아 예배하는 모습, 망념이 단절되는 현상, 공중무색(空中無色)의 현상, 즉 진공(眞空)이면서 무아(無我)의 현상 등을 연이어 자증하게 된다. 제8 아뢰야식이 제9 암마라식으로 바뀌는 현상도 직접 체증하게 된다.

이들은 철저히 삼매 속에서 느껴지는 깨달음의 현상들이다. 밤 12시쯤 불 꺼진 아파트 작은 방에서 홀로 눈을 감고 반가부좌 자세로 앉아 삼매 속에서 느꼈던 현상들이다. 석존께서 광체를 본 순간도 이와 같은 삼매 속에서 이뤄진 현상임이 분명할 것이다. 오직 쿤달리니를 통한 명상만이 이들 삼매를 체험할 수 있고 삼매 속에서의 이런 현상들, 바로 깨달음들이 쌓여 구경에 이르게 된다.

경전과 일부 논소에서 언급한 깨달음 현상들을 간추려 보았고, 견성이나 구경각에 대한 조사들의 어록이나 기록들을 비교해 보자.

"미세 망념을 멀리 여의므로 자기 마음의 본래 성품을 꿰뚫어보아 심성이 항상 머무니 구경각이라 부른다."〈起信論〉

"무명이 다 없어져서 일심의 본원에 돌아가 다시는 일고 꺼지는 움직임이 없으므로 성품을 본다고 말한다. 견성[得見心性]을 하면 참 마음이 확연히 항상(恒常)하여 더 이상 나아갈 곳이 없으므로 구경각이라 부른다."〈元曉 起信論疏〉

"상이 모두 멸진하여 아주 그 나머지가 다 없어졌으므로 멀리 떠났다고 하며 허망한 환상이 멀리 떠났으므로 진여자성이 드러났으니 이를 심성을 보았다고 하느니라."〈賢首義記〉

"견성하면 즉시 여래가 되느니라."〈宗鏡錄〉

"깨침이라 함은 자기 본성을 철저하게 깨침이니 한번 깨치면 영원히 깨쳐서 다시는 미혹하지 않는다."〈馬祖語錄 傳燈錄 28〉

"만약 진정한 반야를 일으켜 관조하면 찰나에 망념이 모두 없어진다. 그리하여 자성을 알게 되면 한 번 깨쳐 그대로 부처 지위에 도달한다."〈壇經〉

"마음이 나면 허망이요 마음이 나지 않으면 부처다. 마음이 난다 함은 잡념만 나는 것이 아니라 비록 보리 열반과 마음을 관찰하여 성품을 보는 것도 마음이 나는 것이므로 모두 망상이 된다. 마음이 있으면 영겁이 다하도록 범부에 머물고 마음이 없으면 찰나에 정각을 성취한다."〈清凉鈔 9〉

차이점이 참으로 미묘하다. 조사들의 견해는 생각만 끊어지면 구경각이라 하였고 생각이 소멸하면 움직임이 없으므로 성품을 본다고 하였다. 또한 허망한 환상이 없어졌으므로 진여자성이 드러났다고 하였다.

조사들의 깨달음에서는 삼먁삼보리나 무공용행에 대한 의미는 찾아볼 수 없다. 생각이 끊어지는 시점은 쿤달리니가 완성할 때이다. 생각이 끊어지기 위해서 그 전조로서 오매일여나 숙면일여 같은 의식이 뚜렷하지만 얼얼한 이상한 감정에 한동안 휩싸이다가 무상정이나 멸진정이라는 이무상정의 삼매를 경험한다. 이 경지에서 잠깐 생각이 완전 소멸되는 최초의 체험을 하게 된다.

이 단계의 삼매를 2~3승 삼매라 하여, 제대로 삼매로서 인정받지 못하고 있지만 일시적으로 생각이 끊기는 현상을 경험한다. 이 과정을 겪고 난 후에야 비로소 전의에 들고 의식이 바뀌면서 삼매에 들게 된다. 쿤달리니가 각성되지 않는 수행자도 생각이 끊어지는 경험을 한 후 이를 견성이라 주장한다. 물론 일생일대의 특이하고 대단한 체험임은 분명하다.

전의하더라도 무심은 삼매에서만 이뤄지지만 이후 수행이 깊어지면서 명상 중이 아닐 때도 점차 생각 없는 상태가 길어진다. 무상삼매에 이르면 평상시 일을 하는 중에도 무심상태가 지속된다. 생각이 없는 무심이라 하지만 생활하는 데 불편함은 전혀 없다.

구경지에 이르기 위해서는 전의와 삼먁삼보리 그리고 무공용행을 반드시 자중하고 증득해야 한다. 제9 암마라식까지 모든 과정들을 거쳐야 자성을 보는 견성이라 할 수 있다. 이처럼 필수불가결한 조건들을 모두 생략하고 한 번의 간략한 특이 체험에 대한 조사들의 어록을 어떻게 보아야 할 것인가.

조사들이 주장하는 깨우침을 얻기 직전의 현장도 들여다보자.

"그리하여 밤낮으로 부지런히 궁구하여 열여드레가 지나 차를 마시다가 홀연히 '세존이 꽃을 드니 가섭이 미소한 도리'를 알았다."

"삼월 초엿새날, 포단에 앉아 한참 '무(無)'자를 들고 있는데 수좌스님이 승당에 들어와 향을 피우다 향로 뚜껑을 때려 소리를 내니 악! 하는 소리가 터지면서 조주를 움켜쥐게 되었다."

"이번에도 스님이 앞에서 한 말을 묻기에 내가 곧 선상(禪牀)을 엎어 버렸고 지금까지 까다롭기만 하던 공안 몇 가지를 낱낱이 분명히 알게 되었다."

"한 말씀을 듣고 승당으로 돌아가 막 포단에 오르려는데 마치 땅이 푹 꺼진 것처럼 눈앞이 활짝 열렸다. 아쉬운 점은 높은 안목을 가진 선지식을 만나지 못해 은산철벽 같은 것은 전혀 알 수 없었다. 이 병이 이렇게 십년 동안 가슴에 응어리져 있었는데 하루는 천목산 법당에 올라갔다가 한 그루 잣나무에 눈길이 닿자마자 가슴속에 걸린 것이 와르르 흩어졌다."

"화두를 문득 타파하게 되었다. 실로 죽었다가 다시 살아나는 경계를 얻었으니 어찌 120근의 짐을 벗어버릴 뿐인가! 다섯 해가 지난 어느 날 잠에서 깨어 참구하고 있는데 함께 자는 도우가 목침을 땅에 떨어뜨린 소리에 문득 의단을 타파하니 모든 불조의 까다로운 공안과 고금의 여러 가지 고측인연(古則因緣)이 분명하지 않는 것이 없었다."

"'무엇이 마음인가'로부터 시작하여 100여 회의 문답 끝에 조용히 말이 없다가 활연히 크게 깨쳤다."

"제자가 스승에게 마음이 있는지 없는지 묻자 스승은 '없다'로 시작하여 10여 회의 문답 끝에 이에 제자가 홀연히 크게 깨쳤다."

"점점 더 공부해서 오매일여에 도달하거든 마음속에 화두를 놓쳐서는 안 된다. 이때 망정이 잊혀지고 마음이 끊긴 깊은 경계까지 참구하면… 반드시 눈 밝은 본분종사를 찾아 의심을 영원히 결단하라. ○○스님은 20년간 피나는 참구 끝에 37세에 오매일여가 되고 38세에 대오하였다. ○○선사를 찾아 인가를 받고 임제의 정통 맥을 이었다."

이와 같은 깨달음들은 대혜가 주장하는 "의식의 집중과 정신의 극도의 긴장 속에서 궁극에는 그 의식이 무의식으로 통하고 그 무의식은 그대로 의식 밖으로 뛰쳐나와 깨달음의 체험으로 이어진다'라는 간화선의 깨달음들이다.

이 깨달음들은 깨달음의 조건인 첫째 명상 속에서의 깨달음이 아니라 생각하고 궁리하다 알게 된 의식 속의 깨달음에 불과하다. 둘째 전의 이후 삼매에서 이뤄진 깨달음이 아니라 사람들이 말하는 집중으로 이룬 상태의 삼매 정도일 뿐이다.

선교(禪敎)의 수행방법을 간화선으로 일통했다는 대혜의 기록이다. "나는 원오 노스님이 들려주신 '훈풍이 남쪽에서 불어온다'는 말에서 갑자기 앞뒤가 끊어졌다. 비록 움직임은 생기지 않았으나 도리어 적나라한 경계에 눌러앉고 말았다. 노스님께서 말씀하시기를 '애석하다. 죽어버리고 다시 살아나지 못하는구나. 언구를 의심하지 않음이 큰 병이니 죽었다가 다시 살아나야만 그대를 속이지 못한다' 하였다.

매일 법을 물으러 가면 다만 '유구와 무구가 마치 덩굴이 나무를 의지함과 같다'는 것을 들려주시고는 내가 대답하려고 입을 열기만 하면 다 아니라고 하였다. 나는 비유로 '이 도리는 마치 개가 끓는 기름 솥을 보는 것과 같아서 핥으려 하나 핥을 수 없고 버리려 하나 버릴 수도 없습니다'고 하였다.

하루는 '나무가 넘어지고 덩굴이 마를 때는 어떻습니까?' 하니 노스님은 '함께 하느니라' 하셨다. 나는 이 말에 환하게 이치를 깨달았다. 그리하여 '제가 이치를 깨달았습니다'고 말하자 노스님께서는 '네가 공안을 뚫지 못했을까 걱정이다' 하시고는 드디어 잇달아 어렵고 까다로운 공안을 계속 들어 보이셨다.

나는 그때마다 두세 번 대응하고 딱딱 잘라버리니 막히거나 걸림이 없었다. 그제서야 '내가 그대를 속이지 못한다'고 한 말을 알았다."

〈大慧錄 17〉

노스님의 말을 듣고 앞뒤가 끊어지는 현상은 서로 의견을 나누던 중 일어난 상황이다. 깨달음일 수는 있지만 이런 깨달음은 단지 살면서 느끼는 평범한 일상적인 깨달음일 뿐이다. 공안에 대한 깨달음도 생각 속에서의 깨달음에 불과하다.

'망상이 끊어지면 오매일여의 경계에 도달한다'라고 하던 원오스님은 '죽어버리고 다시 살아나지 못한다'면서 아마도 당시 깨달음의 과정상 반드시 구색을 갖춰야 한다는 승묘경계(勝妙境界)까지 여러 조건들을 제자에게 세심하게 안배한 것으로 보인다.

두 사람 사이에 견성 인가를 위해 나눈 대화들은 여러 날에 걸친 수수께끼놀이인지, 거래 상담인지, 견성했음을 인가해 달라는 보챔인지 알 수 없다. 앞에서 말한 깨달음의 조건에 전혀 해당 사항이 없다.

오늘의 불교를 창시한 6조 혜능이 깨달음을 얻었다는 현장도 찾아보자. 저녁까지 나뭇짐을 다 팔지 못한 떠꺼머리 총각이 여기저기 기웃거리고 있을 때 여관집 방에서 '응무소주 이생기심'이란 금강경 사구게를 읽는 소리를 듣자마자 활짝 개오하였다고 하였다.

혜능은 단경에서 깨달음에 대해 다시 반복한다. "나는 오조 홍인 화상의 처소에서 한 번 듣고 말끝에 문득 깨쳐서 진여본성을 단박에 보았다."

혜능은 문맹 상태에서 멀쩡한 정신으로 금강경 법문 한마디를 듣자마자 생각이 없어지고 무념을 증득하여 본성을 보았다고 주장하였다. 말을 듣던 중 갑자기 깨달은 구경의 깨달음이라고 큰소리친다. 정신이 온전한 사람인지 참으로 곤혹스럽고 황당무계하다. 역시 깨달음의 조건에 단 한 가지도 해당 사항이 없다.

중국 불교가 말하는 대표적인 깨달음의 예들이다. 눈이 바른 종문의 큰스승[正眼宗師]이라는 분들이 깨우쳤다는 몇 가지 예도 좀 더 들어보자.

백장(百丈)이 "네가 선상의 불자(拂子)를 들어 보이니 다만 그것뿐 딴 것이 있느냐 하기에 불자를 놓고 자리에 앉으려 하니 '할'을 하셨는데 사흘이나 귀가 먹고 눈이 캄캄 하더니 불각 중에 대오하였다." 황벽(黃檗)스님의 경우이다.

조주(趙州)는 무(無)자, 뜰 앞의 잣[栢]나무[庭前栢樹子] 등 공안으로 유명한데 이 스님이 깨달음을 얻었다는 경우이다. 조주가 물었다. "어떠한 것이 도입니까?" 남천 왈 "평상심이 도니라." 조주 왈 "그럼 어떻게 공부합니까?" 남천 왈 "공부하려고 하면 틀린다." 조주 왈 "공부를 하지 않으면 어찌 도를 알겠습니까?" 남천 왈 "도라는 것은 알고 모르는 데 있는 것이 아니다. 참 도는 허공과도 같아서 탕연히 비고 통한 것이다." 이에 이르러 조주는 크게 깨쳤다고 하였다.

명상학을 전공한 이 춘호씨의 박사학위 논문『한국 명상가들의 절정체험』(서울불교대학원대학교, 히어나우시스템, 2012)에 좋은 사례들이 있어 소개한다.

• 생각이 텅 비어 생각이 올라오지 않는 상황이 되는 순간, 지켜보는 '내가 있음'을 알게 되었다.

• 어느 날 낮잠을 자고 있는데 꿈속에서 힌트가 되는 소리가 들렸어요. 깨면서 그 소리를 읊조리다 색즉시공을 해결해 버렸어요.

• 다 내가 지어낸 생각들에 지나지 않습니다. 내가 가졌던 내 마음, 종교의 틀과 깨달음에 대한 논리 속에 제한적으로만 사용해 왔기에 내 마음 역시 그런 틀 안에서 그렇게 작동해 왔음을 알았습니다. 그때 내 안에서 솟구쳐 나오는 너무나도 깊고 큰 사랑을 체험하였습니다. 그 크신 사랑은 별이 되어 하늘에서 빛을 발했고 텅 빈 채 온 우주에 충만했습니다.

• 어느 날 문득 걸망을 어깨에 메고 다시 나가려다 대문 앞에서 나를 깨우친 거죠. 다시 걸망을 내려놓고 진정한 제 마음으로 돌아온 것 같아요. 그때 초발심으로 공부하는 마음이 와 닿더라고요. 제일 많이 와 닿는 것은 과정이 중요하다는 것, 그것이 먼저 생각이 나더라고요. 속세에서 자라는 과, 보고 듣고 하는 행위, 그게 그대로 절 생활로 옮겨왔다는 것… 그날 붓다 앞에서 참회하면서 진정 많이 울었어요.

• 그날 나는 과거의 모든 마음으로부터 해방되어 나란 자각 속에서 정체성을 잃지 않고 은하수도 되고 산이 되고 우주 전체가 되었습니다. 그 체험 속에서 과거의 저는 환상 속의 개념에 불과했으며, 저는 무한히 크고 장엄한 우주 속에서 하나의 큰 생명이 충만하게 자리했음을 자각했습니다. 나는 그것과 영원이 하나인 실존적 존재가 되었습니다. 나를 자꾸 들여다보니 내가 알던 그 나란 존재가 없는 거예요. 없으니까 대자유가 되는 거예요. 없음만이 여기에 지금 있다 이 말입니다.

• 생각 지우기를 하다가 마지막으로 남은 '지켜보는 이놈'도 생각 아닌가? 하고 알아차리는 순간 자동으로 지우기가 작동되며 바로 그놈까지 지워버린 겁니다. 아무것도 없이 텅 빈 상태에서 마지막으로 남아 있던 주체감마저 지워지니 완전한 블랙홀에 빠지게 되었습니다. 그리고 알지 못하는 나락으로 빠져들기 시작했습니다. …생각 지우기를 하다 나와 세계가 한꺼번에 사라져 버리고 말았던 것입니다. 그

순간 나는 생각도 아니었고 생각을 지우는 나도 아니었으며 그저 깊은 블랙홀로 빠져드는 존재감만 있었습니다. 마치 '아무것도 없음' 또는 '무(無)'에 존재가 몰입된 것과 같습니다. 내가 없는 무라는 것이 이제야 무엇인지 알 것 같았습니다.

이상은 명상 애호가들이 화두선이나 그 유파(流派)들의 수행법에 따라 명상을 한 최고의 경지들을 모아 수록한 체험들이다. 이 절정의 체험들이 조사들의 체험과 어떤 차이가 있을까.

마음이 하나의 경계에 머물러 있으면서 삼매에 몰입하여 이상과 같은 체험들을 한 것이다. 일부 조작된 견성 체험을 제외하면 이 체험들은 인간의 한계에서 경험할 수 있는 최고의 경지들이다. 그러나 화두든 집중이든 생각을 매개로 하여 이끌어 낸 삼매여서 유루정(有漏定)이라 하지 않을 수 없다.

이 유루정도 삼매 중 느껴지는 체험이어서 주관과 객관, 즉 의식이 주재하여 작용함으로써 감지할 수 있는 현상적 수준이 비록 놀랍다 하더라도 2~3승의 삼매에 불과한 것이므로 경계하여야 할 것이다.

이 한계를 넘어서는 방법은 오로지 쿤달리니의 조력을 받았을 때로 한정된다. 인류의 수행 역사가 문명의 역사보다 짧다 할 수 없지만 쿤달리니에 대해서는 아는 사람이 거의 없다고 봐도 무리가 아니다. 쿤달리니가 각성하면 엄청난 통증을 유발하는데 이 고통의 이유, 치료 방법을 알 수 없어 사람들에게는 공포의 대상이었을 것이다.

사람이 사는 집단에서는 옛날이나 지금이나 쿤달리니에 각성된 사람이 으레 나오기 마련이다. 그런데도 현대 과학에서조차 쿤달리니에 대해서는 조금도 접근하지 못하고 있다. 옛날부터 인도의 요가단체들이 쿤달리니 각성 방법을 개발하려고 시도한 흔적은 보이지만 아직 성과를 낸 사람이 없는 것으로 알려져 있다. 다만 쿤달리니 각성의 고통을 잘 극복하면 저절로 초의식 상태가 되어 석가모니와 같은 성자의 모태(母胎)가 될 수 있다는 힌두의 전설만 전해질 뿐이다.

 이상과 같은 깨달음들은 몸과 마음을 통해서 증오하여 얻은 것처럼 느껴지지만 결국 해오의 깨달음일 뿐이다. 만약 이 깨달음에 집착하여 계속 수행하면 상기증으로 심신이 피폐해지거나 마장(魔障)을 당하여 큰 피해를 겪을 수 있다.

 이 깨달음을 이룬 수행자들은 장소가 바뀌거나 시간이 지나면 이 깨달음에 대한 자신감이 꺾이거나 움츠러들게 된다. 즉 2~3승의 삼매나 해오의 깨달음도 깨달았다고 인식되지만 환경과 여건, 시간이 바뀌면 부족한 점을 감지하거나 부정적 자의식이 마음 밑바탕에서 의식된다. 대오하였다는 스님들이 말년에 갑자기 말수가 적어지거나 겸손해지는 현상이 바로 이 같은 연유에서인 듯하다. 4조 도신(道信)은 당시 이런 폐해를 인식하여 경종을 울렸다.

 "어떤 이가 궁극의 진리를 아직 깨닫지 못하고 명예와 이양(利養)을 위해 중생을 가르치면서 근기가 날카로운지 둔한지를 알지 못하고 약간 그럴듯하게 다른 면이 보이면 곧 바로 인가해 주고 있으니, 그야말로 극히 고통스럽고 고통스러운 큰 화근이로다. 혹은 심로(心路)가 약간 밝고 맑아진 듯함을 보고 곧 바로 인가해 주고 있으니 이러한 사람은 불법을 크게 부수고 자신을 미치게 하고 남도 미치게 한다."

11. 다시 생각하는 깨달음

혜능이 5조 홍인의 문하에 들어와 수행을 하면서 선종의 실상을 낱 낱이 보게 된다. 보살 10지 등 각 단계들을 순서대로 공부해야 하며 좌선 실수를 통해 자심에서 깨우쳐 성불을 실현해 나가는 공부 방법 등이, 그리고 깨우침을 얻었다는 성공 사례가 희귀하다는 현실에 막 막하고 아득한 마음이었을 것이다.

혜능은 어려서부터 총명한 자질을 보여 열반경과 능가경 등 반야경 들을 탐독하여 상당한 해오의 경지에 들자 큰 뜻을 품고 불문에 든 것으로 보인다. 혜능은 5조 홍인 문하에 들어가 1천여 문인 가운데 10대 제자로 이름을 올릴 정도로 성실하게 수행하여 스승으로부터 인 정을 받은 것으로 기록되어 있다.

혜능은 조용한 곳에서 단정히 앉아 묵묵히 깨달아 구경으로 나아간 다는 능가선의 방법이 시간이 갈수록 큰 장벽으로 느껴졌을 것이다. 더구나 보살 10지품의 각 단계들을 수련하다 보니 사람의 능력으로는 한계를 깨닫고 암담하였으리라.

구나발타라와 달마로부터 2백여 년 동안 역대로 전등(傳燈)되어 득도하신 분들이 이십여 인이란 사실도 확인하게 되었을 것이다. 특히 4조 도신대사의 법력이 뛰어나 여러 차례 자중을 거쳤다는 사실도 파악하였으리라. 그러나 수군대며 불신하는 문인들을 향해 결단을 내려야 한다고 결심했을 것이다.

혜능은 이와 같은 수행방법으로는 미래가 없다고 생각한 것이다. 능가종의 힘이 미치지 않는 수 천리 남쪽 고향으로 가서 스스로 산문(山門)을 열기로 결심한다. 혜능은 일찍 아버지를 여의고 늙은 어머니와 함께 가난에 시달린 탓에 공부할 기회가 없어 문맹에서 벗어나지 못한 것으로 알려져 왔다.

그런데 혜능이 고향인 소주로 내려간 이유가 돈황본 육조단경에 '모든 관료(官僚), 도교(道敎)의 사람들, 속인들과 더불어 오랜 전생부터 많은 인연이 있어서'라고 기록되어 있다. 가난에 쪼들리는 무식한 나무꾼이 관료를 위시하여 도교인과 많은 속인 등 사람들과 전생부터 인연이 있어서 교제해 왔다면 이 사람의 본색은 무엇이었을까.

혜능이 오조의 말대로 3년 후 대범사 강당의 높은 법좌에 올라 마하반야바라밀법을 설할 때 법좌 아래에는 비구, 비구니, 도교인, 속인 등 일만여 명이 참석하였다는 기록이 있다. 그 중에는 소주 자사 위거와 여러 관료 삼십여 명, 유가(儒家)의 선비들이 반야바라밀법을 설해 줄 것을 청하였다고 하였다.

이 사실에서 혜능은 소주에서 상당한 가문 출신이며 유불선에 대한 해박한 지식의 소유자였음이 드러났다. 또한 사교에 능하고 리더십도 뛰어났던 것으로 보인다. 그러나 그것만으로는 자신이 원하는 미래의 청사진을 만족시킬 수는 없었다. 야망을 위하여 치밀한 준비가 시작된다.

돈법을 창안하다

우선 깨달음에 대한 개념을 확립할 필요를 느꼈다. "한 손님이 금강경을 읽는 소리를 들었다. 혜능은 한 번 들음에 마음이 밝아져 문득 깨친다." 또한 기주 황매현 빙무산에서의 일화도 등장한다. "오조 스님께서 삼경에 혜능을 조사당으로 불러 금강경을 설해 주셨다. 혜능이 한 번 듣고 말끝에 문득 깨쳐서 그날 밤으로 법을 전해 받으니 아무도 알지 못하였다."

혜능은 한 번 듣자 단박 깨쳤다면서 돈법을 창안했는데 혼자만의 일화로는 부족함을 느낀 듯하다.

"두 달이 지나 대유령에 이르렀는데 수백 명의 추격대가 혜능을 해치고 가사와 법을 빼앗고자 하다 다들 돌아간 것을 몰랐었다. 성품과 행동이 거칠고 포악한 스님 혜명 혼자만이 고갯마루까지 쫓아왔다. 혜능은 가사를 주었으나 받으려 하지 않고 '제가 멀리 온 것은 법을 구함이요 가사는 필요치 않다'고 말한다. 혜능이 고갯마루에서 법을 혜명에게 전하니 혜명이 말끝에 마음이 열렸다" 하여 다른 한 사람을 다시 단박에 깨치게 하였다.

정통성을 확립하다

일대 종사로 우뚝 서려면 우선 정통성이 필요하다. 홍인화상이 혜능에게 묻기를 "너는 어느 곳 사람인데 나를 예배하며 나에게서 구하는 것이 무엇이냐?" 혜능이 대답하기를 "제자는 영남 사람으로 큰스님을 예배하는 것은 오직 부처되는 법을 구할 뿐입니다." 오조께서 꾸짖으며 말씀하시기를 "너는 영남 사람으로 오랑캐거니 어떻게 부처가 될 수 있단 말이냐?" 혜능이 대답하기를 "사람에게는 남북이 있으나 부처의 성품은 남북이 없습니다. 오랑캐의 몸은 스님과 같지 않지만 부처의 성품에 무슨 차별이 있겠습니까?"

혜능은 대단한 선기(禪機)를 발하여 단숨에 오조를 제압한 것으로 기록되어 있다. 겨우 8개월 동안 방아를 찧던 무식한 혜능이 상좌 신수를 게송으로 압도하고 그날 밤 조사당으로 불려간다.

오조스님이 설한 금강경을 혜능이 한 번 듣고 깨치자 큰스님은 돈법과 가사를 전하시며 말씀하셨다.

"네가 육대(六代) 조사(祖師)가 되었으니 가사로 신표를 삼을 것이며 대대로 이어받아 서로 전하되 법은 마음으로써 마음에 전하여 마땅히 깨치도록 하라." 그리고 "목숨이 위태로우니 속히 떠나도록 하라"라고 하여 혜능은 바로 고향으로 내려간다.

이로써 혜능은 달마를 초조로 한 능가종의 6조가 되었다. 그런데 혜능은 남종을 새로 만들었으니 남종의 1대가 되어야 하는데 군이 6조에 애착했던 이유는 무엇일까. 부처님을 시조로 하여 달마까지 서천의 계보를 만들고, 달마로부터 자신까지 선종의 계보를 만들어 부처화한 것이다.

교의(敎義)를 세우다

신수의 북종과 비견되는 남종이라 칭하고 삼해탈을 글자만 바꿔 생각 없음[無念]을 종(宗)으로 삼으며 모양 없음[無相]으로 본체를 삼고 머무름 없음[無住]를 근본으로 삼는다는 교의(敎義)를 선포하였다.

혜능의 수행 목표인 교의에 대한 풀이를 살펴보자.

"어떤 것을 모양이 없다고 하는가? 모양이 없다고 하는 것은 모양에서 모양을 떠난 것이다. 없는 생각이란 생각에 있어서 생각하지 않는 것이요, 머무름이 없다고 하는 것은 사람의 본래 성품이 생각마다 머무르지 않는 것이다. 그러나 지나간 생각과 지금의 생각과 다음의 생각이 서로 이어져 끊어짐이 없나니, 만약 한 생각이 끊어지면 법신이 곧 육신을 떠나느니라."

이 내용은 단어를 해설한 정도에 지나지 않는다. 두 번씩이나 깨친 사람일지라도 초월적인 현상을 문자로써 설명하기는 어려웠겠지만 낱말풀이는 언어도단이 아닐 수 없다. 그리고 '한 생각이 끊어지면 법신이 곧 육신을 떠난다'라는 설명은 도저히 이해가 가지 않는 표현이다.

소의경전은 금강경으로 바꾼다. 능가종의 소의경전은 능가경이며 혜능은 능가종을 계승한 6조이다. 능가경은 수행자가 공부하는 동안 반드시 지참하는 교과서이면서 초조 달마대사가 2조 혜가에게 부촉한 경전이기도 하다.

능가경은 전의 이후 여래지(如來地)까지의 공부 방법을 서술한 경이다. 깨달음의 과정에서 전의와 무공용행, 삼먁삼보리를 얻어 암마라식까지 깨달음의 전 과정을 설명하고 있다. 수행자가 오감의 한계를 넘어선 이후 부처의 공부 방법을 설한 것이다.

반면 금강경은 단순히 깨달음의 몇 가지 모습만을 개념적으로 반복 설명하고 있는데 당시 기복 신앙으로 애독하는 기도서였다고 한다. 그런데도 소의경전을 능가경에서 금강경으로 교체한 것은 능가종의 구성원에서 탈피한 셈이다.

자신의 어록을 단경(壇經)이라 칭하다

"소주 자사 위거는 이윽고 문인 법해로 하여금 모아서 기록하게 하였으며 후대에 널리 행하여 도를 배우는 사람들이 함께 이 종지를 이어받아서 서로서로 전수케 한지라. 의지하여 믿는 바가 있어서 이에 받들어 이어받게 하기 위하여 이 단경을 설하였다."

혜능대사가 소주 대범사(大梵寺) 강단에서 시행한 법회의 법문부터 모아 기록한 것이 이 단경이다. 경(經)이란 원래 석존께서 설법하신 가르침을 말하는데 혜능 자신의 어록을 단경이라 함은 혜능이 스스로 부처라 참칭하는 것과 같은 의미이다.

이 같은 일련의 작업으로써 혜능은 정통성과 교의, 명분, 신분의 수직상승까지 종교로서의 면모를 주도면밀하게 갖추어 나갔다. 기상천외한 수단이었지만 두 번씩이나 돈오하였다고 널리 고취하였으니 당연한 듯 사람들은 믿을 수밖에 없었다. 중앙에서 멀리 떨어진 시골 산속에서의 일이니 이의를 제기하는 사람이 없었다. 능가경은 물론 금강경도 사람으로서는 이해할 수 없는 범주여서 옳고 그름을 판가름할 사람도 없었다. 산골 사람들은 오로지 기복신앙에만 관심이 있을 뿐 참선에 대해서는 아예 흥미도 없었다.

판정을 자청하는 사람이 있을 까닭이 없었다. 깨달음의 경지를 경험한 사람도 없으며 이해할 수 있는 방법도 없었다. 지식인조차 혜능의 의도가 의미하는 바를 전혀 파악하지 못하였다. 이 같은 사정을 혜능은 꿰뚫어보고 있었다.

그 후 폐불 사건이 일어나 북종은 거의 소멸하여 버린다. 산속에서 웅거하던 남종은 큰 피해를 면할 수 있었고 잔존하던 북종의 잔여 세력을 흡수하면서 이후 불교를 독차지하게 된다.

단경과 그 가르침을 부처의 말씀으로 믿고 따랐으며 주제자가 필요할 경우 적당한 사람을 천거하여 견성하였음을 내세웠다. 혜능의 제자 신회는 전란으로 피폐해진 왕실의 재정을 적극 도와 정부의 신임을 받으면서 혜능에 이어 7조로 공인된다.

따라서 혜능을 비롯한 신회, 마조와 백장, 원오와 대혜 등 그 스승과 제자들은 허울뿐인 깨달음으로 중생들을 현혹하면서 오늘까지 1천 4백여 년 동안 천하를 독식, 독주해 왔다.

일체를 안다거나 그렇지 않다거나	一切知非知
일체를 깨달았다거나 그렇지 않다거나 하는 것은	一切非一切
어리석은 범부의 분별일 뿐	愚夫所分別
부처는 자타를 분별함이 없느니라	佛無覺自他〈楞伽經〉

반면 능가선, 즉 북종선의 깨달음을 얻은 경우는 요란하지 않았으므로 사람들의 눈에 두드러지게 드러나지 않았다. 위의 게송에서 보듯 능가선의 깨달음은 조용하다. 비록 혜능과 같은 기회주의적 개혁자가 배출된 남종선이지만 진실로 깨달은 이가 나올 수는 없었다. 묵조선 역시 깨달음에는 제풀에 포기하고 말았다.

그래도 깨달음을 얻은 이가 있다고 항변할 수 있다. 물론 혜능계에서 일컫는 깨달은 사람은 얼마든지 있다. 그러나 석존께서 득도한 방법과 같은, 능가경이 설한 깨우침의 조건을 갖춘 이는 발견되지 않는다.

깨달음이란 석가모니 부처로부터 유래하였으므로 견성한 사람들에게는 능가경의 실천방법과 그 수행법에 의해 구경지에 오른 부처의 모습과 조금이라도 닮은 부분이 있어야 한다. 다시 말하면 능가종이 가르치는 깨달음을 얻기 위해서는 오매일여, 숭묘경계 등의 현상들을 체험하다가 전의하여 무공용행에 맡겨 두면 아뇩다라삼먁삼보리를 얻으며 이후 구경지에 도달하는 등 그중 하나라도 닮은 시늉이라도 해야 하지 않겠는가.

성철스님이 저술한 선문정로(禪門正路)에서 능가종의 수행하는 편린을 볼 수 있을 뿐이다. 그리고 고려의 조계종조(曹溪宗祖)인 보조국사 지눌은 다음과 같이 말한다. "후세에 선종(禪宗)에서 견성이라고 하는 것과 정각(正覺)이라고 하는 것과는 다르다. 견성은 자기의 불성의 본바탕을 보는 것인데 그 본바탕은 모든 부처님이 같다. 그러므로 견성이 석가모니불의 견명성오도(見明星悟道)와 같은 것이라고 주장하는 것은 큰 잘못이다"라고 지적한다.

보조국사는 견성이 부처의 깨닫는 모습과 다르다는 것을 전적으로 인정하였다. "선사가 참선하다가 견성한 것은 자기의 불성을 발견한 것이니 그 뒤에 자꾸 닦아서 최후의 부처가 완성되도록 하라고 가르친 것은 만고불역의 큰 교지이다. 이것과 달리 말하는 것은 사마(邪魔)외도(外道)의 소리다"라 하여 이의를 제기하지 못하도록 하였다.

당시 고려의 승려사회에서는 능가선과 선종선에 대한 갈등이 날카롭게 대두되었다. 보조국사가 입멸한 뒤 무신정권이 진각국사 혜심을 후원하면서 고려에서도 능가선이 몰락하고 간화선이 성행하게 되었다고 전해진다.

중국 불교가 왜곡과 조작으로 점철되었듯 혜심이 스승인 지눌의 저서 <절요사기> 등을 조작함으로써 간화선이 최상승 선인 것으로 고려 불교사회에 잘못된 인식을 심었다. 최고의 권력자인 문하시중 최우가 두 아들을 혜심에게 출가시킬 정도였으니 혜심의 위력을 짐작할 만하다.

우리나라 불교에서도 해마다 구경의 깨달음을 지향하는 수행자들이 많이 모여들고 있지만 아무도 자증이나 체증을 말하는 사람이 없다. 또한 몇몇 사람들이 견성을 하였다고 하지만 결국 '길 없는 길'이 되고 말았다.

깨달음의 시원은 석가모니 부처이다. 깨달음을 성공적으로 이루기 위해서는 초기 수행 단계인 2~3년 무렵 보살 3~4지에서 보여준 오감을 초월할 수 있는 계기가 마련되어야 한다. 경에서는 근거를 찾을 수 없지만 싯달타 태자는 이 단계에서 특이한 체험을 하게 된다.

바로 쿤달리니가 각성되면서 혹독한 고통을 넘어 초의식이 이루어지면서 완성하게 된다. 그 후 전의하여 오감의 한계를 넘는 초월을 하게 되고 무공용행을 증득하게 된다. 이처럼 쿤달리니의 혜택을 받은 싯달타 태자는 어느 날 새벽별을 보는 순간 깨달음을 얻고 부처가 되어 하산하게 된다.

그런데 쿤달리니가 각성되어 선택된 수행자라 하여 누구나 싯달타 태자의 과정을 답습할 수 있을까. 운이 좋은 태자의 경우처럼 보살 3~4단계에서 쿤달리니를 각성하였다고 가정하자.

각성하면 깔리라는 무시무시한 고통이 기다리고 있다 하였다. 이 고통을 잘 견뎌내면 수행자에겐 절대 필요한 두르가라는 초의식으로 전환된다. 그런데 힌두경전에서는 깔리와 두르가라는 신의 이름만 있을 뿐 이 어려운 시기를 넘길 방법을 알지 못하고 있다.

쿤달리니를 각성한 수행자들이 인도의 아쉬람에 많지는 않지만 희소하지도 않았으리라 추정된다. 각성된 사람들 가운데 깔리의 고통의 시간을 잘 극복하고 초의식으로 변환한 수행자가 존재했을 가능성이 충분한데 그 사례가 보이지 않는다는 사실이 의문으로 남는다.

인도 요가에서도 쿤달리니가 각성되면 석가모니와 같은 성인의 모태가 될 수 있다고 하였으나 쿤달리니를 각성하거나 각성 이후 수행방법과 진행과정에 대한 자료는 전무하다. 현존하는 힌두의 성자들은 쿤달리니의 육체적·정신적 후유증의 심각성을 이유로 오히려 만류하거나 기피하고 있는 실정이다.

쿤달리니 각성자는 사람이 살고 있는 곳이면 어디나 존재한다. 심지어 미국의 정신병 환자의 20%가 쿤달리니 유사증상의 환자라는 주장도 있다. 우리나라의 수행터에서도 얼마든지 쿤달리니 각성증상에 대한 사례가 보인다.

12. 깨달음의 요체인 쿤달리니

　아무리 열과 성을 다한다 하여도 수행의 범위는 사람의 오감의 한계까지일 수밖에 없다. "의식의 집중과 정신의 극도의 긴장 속에서 궁극에는 무의식으로 통하고 그 무의식은 그대로 밖으로 뛰쳐나와 깨달음으로 이어진다"라는 대혜의 논리는 그럴듯하지만 결국 의식 안에서의 깨달음일 뿐이다. 의식과 무의식은 현재의식과 잠재의식인데 이 두 의식은 곧 아뢰야식이 두 가지로 표출되기 때문이다.

　의식만으로는 의식의 한계를 뛰어넘을 수 없다. 그렇다면 의식 밖의 보조적인 방법이 모색되지 않으면 안 된다. 높이뛰기의 경우 사람의 능력만으로는 세계적인 선수일지라도 2미터 중반 정도밖에 뛰지 못하지만 보조기구인 장대를 이용한다면 6미터 이상 훌쩍 뛰어 인간의 한계를 넘어설 수 있다. 그래서 피안으로 가기 위한 뗏목이 필요한 것이다. 오직 쿤달리니를 이용할 수 있어야 오감의 한계를 넘어 초의식에 이르는 길로 들어서게 된다.

　수행자가 명상하는 이유는 오로지 깨달음을 이루는 데 있다. 전의하여 삼매에 들어 구경지까지 가는 것이 목적인데 유사 이래 이를 실현한 사람은 공식적으로는 석가모니 한 사람이다. 그런데 오감을 넘어설 수 있는 단초마저 막아 버린 계기가 5조 홍인에게서 발견된다.

4조 도신은 "적멸하여 호흡의 움직임이 다하고…"라고 명상하는 방법을 서술하고 있다. 그런데 5조 홍인은 "생각에 머물러 있지 말고 호흡을 잘 가다듬어 조금도 거칠거나 미세하게 하지 말라. 그것은 병고만 생기게 할 뿐이다"라 하여 명상에 임하는 자세를 전혀 상반되게 진술하고 있다.

중국 불교에서 거의 유일하게 전의의 경지에 도달한 것으로 추정되는 분이 도신대사이다. 당연히 '호흡의 움직임이 다하고'라는 정도의 초월의 경지를 설하고 있는 반면 5조 홍인은 사람 정도의 경지 이상은 이해하지 못하는, 사제지간에 나타나는 법력의 차이가 엄청날 지경이다.

허리를 반듯이 편 상태의 미세한 호흡은 쿤달리니 완성 이후에는 필수적으로 시행해야 하는 수련법이다. 선관책진에 '코 밑에 깃털을 놓아 흔들리지 않도록' 하거나 '허리를 반듯이 펴라'라는 기록이 보이는데 이 방법들은 달마가 전승한 호흡법이다. 이 방법들의 의미를 홍인대사와 혜능의 후예들은 전혀 이해하지 못하였고 현재도 마찬가지이다.

이 호흡법은 쿤달리니 수련 시점부터 구경지에 도달할 때까지 반드시 필요한 유일한 방법으로 쿤달리니 수행자만이 가능하다. 일반 수행자가 이 호흡을 모방할 경우 폐에 큰 문제가 생기거나 상기될 수 있다.

선교에서 쿤달리니의 흔적을 찾아 흩어진 퍼즐 조각들을 모아 보았지만 5조 홍인의 한 마디로 인해 그 편린들은 쓰레기통에 버려진 셈이 되었다. 그 결과 홍인대사 이후부터 선불교에서 쿤달리니가 완전히 잊혀진 것으로 추정된다.

수행자들이 간절히 바라는 쿤달리니 각성과 완성이 불가능하였다는 것은 인간들의 영적 차원이 수직 상승하는 것을 두려워한 신들의 질투 때문은 아닐까. 어쨌든 쿤달리니의 활용은 인류에게는 금단의 성역이었다.

한거(閑居) 정좌(淨坐)하며 묵묵히 앉아 벽관(壁觀)한다든지 전의와 무공용행 그리고 자증(自證)이나 체증(體證)과 증득(證得)의 의미가 쿤달리니 수행자들에겐 매우 익숙하다. 미세한 호흡, 허리를 반듯이 펴는 동작 등의 능가선 수행법은 쿤달리니를 통해 수행하는 명상 방법과 정확히 일치하고 있다.

자증이나 체증하며 증득한다는 의미는 무엇일까. 일반 수행자들은 명상 수련에 숙달된 경우일지라도 생각을 억지로 차단하거나, 정신을 집중시키기 위해 온힘을 기울인다. 그러나 쿤달리니를 각성하여 프라나가 마니푸라 차크라 즉 명치와 배꼽 사이에 올라오면 휘황찬란한 빛과 현상들이 나타나기 시작한다.

마니푸라에서 아나하타 차크라 즉 심장부위까지 올라오는 동안 나타나는 현상들은 잠재의식에 감추어져 있던 기억, 과거에 두려웠거나 피하려 했던 나쁜 기억들이 귀령(鬼靈) 등의 모습으로 눈앞에 보이는 것이다.

마음에 집착이 있으면 거기에 적합한 귀령의 모습으로, 중생을 제도하겠다는 발원은 보살 등의 모습으로 현신한다. 이 경우 수행자들은 신령이나 귀령에 복종하거나 굴복함으로써 몸과 정신에 큰 손상을 입거나 크게 놀라기도 한다.

삼매에 대하여 수행자들에게 당부하는 능가경의 내용이 있다. "보이는 경계에 집착해서는 안 되며 또 얻게 되는 모든 삼매의 법에 떨어지지 말아야 한다." 이를 2승과 3승 삼매의 과실이라 하였는데 바로 마장의 경우이다.

수많은 눈앞의 마군(魔軍)에 미동도 하지 않았던 싯달타 태자처럼 쿤달리니를 통한 수행자들은 겁을 내기는커녕 귀령들의 모습을 즐긴다. 마음의 동요 없이 영화나 만화를 보듯 즐긴다면 바로 금강불괴신(金剛不壞身)을 이룸과 다름없다.

석존의 수행기에는 깨달음이 이뤄지기 직전 마군(魔軍)을 거느린 마왕(魔王)이 협박하고 마녀들이 유혹하는 등의 마장이 묘사되는데 이는 쿤달리니 완성 전에 나타나는 현상으로 제자들이 순서를 잘못 편집한 것이다. 귀령들의 등장은 사람에게나 통하는 현상인데 깨달음을 앞둔 부처에게 마장이라는 현상은 그릇된 기재가 분명하다.

프라나가 목을 넘어 머리에 올라 완성 시점이 되면 오매일여나 숙면일여와 같은 미묘한 정신 상태에 휩싸인다. 그러면서 사하스라라 즉 수행자의 두정(頭頂)이 하늘 끝까지 휘황한 빛기둥으로 연결된다. 이어서 수행자들이 간절히 바라던 번뇌 소멸의 초기 현상인 생각이 일어나지 않는 공간이 조금씩 생성하는 체험을 하게 된다.

이 생각의 빈 공간이 처음에는 상당히 짧지만 보다 길어지도록 노력하면 공간이 조금씩 넓혀진다. 이 공간을 활용함으로써 전의로 다가갈 수 있다. 생각이 빈 상태인 무심이 자리 잡아야 전의가 이뤄지고, 전의에서 바로 삼매로 이어진다.

공(空)이라면 텅 비어 있다는 뜻이기 때문에 아무것도 없다고 생각한다. 그러나 능가경에는 이 공 가운데서 자증이나 체증, 증득이라는 의식이 감지된다는 묘사가 있다. 여기서 발현하는 현상에 대한 느낌을 깨달음이라 하고 능가경은 이를 증자(證字) 돌림의 용어를 사용하여 표현한다.

머릿속에 의식이 전혀 없는 현상인 번뇌가 멸진하였다는 표현을 경이나 논소에서 자주 접하였을 것이다. 생각이 멸진된 상태인 삼매 속에는 의식작용이 없다. 그런데 적정(寂靜) 그대로인 삼매 속에서 무언가 움직임이 자각된다.

삼매에 든 수행자는 하고자 하는 의식은 없지만 삼매에서 일어나는 현상을 인지(認知)하는 자의식은 존재한다. 이 과정을 이해하지 못하는 학자들이 수사적 언어로써 꾸며 만든 공과 무(無)의 개념은 쿤달리니를 인정하는 학자들이 앞으로 일깨워 나가야 할 과제일 것이다.

최초의 전의로부터 무상삼매, 또 제8 아뢰야식이 멸진하고 제9 암마라식의 여래좌에 이르기까지 상당한 시간이 경과해야 부처의 경지에 이를 것이다. 이 기간만 7~8년이 소요될 것으로 어림짐작된다. 명상수련에 정진할 경우 1주일에 1~2회, 1년이면 60여 회, 8년이면 5백여 회의 삼매를 체험해야 한다. 이처럼 많은 전의 즉 삼매를 거쳐야 하는데도 세상에서는 흔히 견성은 한 번뿐인 특별한 경험으로 왜곡되어 인식하고 있다.

이 삼매가 시작되면서 부처의 깨달음이란 아뇩다라삼먁삼보리가 깨어나며 힘들이지 않아도[無功用行] 명상만 꾸준히 실행한다면 여래의 경지인 암마라식까지 갈 수 있게 된다. 삼매에 들 때마다 미세하게 변화하는 이 현상들을 관(觀)하여 인지하는 것이 깨달음이다. 이 미세한 움직임들이 매우 신기하고 흥미로워서 매일 밤의 명상을 고대할 정도이다.

이상과 같이 쿤달리니를 통한 명상의 결과 증득한 모든 과정들이 능가경에서 설한 방법과 유사하거나 일치함을 파악하게 되었다. 또한 대반열반경 애탄품의 진아에 관한 설법은 바로 쿤달리니를 통한 공부를 마친 사람들이라면 누구나 공감하는 내용들이다.

석존은 스스로 쿤달리니를 각성하고 완성하였지만, 자신이 남들과 다르다는 사실을 숙지하지 못한 채 수행 과정에서 발현하는 현상 정도로 인식한 탓인지 별 관심을 두지 않았던 듯하다. 그런데 현대의 인도 철인들의 쿤달리니 각성 기록을 보면 쿤달리니란 표현 없이 마치 변란이나 큰일을 당한 정도로 묘사하였는데 이와 무관하다고 할 수 있는지 의문을 해소할 길이 없다.

구나발타라와 달마조사는 능가경을 소의경전으로 삼고 그 수행법을 가르치려고 하였지만 쿤달리니 활용 방법을 인식하지 못한 탓에 부처를 양성하지 못하고 오히려 혜능 같은 이단아를 배출하게 되었다.

능가경은 전의 이후 무공용행으로 힘들이지 않고도 구경지로 나아갈 수 있다고 설한다. 경은 구경지로 가는 길에 대하여 무공용행을 말할 뿐 별다른 내용이 없다.

전의는 세상의 의식이 열반 의식으로 갑자기 바뀐다고 하여 선교에서는 돈오, 견성이라 한다. 전의의 순간 수행자는 삼매에 드는데 바로 지관(止觀)의 상태, 즉 생각이 끊어진 가운데 응시하고 있는 상태가 된다. 생각이 없으므로 의지는 당연히 없다. 앞을 응시한다고 해서 눈으로 보는 것이 아니고 본다 또는 알아차린다는 느낌 그 자체로 정지된 상태이다.

쿤달리니 삭티가 마니푸라 차크라에 도달하면 몸을 감싸는 빛을 보게 된다고 하였다. 처음에는 오색 황홀한 빛이었으나 명상이 거듭되면서 색깔이 점차 단순화, 순수화되다가 두정의 사하스라라에 도달할 무렵 흰색으로 바뀐다. 이 흰빛은 그저 하얀 색깔이었다가 완성하고 전의하면 세상의 어떤 빛깔보다 맑고 밝은 흰빛으로, 마지막 구경지에서는 맑고 밝지만 싸늘한 무색, 투명한 빛으로 진화한다.

삼매에서 유지해야 하는 몸의 상태를 관찰하기 위해 4조 도신대사의 삼매에 들어가는 방법을 참조해 보자. "여섯 가지 감각기관이 공(空)함을 염하면 고요함에 이르러 듣거나 보는 것이 없게 되리라." 또한 "공에 안정하여 마음을 비워 적정하게 하고 상념이 깊이 고요하게 하여 마음이 움직이지 않도록 해야 한다'라 기록하고 있다.

도신대사는 명상의 기본자세를 안심(安心)으로부터 시작하는데 안심에서 여섯 가지 감각기관을 제어하는 방법으로 염법(念法)을 쓴다고 하였다. 불교에서 염한다 함은 기도문에 집중하여 입으로 읊는 행위인데 도신은 염을 집중법으로 그리고 최면 방법으로 승화시켜 자율신경을 조절할 수 있는 경지까지 이른 것으로 보인다.

"심성이 고요하여 안정하면 곧 대상에 끌리는 생각이 끊어지고 아득히 깊고 깊으며, 마음이 한데 모아져 맑고 텅 비게 되니 담박하고 평안하며 적멸하여 호흡의 움직임이 다하고…" 몸의 안정이 깊어지면 '호흡의 움직임이 다한다'라고 말한 것으로 보아 태식(胎息) 호흡, 즉 자율신경 호흡법 6단계 수직호흡법까지 사용했던 것으로 추정된다.

여기서 주목할 점은 '적멸하여 호흡의 움직임이 다하고'라는 표현이다. 호흡이 지극히 미세해지면 "모든 상이 절멸(絶滅)되어 청정함이 바로 이것이다. 이는 진실한 가르침이니 수행지침의 증거가 됨이라"라는 구절과 다음 구절 역시 주의 깊게 들여다볼 만하다. "염불하지도 않으며 또한 마음을 잡으려고도 하지 아니하고 또한 마음을 보려고도 하지 아니하고, 마음을 분별하지도 아니하며 사유하지도 아니하고 또한 관행하지도 아니하고 산란하지도 아니하며 단지 바로 임운(任運)할 뿐이다"라고 삼매를 표현하고 있다.

도신대사의 가르침의 핵심은 '호흡의 움직임이 적멸하여지면'이란 구절에 집약된다. 호흡이 적멸할 정도로 미세해지면 생각이 저절로 무심상태가 된다. 무심이 되면 무상 역시 저절로 이루어지므로 무심상태에서는 임운할 수밖에, 즉 그대로 맡겨둘 수밖에 없다는 것이 능가경이 설하는 삼매의 현상이다.

어떻게 호흡이 절대 미세한 경지에 이르는가 하는 의문에 대한 적절한 해답이다. 만약 일반 사람이 호흡량을 줄여 미세해지도록 천천히 숨을 쉬고자 한다면 어떻게 될까. 즉시 허파 등 장기에 이상이 생기게 될 것이다.

도신이 이 호흡법을 언급함으로써 쿤달리니를 각성, 완성하였으며 전의를 거쳐 부처의 지위에 들어섰음을 나타내고 있다. 4조 도신 이후 불교를 표방하면서도 석가모니의 깨달음의 요건과 일치한 사람은 다시 볼 수 없었다. 인도의 힌두교나 요가 경전이나 서적에서도 이 같은 경지는 역시 볼 수 없었다.

이 삼매에서 호흡은 아주 미세하게, 허리는 반듯이 편 채로 있어야 한다. 조금이라도 허리가 굽어지면 호흡에 압력이 느껴져 삼매 상태가 해소된다. 일반적인 사람의 조건에서 삼매 상태는 앉아 있기 불가능한 자세이다.

삼매에도 두 가지 분류가 있다.

1) 밝고 맑은 가운데 무심상태에서 바라보는 지관(止觀) 그대로의 모습이다. 이때 자신을 둘러싸고 있는 흰빛은 수행이 계속될수록 점점 순백으로 바뀌다 암마라식을 자증하는 자리에서는 무색투명하게 된다.

2) 형상이 드러나는 삼매이다. 구경지까지는 여러 단계로 이루어지는데 각각의 단계에 해당하는 빛의 변화나 현상들이 나타난다. 이 현상들은 생각이 소멸한 상태이므로 인지만 할 뿐이다.

한 단계가 끝나면 이수하였다는 증거로 어떤 형상을 보여준다. 다시 새로운 단계에서 계속 삼매에 들다가 어느 지점에서 또 다시 형태를 인지하여 자증하고, 이런 과정이 반복되다 반야심경의 공중무색의 현상을 인지하면 무공용행의 여행인 부처의 수행을 모두 마치게 된다.

자증하고 증득하는 뚜렷한 현상들은 다음과 같다.

첫째 뚜렷한 사례는 '나'라고 인식되는 새벽별 같은 광구(光球), 미세 망념의 소멸 현상, 많은 사람들이 둥글게 에워싸고 두 손 모아 합장예배하는 모습, 공중무색(空中無色)의 무상삼매 현상, 그리고 '나'라고 인식되는 투명하고 써늘한 감촉의 광구 등이다. 수행자에 따라 깨달음의 현상들이 달리 나타날 수도 있다.

또한 언어로 표현할 수 없는 현상들이 많은데 이 현상들이 수행자를 이끌어 구경지까지 안내하는 역할을 한다. 형태가 보이는 삼매는 어떤 과정을 수료하였다는 증표로 여겨지는데 수행 정도를 자신이 감지하도록 배려한 것으로 간주된다.

둘째 부처님이 새벽별을 보았다는 지점이다. 이 자리는 전의 후 1년 정도의 기간이면 도달할 수 있는 경지이다. 부처님은 보리수 아래에서 새벽에 별을 보고 깨우침을 얻었다고 하였는데 이와 똑같은 현상을 경험할 수 있다. 새벽별 같은 광구가 보이면서 광구가 '나'라고 인지되는 이때 천상천하(天上天下) 유아독존(唯我獨尊)처럼 '우주에서 혼자 거대하고 밝고 존귀한 존재'임이 순간적으로 느껴진다.

광구는 공중에 떠서 약간 멀리 떨어져 있는 것으로 감지되는데, 아뢰야식이 순수해져서 발현한 것으로 여겨진다. 쿤달리니가 완성 시점에서 생각이 끊어짐을 알게 되는데 이 시점부터는 생각이 끊어지는 간격이 의식할 수 있을 정도로 점점 길어진다.

셋째 무아(無我)의 자리이다. 내 경우 이 자리는 몇 년이 걸렸는지 기억에 없다. 시간이 많이 걸렸을지라도 이곳 여행이 지루하거나 답답하다고 느낄 겨를 없이 삼매에 들 때마다 미세하지만 항상 무궁한 변화가 나타나 명상시간이 기대되곤 하였다.

그러던 중 어느 날 삼매 현상이 사라진다. 이를 무상삼매의 자리라고 명명하였다. 공중무색(空中無色)의 자리이며 삼해탈 즉 공(空)과 무상(無相), 무원(無願)을 터득하게 되는 경지이다. 여기까지가 무공용행으로 도달할 수 있는 자리이다.

넷째 진아(眞我)를 보는 자리이다. 무아를 자증하고 난 후에는 전혀 삼매에 들어갈 수 없었다. 삼매로 공부하는 과정이 모두 끝난 것이다. 몇 년 동안을 헤매던 중 우연히 '밖에서 나를 쳐다보라'라는 요가 책 구절에서 영감을 얻게 되었다.

그렇게 하여 증득한 것이 진아이다. 무색투명한 등신대의 광체가 바로 눈앞에 보였는데 그 광체가 곧 '나'라 인식되었다. 새벽별은 거리가 상당하지만 무색투명한 광체는 눈앞에 등신대의 크기로 나타났고 내 자신이 곧 그 광체에 흡수되었다.

대열반경은 진아를 다음과 같이 설하고 있다. "…일체법에 그 성품에 나라고 할 것이 없다고 설했으나 세간에서 받아들이는 오아(吾我)가 아니다… 내(我)란 것은 이것이 실제 있는 것이며 상주불변법(常住不變法)이며 마멸(磨滅)되지 않는 법이며 자재(自在)며…"

능가사자기에 "어떻게 해야 법상을 깨닫고 마음이 명정(明淨)해질 수 있습니까?" 도신대사가 답하였다. "염불하지도 않으며 또한 마음을 잡으려고도 하지 아니하고 마음을 보려고도 하지 않고 마음을 분별하지 아니하며 사유하지도 않고 관행하지도 아니하고 단지 임운(任運)할 뿐이다. 구경처에 있으면 마음이 스스로 밝고 맑아진다. 혹은 이법(理

法)을 관하는 것으로 마음이 밝고 맑아질 수 있다. 마음이 밝은 거울과 같이 되어 1년이 지나면 마음이 더욱 명정(明淨)해지고 혹은 3년에서 5년이 지나면 더욱 마음이 명정해진다."

덧붙여 설명하였다. "무릇 사신(捨身)의 법은 먼저 공(空)에 안정하여 마음을 비워 마음과 경계를 적정하게 하고 상념을 깊이 고요하게 하여 마음이 움직이지 않도록 해야 한다. 심성이 고요하여 안정하게 되면 대상에 끌리는 생각이 끊어지고 아득히 깊고 깊으며 마음이 한데 모아져 텅 비게 되니 담박(淡泊)하고 평안하며 적멸하여 호흡의 움직임이 다하고…"

이 상황은 도신대사가 전의 후의 명상에서 여러 차례 삼매를 거치면서 자증한 표현들이다. 마음이 스스로 밝고 맑아지고 삼매를 거치면서 점점 더 밝고 맑아진다는 표현이 매우 적절하다. '마음이 텅 비어 평안하며 적멸하여 호흡의 움직임이 다하고…'라는 묘사는 삼매에 드는 모습이다. 임운한다 함은 힘들이지 않고 그저 맡겨둔다는 의미로서 무공용행(無功用行)을 일컫는다.

다만 도신대사는 자증할 일이 아직 남아 있다고 한 것으로 보아 표현에 상당히 신중을 기한 것으로 간주된다. 그동안 들여다본 다수의 논소들을 통해 깨달음에 든 이가 많다고 하였지만 석존을 제외하면 4조 도신이 처음이자 마지막인 듯한 확신을 얻었다.

중요한 법문 몇 구절을 더 실어 본다. "진실한 득심자(得心者)는 스스로 분명히 아는 것이니 법안이 스스로 열려 허위를 잘 분별할 수 있다. 밝고 맑은 불제자는 심성이 멸하는 것이라고 분별함도 없고 항상 중생을 제도하되 애견(愛見)을 일으키지 않는다."

"여래께서 법을 설하심은 공적(空寂)으로 본(本)을 삼으셨음을 알 것이니, 여섯 가지 감각기관이 텅 비어 고요함이 저 한밤중의 텅 비어 고요함과 같음을 항상 염해야 한다."

13. 쿤달리니의 인위적 각성법이 나왔다

석존께서 교시하신 팔정도는 해탈을 지향하는 방법으로는 더할 나위 없는 수행 방법이다. 팔정도를 성실하게 수행한다면 올바른 수행자가 될 수 있고 드문 경우지만 쿤달리니를 각성하기도 한다. 각성하면 고통이 시작되지만 이 시기를 무난히 극복하면 난폭한 깔리가 초의식인 두르가로 변모하여 열반으로 나아갈 수 있다 하였다.

초의식 상태가 이루어지면 그때부터 바로 눈앞에 깨달음의 현상인 오매일여 또는 머리와 하늘이 빛으로 연결되는 수많은 현상들이 마지막 진아를 자증하는 순간까지 차례차례 순서대로 나타나 이를 인지하면서 깨닫게 된다.

이때부터는 스승 없이도 수행이 가능하다. 스승의 필요성은 가르침을 받기 위함인데 우선 깨달음의 현상들은 오감의 감각 차원을 말과 문자로 설명할 수 없다. 다음은 한두 부분에서 어려움을 겪지만 꾸준히 명상함으로써 삼매에 자주 들게 되면 단계에 따라 힘들이지 않고 [無功用行] 깨달음의 목표까지 무사히 도달하게 된다. 그 과정들이 능가경에 잘 묘사되어 있다. 본인의 저서『쿤달리니와 명상』에서 자세히 설명하였으므로 도반 삼아 공부할 수도 있다.

문제는 쿤달리니의 각성인데 과거의 자연적 각성은 수행자 모두에게 발생한 것이 아니라 극히 선택적이었다는 것이다. 그나마 각성 후유증이 심각하였고 또한 후유증이 모두 사라진 후 이루어지는 초의식 상태도 찾아볼 수 없었던 듯하다.

쿤달리니 각성이 자주 발생하는 상황도 아니고 또한 각성 간 시간차가 너무 커서 그 체험들이 각성된 후배들에게 별 도움이 되지 못했던 듯하다. 결국 각성자를 도울 수 있는 방법, 즉 교육체계가 전혀 수립되지 않은 부분이 쿤달리니가 후세에 공포로 기억되는 큰 요인으로 추정된다.

석존은 자신이 체험했던 수행방법을 제자들에게 그대로 생생하게 가르칠 수 없었던 것으로 보인다. 쿤달리니 각성방법이나 각성 후의 수행, 그리고 전의와 삼매의 방법을 전해줄 수 없었던 탓에 수천 년 동안 깨달음으로 가는 길[道]이 길 없는 길이 될 수밖에 없었다. 그로 인해 쿤달리니는 이 문명에서 금단의 영역에 속하게 되었다.

누구나 쿤달리니 각성이 가능하다

쿤달리니는 이제 철저히 인간의 영역에 머무르게 되었다. 선택적으로 각성하던 쿤달리니가 수행자들의 필요에 따라 별 어려움 없이 각성할 수 있게 되었고, 깔리의 횡포 없이 두르가의 초의식으로 전환할 수 있게 되었다. 선망의 대상이었던 쿤달리니 각성과 완성, 전의와 구경의 깨달음인 제9식 암마라식, 즉 진아까지 수행과정을 『쿤달리니와 명상』에 빠짐없이 펼쳐놓았다.

그 과정을 좀 더 깊숙이 들여다보자. 사람은 명상이나 화두 등 모든 방법을 동원해도 오감의 한계를 초월하는 방법을 찾지 못했다. 어설프게 수행을 한 사람들이 삼매라는 말을 자연스럽게 차용하는 경우를 접하는데, 삼매란 정신 집중이 약간 잘 되는 수준이 아니라 초월상태에 들어갈 수 있어야 한다.

초월을 위해서는 쿤달리니의 각성이 절대 필요하다. 이전까지는 쿤달리니 각성은 수행중에 돌발적으로 발생하거나 수행과는 전혀 상관없는 사람에게서 갑자기 출현하는 경우가 전부였다. 이 같은 각성을 자연 각성이라 명명하였다.

고대 인도 요가단체들과 중국 도가단체들이 단전호흡을 통한 쿤달리니 각성을 시도하였지만 상기증(上氣症) 등의 폐해 때문에 번번이 실패하였다고 한다. 따라서 언제부턴가 인위적 각성이 불가능한 것으로 인식하여 포기하게 되었다.

상기증에는 두 가지 병증이 있는데 첫째 기운이 아래에서 위로 치밀어 오르는 증상 즉 천식, 폐기종, 기관지 확장증과 만성 폐쇄성 폐질환 등 호흡과 관련된 질환이다. 둘째 몸에 흐르는 기혈이나 혈액순환에 관련된 병증으로 머리나 가슴에 기가 몰려 답답해지거나 얼굴이

붉어지고 두통을 일으키는 증상들이다.

그러나 깨달음을 향한 인류의 소망과 끊임없는 도전 정신의 결실 덕인 듯 이제 쿤달리니 각성이 수행자의 의지에 따라 얼마든지 가능해졌다. 자율신경계를 조율할 수 있다면 단전호흡으로써 각성이 가능하게 된 것이다.

금강신(金剛身)도 자율신경 조절법으로 가능하다

자율신경은 교감신경과 부교감신경으로 이루어져 서로 협력하여 몸의 균형을 유지하고 생체를 안정시키는 기능을 담당한다. 교감신경은 심한 운동이나 공포, 분노 같은 위급한 상황에 대비하고 반응한다. 부교감신경은 주로 위장관의 분비와 연동운동을 촉진시켜 에너지를 절약하고 저장하는 작용을 한다.

이 자율신경은 심리상태나 기온·운동·음식·질병 등 다양한 조건에 따라 균형이 깨질 수 있는데 이때 질병으로 나타난다. 아토피, 천식, 당뇨 등 우리 주위에 흔한 질병은 물론 현대의학으로도 치료가 불가능한 난치성 질환 등이 모두 자율신경의 역조와 면역력, 영양상태가 그 원인으로 지적되는데 그중 가장 우려되는 부분이 자율신경의 부조화이다.

무병장수의 비결과 그 열쇠가 전적으로 자율신경에 좌우된다 해도 과언이 아니다. 깨달음을 염원하는 수행자들도 자율신경을 조율하는 방법을 반드시 익혀야 피안으로 가는 뗏목을 이용하게 되는데 이 방법을 수련하면 육체적 건강은 물론 금강신(金剛身)이라는 영적 건강까지 부산물로 취하게 된다.

대부분의 경우 수행을 위해서는 기도나 명상만을 강조한다. 그러나 수행의 바탕에 자신의 몸을 조율하는 기법 없이는 의미있는 성과를 기대할 수 없다. 피아니스트가 자기 피아노의 음을 조율할 수 없다면 훌륭한 피아니스트라 할 수 없는 이치이다.

수행을 원한다면 시작하기 전 마음과 몸을 완벽히 이완(弛緩)하는 방법과 기(氣) 운행법 정도는 필수적으로 숙지하여야 한다. 이 방법들에 익숙하지 않으면 특별한 기도나 열성적인 수행으로도 현재의 인간에서 한 발짝도 진전할 수 없음을 스스로 인식하게 될 것이다.

자율신경 조절법에서는 이완법과 기의 운행방법을 수련하게 된다. 이 문명세계의 수행자들이 수천 년을 두고 쿤달리니를 터득하지 못한 이유가 바로 자율신경을 조율하는 방법을 간파하지 못한 데서 비롯한다.

쿤달리니를 각성하는 가장 빠른 방법이 호흡법이라는 사실을 인도 요가나 중국의 도가들이 수천 년 전에 이미 파악했지만 상기증 때문에 포기하였다고 전한다. 따라서 호흡법 이외의 다른 방법의 탐구에서 연유한 것이 오늘의 요가이고 도가의 소주천, 대주천이며 선교의 간화선도 이 범주에서 벗어나지 않는다.

자율신경의 제어가 가능하다면 단전호흡 시 대면할 위험이 있는 상기를 피하게 된다. 자율신경이 조율되면 기를 운행하는 방법도 저절로 터득되므로 호흡으로써 기를 미저골로 보내기만 하면 힘들이지 않고 쿤달리니를 각성할 수 있다.

자율신경 조절법이 쿤달리니 각성에 절대 필수 요건이라 하였다. 쿤달리니가 활동을 시작해서 두 번째 스와디스타나 차크라를 넘어서면 명상수련에 진입해야 하는데 그 감각의 스케일이 쿤달리니 각성 전과 확연하게 달라짐을 깨닫게 될 것이다. 각성 전에는 끊임없이 생각들을 이어나가는 것이 명상이다. 각성 후에도 처음에는 생각들이 일어나지만 쿤달리니 삭티가 태양혈 위에 올라오면 빛이 나타나기 시작한다. 이 찬란한 빛이 쿤달리니 상승과 비례하면서 단순화되어 완성 후에는 흰색으로 변화한다.

쿤달리니를 통한 명상은 중생의 바탕에서 중음과 신령계(神靈界)를 거쳐 깨달음의 목표까지, 기나긴 여행을 안내한다. 쿤달리니가 완성할 무렵 중생계와 신령계의 여행을 거의 마치게 되는데 이 시점에서 명상 속 흰색은 서서히 투명한 빛으로 변해간다.

이 단계에 이르러 완성하면 멀지 않아 전의하게 된다. 전(轉) '바꾸다' '바뀌다', 의(依) '의지하다' '따르다'라는 한자풀이처럼 전의는 현재의 의식을 바꿔 해탈의 의식에 의지한다는 뜻이다. 세상의 지혜[世俗智]인 아뢰야식에 의존하여 살다가 깨달음 세계의 지혜인 근본지로 의식을 바꾼다는 것이다. 쿤달리니 각성에서 완성으로 향하는 도정에서 영성(靈性)이 신성(神性)으로 바뀜을 인지할 수 있다. 여행 중 환경이 바뀌는 것인데 이처럼 자신의 아뢰야식의 지위가 업그레이드되는 현상을 느끼게 된다.

전의에서는 신성이 다시 업그레이드하여 부처계의 의식으로 급상승하게 된다. 이는 저열한 법에 의지함을 버리고 수승한 법을 따르는 과(果)를 의미하는데 저열한 법이란 중생계에서 사용하는 의식구조를 뜻하며 수승한 법이란 깨달음 세계의 의식구조로서, 이 의식이 순식간에 뒤바뀌는 현상을 말한다.

전의하면 바로 삼매로 이어진다 하였는데 이때 하얗거나 투명한 밝은 빛 가운데서 어떤 현상들을 보게 되는 순간의 느낌을 깨달음이라 한다. 석존이 새벽별을 본 현상이 이와 같은 깨달음인 것이다.

이 현상의 감지를 자증이라고 능가경은 설명한다. 쿤달리니와 명상을 수련하는 목적이 삼매 속에서 어떤 현상을 보면 문득 깨달음을 느끼게 되는 것인데 이 경지에 이르면 깨달은 자라 칭하고 이 순간이 부처가 되는 시작점이다.

그런데 깨달음에 대해 아는 사람이 없는 것 같다. 서적이나 인터넷을 검색해 봤지만 자신 있는 설명이 없다. 경에서는 깨달음이란 구절이 자주 발견되지만 깨달음을 설명한 경우는 발견되지 않는다. 이제까지 삼매에 들어가 본 수행자가 한 사람도 없었기 때문이라 추정되는 부분이다.

전의 · 삼매에 들려면

쿤달리니가 완성하면 곧 전의에 진입한다 하였다. 전의는 인간의 한계를 넘어선 초월의 경지이다. 쿤달리니가 완성하면 초월의 세계에 들어갈 자격을 취득하게 되지만 완성하였다 하여도 조건이 까다롭다.

첫째 자율신경 조절법을 6단계까지 능숙하게 행할 수 있어야 한다. 쿤달리니를 수련하면서 꾸준히 자율신경 조절법을 운행했으면 완성할 즈음에는 의식하지 않아도 바로 온몸의 이완 상태가 상당한 경지에 이를 정도가 될 것이다.

둘째 명상 장소는 자신이 공들여서 선택해야 한다. 쿤달리니 프라나가 아나하타 차크라인 가슴 부근에 올라오면서 명상이 상당히 까다로워진다. 소리나 진동이 거의 없어야 하며 사람들이 접근할 수 있는 장소는 피해야 한다. 다음은 오감에 대응하는 대경(對境)이 없어야 한다. 생각이 일어나지 않기 위해서는 우선 다섯 가지 감각을 자극하는 소리나 접촉이 일절 일어나지 않으면 최상이다. 이 조건에 맞는 장소를 찾기는 어렵다. 그러나 시간을 고려하면 자신이 기거하는 집에서 얼마든지 마련할 수 있다.

셋째 명상 시간이다. 불교 수행자들은 어느 때, 어느 장소에서도 화두를 들면 참선이 가능하다고 한다. 그러나 쿤달리니를 통한 명상은 밤 11시부터 새벽 1시 사이의 단 2시간에만 가능하다. 이는 자연의 에너지 파장까지 고려해야 하기 때문이다.

넷째 호흡법이다. 명상 중에는 단전호흡을 사용하지 않고 자율신경 조절법 6단계의 수직호흡법만을 사용하게 된다. 이는 살아 있는 사람으로서는 상상할 수 없을 정도의 미세한 호흡으로, 호흡하는 느낌마저 없어야 삼매에 들 수 있기 때문이다.

쿤달리니를 완성하고 이상 4개항을 갖추어야 비로소 전의에 도전할 수 있다. 그러나 특히 둘째 조건인 만족할 수 있는 장소를 외부에서 찾기는 힘들다. 아무리 조용한 산속 절일지라도 초월적인 명상을 하기에 적합하지 않다. 밖에서 찾으려 하지 말고 기거하는 집 작은 방을 이용할 것을 권장한다. 장소가 넓거나 너무 좁아도 효과적이지 않다. 2~3평 정도, 아파트의 작은 방이라면 아주 적합하다. 층간 소음이 없다면 더욱 좋다. 커튼을 치고 약간의 방음장치를 한다면 더할 나위 없는 장소가 된다. 부족한 부분은 수행해 가면서 차차 보완할 수 있을 것이다.

셋째 조건인 명상 시간은 불과 40~50분이면 족하다. 흔히 명상에 숙달된 사람들은 며칠씩 또는 많은 시간을 앉아 있다고 생각하는데 오래 앉아 있어야 한다는 사회통념에 따른 오해일 뿐이다. 쿤달리니를 통한 명상은 조용히 30~40분 정도 잠깐이면 충분하기 때문에 사회생활을 병행해도 전혀 불편함이 없다.

명상하기 위해 자리 잡으면 처음 5~10분 동안 자율신경 조절법을 구사하여 몸을 철저히 이완시켜야 한다. 안정이 되었으면 수직호흡이 가장 미세해졌다고 느끼는 시점에서 생각이 빈 상태로 만들어, 그대로 유지한다. 이때 갑자기 밑으로 붕! 빠지는 느낌이 든다면 초월에 성공한 것이다. 오감을 초월하는 것과 전의의 개념은 같다. 초월하면 전의이고 바로 삼매로 이어진다.

오감을 넘어서기 위해서는 어려운 여건과 신체적·육체적 상태가 마련되어야 하지만 이는 하루나 이틀 단기간에 구비할 수 있는 조건이 아니다. 쿤달리니 완성 시점이 열심히 정진할 경우 1~2년 정도로, 이 기간에 숙달된 자율신경 조절 능력이 쿤달리니 완성에 더해지면서 전의가 가능해진다. 부지런히 노력하면 결코 어렵지 않을 것이다.

일반 수행자나 쿤달리니를 각성했으나 아직 완성하지 않은 사람이 이 방법을 구사하면 몸이 흐트러지거나 여러 병증이 생길 우려가 있으므로 각별히 주의할 것을 거듭 경고한다. 쿤달리니의 공부법은 철저한 점오와 점수로만 가능하다. 절차를 생략하거나 건너뛸 수 있는 방법은 결코 있을 수 없고 있어서도 안 된다.

14. 정법(正法 : 道)이란 무엇인가

대반열반경의 고귀덕왕 보살품 2의 가르침을 곰곰이 생각해 보자.

"부처님 세상 만나기 어렵고 정법 듣기 어렵고 생사 고통을 두려워하는 마음 내기 어렵고 좋은 국가에 나기 어렵고 사람으로 태어나기 어렵고 육근(六根)을 구족하기 어렵다는 것을 잊지 않는다"라는 가르침이 있다.

이 가르침대로 세상에 반듯하게 태어난다는 것은 결코 쉬운 일이 아니다. 사람을 비롯한 수많은 동물들이 함께 살고 있는 세상에서 사람으로 태어나기는 어려운 일이다. 사람으로 태어나더라도 눈·귀·코·혀 등 다섯 가지 감각기관과 바르고 온전한 정신, 팔다리 등을 제대로 갖추어 태어나는 것 또한 어려운 일이다.

이 조건들을 모두 충족하였다 하더라도 여전히 잔존하는 공산주의나 독재국가, 가난한 나라, 전쟁과 내란에 휘말린 나라들을 피해 자유롭게 공부할 수 있는 나라에 태어나는 것 또한 어렵고 어려운 일이다. 이처럼 만족스러운 나라에서 태어나더라도 오욕칠정에 사로잡히게 되면 정법(正法)이 있다 하더라도 공부에 뜻을 둘 마음이 없을 것이다. 천국 같은 나라에서 태어나 진리를 접할 수 있다면 또한 얼마나 좋을까.

이상 다섯 가지 조건보다 더욱 어려운 일은 '사는 것이 고통'임을 느끼는 일이다. 이 세상 모든 사람들은 항상 근심 걱정과 두려움, 초조와 공포 속에 시달리면서 살고 있다. 그래서 사바세계를 괴로움의 바다(苦海)라 명명하지 않았던가. 산다는 것 자체가 고통이며 또한 죽는 것 역시 고통이라는 생각이 머리와 가슴에 절실하게 새겨질 때 비로소 인간의 본질에 대한 탐구가 시작된다. 삶에 대한 회의가 깊어지면 윤회와 초월에 대해 깊이 생각하게 될 것이다.

이 같은 과정을 거친 후에야 수행자의 대열에 참여하게 된다. 자신이 느끼는 회의감을 해결할 방법을 찾아 교회나 사원 또는 수행 단체들에 의지해 보기도 한다. 각고의 노력을 다한 세월이 지나고서야 자신이 행한 수행법으로는 해탈할 수 없다는 사실을 깨닫는다. 세상의 어떤 수행법으로도 윤회로부터 벗어날 수 없음을 인지하게 되는 것이다.

그렇다면 해탈로 인도하는 도(道)나 정법이란 존재하지 않는 것일까. 이 저술의 목적은 과거로부터 전승되어온 모든 공부 방법들이 수행자들이 바라는 열반과 너무 괴리되어 있음을 지적하는 것이다.

서양과 중동지역의 행법들은 신과의 합일 정도에서 만족하므로 현상적인 육체와 정신의 조건만으로도 수행이 충분하다. 윤회나 해탈

등 진리를 탐구하는 도와는 전혀 다른 수행이다.

인도나 중국, 우리나라의 수행은 그나마 바른 공부에 근접하거나 유사한 방법이었다. 도가나 요가, 선법 등에서의 공부 목표나 방법은 진리나 진아 탐구였던 것 같다. 이들은 최고의 신을 의인화하여 신앙의 대상으로 하지 않고 자아개발에 주력하였다. 호흡 수련과 적정(寂靜)을 수행방법으로 활용한 점으로 보아 도를 추구하였던 것으로 추정된다.

이 종교들의 초창기 수련과 그 과정을 보면 쿤달리니를 각성하여 오감을 넘어선 해탈이 목표였음을 알 수 있다. 그러나 이들 수행단체들은 현재까지도 쿤달리니 각성 방법이나 그 활용 방법을 찾아내는 데 실패하였다. 현재 전승되는 모든 수행법은 결코 오감을 넘어서는 방법을 찾지 못하고 있다.

해탈이나 구경의 경지는 오감 한계 안에서의 수행으로는 절대 불가능하다. 사람으로서는 넘을 수 없는 감각의 영역을 초월해야 하고, 수없이 많은 전의와 삼매에 들어야 목적을 달성할 수 있다.

해탈이란 무념(無念)과 무상(無相), 무원(無願) 이 세 가지 조건이 각각이 아닌, 생각이 없는 공(空)의 상태가 되면 동시에 이뤄져 번뇌에서 해방된다는 개념이다. 생각을 없애려 하지 않고, 바라는 것이 없다고 억지로 고생할 필요 없이 쿤달리니를 이용한다면 구극의 경지까지도 힘들지 않고 쉽게[無功用行] 이룰 수 있다.

대승경전들이 한결같이 자상히 설명하고 있는 이 부처의 경지들을 직접 본인이 끝까지 가 보았고 자증하였음을 분명히 밝힌다. 이 길은 석가모니와 겨우 몇 분이 지나셨던 길이며 올바른 길[道]이요 정법(正法)이다.

『쿤달리니와 명상』이란 본인의 저서에 쿤달리니 각성법과 활용법을 상세하게 남겨놓았다. 뿐만 아니라 부처 경지인 전의와 삼매에서의 행법도, 그리고 구경지인 암마라식(菴摩羅識)까지도 증득할 수 있도록 배려하였다. 가족을 멀리 떠나지 않고 사회의 일인으로서의 책임과 의무를 다하면서 수행에 정진할 수 있는 공부법을 역설하였다.

15. 반야심경은 증명하고 있다

　능가경을 위시한 대반열반경과 금강경, 반야심경 등 대승 불경들이 묘사한 깨달음의 현상들은 보살이 전의하여 부처가 되는 과정을 그대로 보여주고 있다. 이 수행 과정은 본인이 직접 보았고 겪었고 체증, 증오하였으므로 마치 나의 과거를 보는 듯하였다. 특히 반야심경은 삼매의 현상을 묘사하고 있는데 전 과정을 260여 자로 축소하였고, 능가경은 공부하는 방법과 과정을 설명하고 있어 쿤달리니 수행자들은 교과서로 삼아 공부하여야 한다고 생각하였다.

　금강경이 세상에 나온 지 2천여 년이 되었고 육조 혜능이 금강경을 소의경전으로 삼은 지도 1천 5백여 년이 지났다. 대승 불경들 중 비교적 간단하고 쉬운 금강경을 소의경전으로 삼은 의미를 선가(禪家)에서도 이해하지 못하고 아직도 글자풀이에 머물러 있는 실정이다.

　신도들은 신비한 의미에만 집중하여 기복신앙의 주술 정도로 활용하는 경우가 허다하다. 불교 신자라면 예불이나 행사에서 빠짐없이 반야심경 전문을 독송하지만 역시 대다수가 그 뜻을 이해하지 못하는 듯하다.

대승 경전들에는 쿤달리니 완성단계의 이무상정부터 시작하여 전의 이후 공중무색의 경지까지의 현상들, 즉 무상(無相)이 이뤄질 때까지의 현상들에 대한 묘사가 많다. 따라서 수행자가 쿤달리니를 각성하고 완성하면 이때부터 조금씩 이해가 가능하게 된다.

전의하게 되면 경전에 대한 이해도가 훨씬 성숙하게 되며 경전을 통해 다음 과정을 예측할 수 있게 된다. 혜능은 아마 전의를 가리켜 단박에 나타나는 현상이어서 한 번만 일어난다는 견성으로 둔갑시킨 듯하다. 그러나 전의는 수행이 모두 끝나는 공중무색의 경지까지 6~8년 동안 수없이 반복해야 한다. 전의가 곧 삼매에 드는 전조이고 이 삼매를 통해 깨달음들을 증득하게 된다.

마하반야바라밀다심경은 6백 권에 이르는 방대한 〈대반야경〉을 대폭 줄여서 가장 중요한 핵심을 2백 6십자로 정리한 경이라 알려져 있다. 반야심경이 무엇을 묘사하고 있는지 그 내용을 알아보자.

마하반야바라밀다심경(摩訶般若波羅蜜多心經)

이 경의 직역과 단어 해설 등은 한국 선문화연구원
정성본 편저인 〈반야심경〉을 원용하였음을 밝힙니다.

*마하(摩訶) : 크다라는 의미. 대소(大小)의 상대적인 의미가 아닌 무

엇과도 비교할 수 없는 절대적인 대(大)이며 위대하고 훌륭함을 나타
내는 말이다.

＊반야(般若) : 분별없는 지혜이다. 지혜는 사물을 분별하지 않고 직
관적으로 파악하는 것으로, 일반적으로 말하는 지식과는 다르다. 쓸
데없는 분별심과 번뇌 망상을 비우고 차별심과 편견과 고정관념을 갖
지 않는, 무심(無心)하게 대처하는 마음가짐이다.

＊바라밀다(波羅蜜多) : 완성을 의미한다. 반야바라밀다는 지혜의 완
성이며 깨달음의 경지에 완전히 도달한 것을 의미하는 말로 피안에
이르렀다 하여 도피안(到彼岸)이라고도 한다. 번뇌 망상에서 완전히
해탈하여 열반의 세계에 도달하게 된 것을 말한다.

＊심경(心經) : 마음으로 깨닫고 실천하는 경전이다. 마음은 일체 모
든 존재의 근본이며 핵심임을 의미한다.

관자재보살 행심반야바라밀다시 조견오온개공 도일체고액

觀自在菩薩 行深般若波羅蜜多時 照見五蘊皆空 度一切苦厄

＊관자재보살(觀自在菩薩) : 대자대비 관세음보살, 천수천안 관세음보
살이다.

＊오온(五蘊) : 다섯 가지 모임을 말한다. 오온은 물질적인 존재인 색
(色)과 정신작용인 수(受), 상(想), 행(行), 식(識)의 다섯 가지 구성으로
일체의 모든 존재와 존재의 인식이 이루어지고 있다. 불교는 일체의

모든 법을 오온과 안이비설신의(眼耳鼻舌身意), 색성향미촉법(色聲香味觸法)의 12처, 18계로 설하고 있다.

색온(色蘊)…물질이라 번역된다. 끊임없이 생로병사(生老病死)와 생주이멸(生住異滅)의 무상한 변화 과정 속에서 한순간도 본래 그대로의 상태를 보존하지 못하는 것을 말한다.

수온(受蘊)…접촉을 통해서 느끼는 것이므로 받아들인다는 의미의 수(受)를 쓴다. 괴로움[苦]과 즐거움[樂]을 느끼고 빛의 파장 등을 받아들이는 작용을 말한다.

상온(想蘊)…표상작용. 어떤 사물이나 사람을 생각할 때 그 사물이나 사람이 눈앞에 없어도 머리에 떠오르는 것이다. 어떤 이미지를 떠올리는 것.

행온(行蘊)…마음의 상태 또는 인식작용이다. 행(行)은 이미 형성되어 있는 내적인 조건들이 함께 작용한다는 의지의 형성 또는 의식작용이다. 어떤 사물을 인식할 때 외부로부터 느낌을 받아들이고[受], 그 사물에 대한 형체를 상상하고[想], 그 사물의 내용이 어떤 것인지 다음의 식온(識蘊)에서 인식의 판단이 이루어질 때까지 인식의 작용이 진행되는 상태를 말한다.

식온(識蘊)…사물을 인식하고 판단하는 작용, 분별 혹은 식별이라 한다. 사물의 내용을 인식하여 어떤 것인지 확실히 판단하는 것이다.

*오온개공(五蘊皆空) : 색수상행식의 오온이 모두 본래 자성이 없고

실체가 없는 것을 말한다.

　*일체고액(一切苦厄) : 자기 마음대로 어쩌지 못하는 모든 고뇌와 불안, 근심, 걱정, 두려움, 초조, 공포 등은 일체의 괴롭고 힘든 재앙으로 생긴 불운(不運)이다.

[직역] 관자재보살이 깊고도 미묘한 반야의 완전한 지혜를 실천할 때 물질(色)과 정신의 다섯 가지 기관[色·受·想·行·識]인 오온(五蘊)의 성품이 모두 텅 비어 공(空)한 사실을 관찰[照見]하시고 일체의 괴로움을 벗어나 깨달음, 열반의 경지를 이루었다.

[해설] 관자재보살은 '막힘이나 걸림이 없이 살핀다' 또는 '마음대로 무엇이나 자유롭게 살펴본다'는 의미에서 관세음보살과 동의어로 사용하고 있는데 이는 구분해야 한다는 견해이다. 관세음(觀世音) 보살은 세상 모든 중생들의 소리를 듣고 괴로움을 구제하고 왕생의 길로 인도한다는 자비의 보살이다.

그러나 관자재(觀自在)는 사람이 감히 접근할 수 없는 전의와 삼매의 초월경지를 자유자재로 왕래하면서 관찰할 수 있다고 볼 때 '마음대로 본다'[觀自在]라는 이름 그 자체인 것이다. 이 전의와 삼매가 시작되는 자리는 부처 경지의 시작인 것이다. 온전한 부처가 되기 위해서는 최초의 전의 시점부터 공중무색까지 많은 시간을 더 수행하여야 한다. 이런 관점에서 보면 관자재보살은 부처의 경지에 진입하였지만 완전한 부처가 되기 위해 수행 중이라 할 수 있다.

　관자재보살이 삼매에 들어 관하여 보니 '오온이 모두 공[五蘊皆空]하므로 현상과 초월이 같고[色卽空] 초월이 현상과 같다[空卽色]'라고 설명한 것으로 보아 피안(彼岸)의 초입 즉 처음 전의한 시점부터 기술한 것으로 보인다.

　피안에 들어섰다는 전의의 경지가 어느 정도인지 간략하게 살펴보자. 전의는 쿤달리니를 통한 수행자가 명상 중에 감지하는 초월적인 현상이다. 쿤달리니 삭티가 머리 부위인 사하스라라 차크라에서 내려오면서 전의를 위한 준비의 조짐들이 나타난다.

　전의를 견성과 동일시하는 경우도 있지만 그 경지는 분명히 다르다. 견성을 자각(自覺)이라 하는데 본래 가지고 있는 자기의 본성을 깨달아 보는 것이나 참 자기를 알게 되는 것 또는 깨달음이 열리는 것 등으로 논소(論疏)나 조사들이 주장한다. 견성은 달마조사가 무심론(無心論)에서 전의를 가리켜 '본성을 본다'라는 의미로 사용하였는데 혜능이 수행의 최고 경지를 묘사하는 명칭으로 차용하고 있다.

　세속의 의식이 열반 세계의 의식으로 바뀌는 작용을 뜻하는 전의는 번뇌에 오염되어 있는 아뢰야식을 청정한 상태로 정화시키는데 이 시점부터 분별하는 인식인 주관의 작용이 소멸한다. 전의란 용어는 대승경전 중 능가경에서 볼 수 있고 달마 이후 능가종에서 사용하였는데 혜능 이후 선종에서 자취를 감춘 것으로 파악된다.

자기의 본성을 깨달아 안다는 견성과 의식이 바뀌는 전의는 의미가 전혀 다르다. 견성은 일반 수행자의 절정 체험일 따름이어서 삼매의 경지라 할 수 없고 본성의 깨달음과는 개념이 다르다. 수행자가 쿤달리니를 완성하고 난 뒤 이뤄지는 초월 단계가 전의인 것이다. 전의되면 부처가 될 수 있는 수행의 시작이고 꾸준히 삼매에 들어 깨달음을 얻게 되는 현상으로 온전한 부처가 될 때까지 수십 차례의 전의와 삼매가 반복적으로 이어진다.

앞에서 전의하기 위한 조짐들이 나타난다고 언급하였다. 쿤달리니가 완성하였다고 전의가 저절로 이루어지는 것은 아니어서 쿤달리니가 완성하는 동안 꾸준히 명상하는 요령과 방법을 개발해 가지 않으면 전의는 거의 불가능하다.

성철스님은 저서『선문정로평석(禪門正路評釋)』에서 '소소영령(昭昭靈靈)스럽고 자나깨나 한결같은[寤寐一如] 실지 경계를 뚫고 지나야만 바로 깨치게 된다'라고 하였는데 이런 현상들이 이무상정의 증상으로, 바로 전의가 일어나기 위한 조짐들이다.

이 설명은 능가종의 수행법에서 습득하여 기록한 것으로 추정된다. 이 수행법이나 수행기록은 능가종의 공부 방법이어서 혜능 이후 선종에서는 찾아볼 수 없다. 선종에서는 이 같은 체험을 발견할 수 없지만 쿤달리니 수행자들은 이 정도의 경계는 완성단계에서 전의 전까지의 사이에서 모두 체험하게 된다.

쿤달리니 삭티가 머리에 머물면서 수행자는 오매일여(寤寐一如)나

숙면일여 등 이상 감각을 느끼면서 쿤달리니를 완성하게 된다. 뒤이어 무상정과 멸진정을 체험한 후 전의를 하게 된다. 오매일여와 같은 이무상정의 이 같은 느낌이나 체험은 전의를 위한 순조로운 적응을 돕는 몸과 마음의 단련과정이라 할 수 있다.

전의가 된다는 것은 세상을 초월한다는 의미이며 생각이 일시적으로 중단하는 경지이다. 수행법에 지관법이란 방법이 있다. 지(止)는 마음의 어지러움을 고요히하고 관(觀)은 대상을 자세히 관찰하여 참된 모습을 통찰하는 방법인데 삼매의 현상을 원용(援用)하여 수행법으로 삼은 것이다

전의하면 동시에 삼매가 시작된다 하였다. 관자재보살이 '깊고도 미묘한 반야의 완전한 지혜를 실천한다[行心般若波羅蜜多時]'라 함은 삼매에 들었음을 의미한다. 삼매는 의식이 정지된 상태로 다만 쳐다보는 의식만 남아 있을 뿐이다. 바로 지관의 모습과 동일하다.

삼매 속에서 관찰하니 '오온(五蘊)이 모두 공(空)'하였고 그 공한 상태에서는 일체의 괴로움에서 벗어났다고 하였다. 모든 존재와 그 의식작용이 공하다는 의미는 삼매 속에서는 당연히 의식작용이 없으므로 괴로움을 느끼지 못한다는 것이다. 다시 말해 삼매 속에서는 머리는 맑고 밝으며 의식은 멸진한 채 뚜렷이 앞만 지켜보는 상태가 된다.

쿤달리니를 완성해야 관자재보살이라 할 수 있으며 이와 같은 체험을 거쳐 전의해야 비로소 부처의 수업이 시작된다. 부처의 수업은 끊임없이 반복되는 전의와 삼매가 만들어내는 깨달음들을 차례차례 순

서대로 밟아 나아가야 이루어진다.

공중무색, 즉 '공 가운데 색이 없다' 하여 진공(眞空)이라 하는데 이 경계가 일어나면 6~8년에 걸친 부처의 공부가 대미를 장식한다. 그 이후에는 전의가 일어나지 않으므로 당연히 삼매도 이뤄지지 않는다.

반야심경에는 기술되어 있지 않지만 수행이 공중무색으로 완전히 끝난 것이 아니다. 공중무색에서 제8 아뢰야식이 멸진되어 형식적으로는 완전한 부처를 이룬다고 한다. 그러나 대반열반경과 능가경은 제9 암마라식과 진아를 철저히 구현해야 여래를 이룬다고 설하고 있다.

사리자 색불이공 공불이색 색즉시공 공즉시색 수상행식 역부여시

舍利子 色不異空 空不異色 色卽是空 空卽是色 受想行識 亦復如是

*색(色) : 모든 물질적 존재의 총칭. 안이비설신의 오감과 그 감각에 느껴지는 생각과 그의 대상인 색성향미촉법 모두를 포함하는 것으로 오온의 하나인 색온(色蘊)을 말한다. 모든 존재의 물질적인 현상은 반드시 어떤 원인[因]과 환경조건[緣]이 결합하여 형성되었기 때문에 영원히 존재하는 불변의 실체가 있는 것이 아니라 무상(無常)하고 생멸 변화한다는 것이다.

*공(空) : 일체법은 인연에 따라 생겨난 것으로 거기에 아체(我體), 본체(本體), 실체(實體)라 할 만한 것이 없으므로 공(空)이라 하고, 제법개공(諸法皆空)이라 한다. 그런데 일부 학파는 공은 허무가 아니요, 공

을 관하는 것은 진실한 가치의 발견이므로 진공(眞空) 그대로가 묘유(妙有)라 하여 무엇인가 존재한다고 하였다. 수행하면서 이 묘유를 알게 되면 부처가 될 수 있다.

　* 사리자(舍利子) : 사리불(舍利弗)의 다른 이름으로 부처님 제자 가운데 지혜 제일이라 불렸다.

[직역] 사리자여! 모든 사물의 물질적인 존재[色]는 텅 빈 공(空)과 다르지 아니하고, 텅 빈 공 역시 물질적 존재와 다르지 아니하다. 그러므로 물질의 본질이 텅 비어 공한 것이요, 텅 빈 공이 곧 물질이며, 느낌[受]과 생각[想], 의식작용[行]과 사물의 인식[識]도 역시 이와 마찬가지로 본래 공하여 실체가 없다.

[해설] 관자재보살은 처음 전의한 무렵에 삼매 속에서 느끼고 본 것을 다음과 같이 수보리에게 설명한다. "색은 공과 다르지 아니하고 공은 색과 다르지 아니하다. 그러므로 색은 즉 공이요 공은 즉 색이다."

　일체 존재들은 인연이 화합한 결과로 형성되므로 무상(無常)하고 생멸 변화하는 것이다. 그러므로 모든 존재들은 인연이 다하면 생로병사하고, 생주이멸하여 그 본래의 모습인 공의 상태로 돌아가게 된다는 것이다.

　공도 인연이 발동하면 오온이 새로 만들어지고 또 화합하여 어떤 물질을 형성하게 되고 그 인연이 다하면 다시 공으로 돌아간다는 공즉색이요 색즉공이다.

　이 12연기설을 신봉하는 수행자가 전의하게 되면 눈앞에 전개된 공한 현상을 보고 관자재보살과 같은 소감을 말할 수 있을 것이다. 그런데 12연기법 등 불교와 인연이 없어 그 이치를 모른 채 쿤달리니를 통해 전의한 수행자의 경우 색과 공의 관계를 어떻게 표현할까.

　색불이공이란 번뇌가 있는 상태[有心定]인 색(色)이라는 세계와, 정반대인 번뇌가 멸진한 상태[無心]인 공의 세계가 다르지 않다는 의미이다. 마찬가지로 공과 색일 때도 다르지 않다는 의미의 공불이색을 수행자는 아주 당연하고 자연스런 현상으로 간주할 것이다.

　색즉시공 공즉시색은 수행자가 생각이 있는 상태와 생각이 없는 상태 사이를 전의와 삼매를 통하여 자유자재로 왕래한 데서 비롯한 표현일 것이다. 색과 공의 차별은 분명 극과 극의 세계이지만 오가는 데 어려움이 없고 두 세계에서 감당해야 할 어려움도 감지하지 못했기 때문일 것이다.

　전의에서 가장 높은 장벽은 감각과 생각을 제쳐두고 삼매에 들어갈 수 있는 방법을 모색하는 것이다. 사람은 다섯 가지 감각기관이 있고 그 감각들이 대상을 만나면 자동으로 생각을 하도록 되어 있다. 접촉[受]이 없는 경우일지라도 상·행·식(想·行·識)의 정신작용은 끊임없이 활동한다. 번뇌가 들끓는 것을 의미하며 사람은 생명이 있는 한 필연적 또는 숙명적으로 끊임없이 생각할 수밖에 없다. 잠깐이나마 생각을 멈추는 방법은 없을까. 앞에서도 설명했듯이 쿤달리니가 완성되면 생각이 조금씩 단절되는 현상을 감지할 수 있다.

세상의 많은 수행법 중에는 생각을 멈추게 하는 방법이 존재한다고 한다. 그러나 생각을 잠시 멈추게 할 수 있을지라도 전의할 수 없고 삼매에도 들지 못하므로 수행으로서의 의미가 없다. 쿤달리니 완성 즈음에 발생하는 단절된 현상을 명상에서 효과적으로 활용해야 전의가 가능해진다.

색즉시공과 공즉시색은 이와 같이 색과 공의 공간을 들고나기가 자연스럽게 이루어져 마치 하나의 공간이나 다름이 없다는, 차원이 다른 의미이다. 관자재보살의 자재(自在)라는 의미가 인연법이나 색과 공의 원리를 논리로 규명하는 의견과는 아무 관계가 없다고 보기 때문이다.

수상행식(受想行識)도 삼매상태가 되면 받아들이는 수(受)의 작용이 있다 하더라도 상행식(想行識)의 작용이 일어나지 않으므로, 즉 눈으로 보지만 그 본 것이 머리로 전달됐는지 아닌지 모른 채 의식작용이 일어나지 않는다.

유감스럽게도 이 현상을 자세히 표현할 수는 없지만 쿤달리니에 의지하면 알게 된다. 어쨌든 감각으로 느끼지만 그 느낌이 전달되지 않아 생각이 없는 상태가 아주 자연스럽게 이뤄진다는 의미로 이해를 구할 수밖에 없다.

"어떤 상(相)이든 상이 있다 하면 거기에는 이미 능(能:主觀)과 소(所:

客觀)로 이분되어 있음을 알아야 한다. 그래서 능과 소가 따로 없게
될 때 바로 무상(無相)을 증득한다. 그래서 실상(實相), 보리(菩提) 또는
본각(本覺) 등으로 이름은 다르나 그 바탕은 바로 능과 소가 따로 없
는 자리인 것이다." 도신의 법요인 이 구절은 능가경의 요의를 바탕으
로 하여 인용한 말이다.

금강경에 '범소유상(凡所有相) 개시허망(皆是虛妄)하니 약견제상비상
(若見諸相非相) 즉견여래(卽見如來)'라는 사구게가 있다. 이 내용은 관자
재보살이 유심정(有心定)에서 전의하여 삼매에 진입하는 현상을 묘사
한 것이다.

공(空)에 대해 살펴보자. 세존의 '비었다'는 말에 학자들이 상상력을
펼쳐 거창한 논리로 창출한 결과 일체법은 인연을 따라 생겨난 것으
로 거기에 아체나 본체, 실체라 할 만한 것이 없으므로 공이라 한다
하였다. 그래서 세상의 모든 사물은 공[諸法皆空]의 상태라 하였다. 인
연 따라 생긴 것이므로 일체 존재 자체가 공이라 하였다. 그렇다면
삼매 속에서는 일절 아무 것도 없는 비어 있는[空] 상태여야 하고 피
안 역시 빈 공의 상태여야 할 것이다.

삼매나 피안이 공의 상태라는 논리를 나는 부정하고 싶다. 본인의
체험에 의하면 수없이 삼매에 드나들었지만 삼매가 비었다는 생각을
한 번도 해본 적이 없다. 삼매 속은 이 세상과 다른 강하지만 맑고 밝
은 빛으로 둘러싸여 있으며 표현할 수 없는 무언가가 꾸준히 움직이
는 것을 발견할 수 있다. 이것이 공중묘유(空中妙有)라 표현하였으며

이 움직임에서 수행자가 공부할 수 있는 원동력을 얻게 된다.

이 움직임을 정확히 말로 표현하기 힘들지만 매우 흥미롭고 어떤 변화를 보일지 궁금해진다. 이 미묘한 움직임이 한동안 계속되다가 사람의 형상이나 사물의 형태가 나타나는데 이 현상들을 관하는 것이 능가경이 설한 증오, 자증, 체증의 의미이며 이때의 느낌이 깨달음이다.

본인의 경우 전의하기 전 삼매에서는 마(魔)가 출현하였고 이어 중음(中陰)의 영(靈)들을 포함한 신들의 모습을 볼 수 있었다. 전의 후에는 새벽별 같은 광구, 미세한 망념이 소멸하는 현상, 보살들이 빙 둘러싸고 예배하는 현상 등을 보게 된다. 이것이 깨달음을 일으키는 현상 그 자체라고 말한 바 있다.

사리자 시제법공상 불생불멸 불구부정 부증불감

舍利子 是諸法空相 不生不滅 不垢不淨 不增不減

[직역] 사리자여! 일체 모든 존재[法]가 공(空)한 모습은 나지도 않고 없어지지도 않으며 더럽지도 않고 깨끗하지도 않으며 늘어남도 없고 줄어들지도 않는다.

[해설] 관자재보살이 삼매에 들어 법이 공한 현상을 설명한 내용이다. 삼매에서는 수행자는 하고자 하는 의지 없이 지켜보기만 하는데 [止觀法] 감지할 수 있는 것은 세상의 빛과는 다른 아주 밝은 가운데

말로써 설명할 수 없는 공간이 열린다.

이 공간에서 불생불멸(不生不滅)이란 생각이 일어나지도 없어지지도 않으며 어떤 사물이 생겨나지도 않고 없어지지도 않는다는, 생멸법(生滅法)이 없다는 의미이다. 불구부정(不垢不淨)은 더러운 것도 깨끗한 것도 없으며 부증불감(不增不減)은 늘어남도 줄어듦도 없다는 의미이다.

이 설명은 처음 전의에 들었을 때 보이는 현상을 표현한 것이다. 수행자가 전의하여 삼매에 들면 어떤 행위를 하고자 하는 생각 없이, 그저 보이는 현상을 지켜보는 의식만 있다.

그 보이는 현상, 즉 모든 법의 공한 모습이 일어남도 없고 없어짐도 없으며 더럽지도 않고 깨끗하지도 않으며 늘어나지도 않고 줄어들지도 않는다고 관자재보살은 표현하고 있다. 이는 초기 삼매에서 나타나는, 일절 변화가 없는 현상을 표현하고 있다. 그런데 삼매를 여러 번 왕래하다 보면 두 가지 커다란 현상을 생략하였음을 간파하게 된다. 그 하나는 삼매 내내 맑고 밝은 빛이, 다른 하나는 표현할 수 없는 공간의 미세한 움직임들이 함께한다는 것이다. 절정체험에서 수행자들이 휘황한 빛에서 느끼는 순간적 황홀감과 위의 현상을 혼동하지 않도록 빛과 움직임에 대한 표현을 생략한 듯하다.

쿤달리니 삭티가 아나하타 차크라에 올라오면 빛이 보이기 시작한다. 처음에는 단조로운 보라색이나 파란색 등의 색깔이나 오색찬란한 광채에서 시작하여 쿤달리니가 완성될 시점에는 흰 빛으로 변한다.

이 흰 빛은 전의하면 맑고 밝은 가운데 서서히 투명한 색깔로 변한다. 삼매에서 보이는 빛은 그 수행자의 수행 정도를 나타내는 것이다.

다음은 미세한 움직임이다. 진공묘유라 하는 이 미세한 움직임은 수행자의 관심과 호기심을 자극하여 수행를 계속하도록 하는 원동력이다. 이 움직임이 한동안 계속되다가 때가 되면 어떤 형상을 드러내 깨달음으로 연결된다.

유식(唯識)설에 따르면 진공묘유는 공(空)이나 유(有)에서도 치우치지 않으며, 진공과 묘유는 별개의 것이 아니고 공과 유(有)가 동시에 이루어진다 하였다. 진공(眞空)에서 비유(非有)로 무엇인가 있는데 이는 범부의 망상이 아니므로 묘유라고 하였다.

묘유 중 가장 중요한 것의 하나는 석가모니가 보았다는 새벽별이다. 빠알리 경전에는 "우주 만상이 고요에 잠겨 있고 먼동이 틀 무렵 위대한 성인, 훌륭한 성인은 완전한 깨달음을 성취하였다"라고 기록하였다.

방광대장엄경에는 "부처님께서 비구들에게 말씀하셨다. 보살은 새벽에 밝은 별이 돋을 때에 부처 · 세존 · 조어장부로서의 거룩한 지혜로… 깨달아야 할 바와 온갖 것을 다 증득하고 아뇩다라삼먁삼보리를 증득하고… "라는 기록이 보인다.

팔상록은 "4경이 지나고 제5경이 되어 먼동이 틀 무렵에 동쪽 맑은 하늘에 떠오르는 샛별에 눈빛이 마주치는 찰나에 큰 지혜의 광명이 개발되며 최상의 정각을 성취하였다. 이것이 일체종지(一切種智), 더 이상 깨달을 것이 없는 최상의 지혜이다"라고 기록하고 있다.

그런데 경들의 기록에 의하면 석존이 보리수 아래에서 명상하다가 눈을 뜨면서 별을 보았다고 하였는데 이는 와전된 기록이다. 삼매 속에서 새벽별처럼 영롱한 빛[光球]의 형태를 본 쿤달리니를 통한 수행자와 마찬가지로 석존 역시 삼매에서 보았을 것이다.

평상 의식에서는 깨달음을 자증할 수 없으므로 삼매에서만 가능하다. 보리수 아래 노천에서 삼매에 든다는 것은 불가능하다. 바람이 불고 벌레들이 기어 다니는 등 이런저런 소리와 긁적거림에 감각들이 움직이고 반응하여 바로 생각이 일어나는데 어떻게 깨달음이 가능할 수 있겠는가.

석존께서 무상정과 멸진정을 하신 후 지붕과 벽이 있는 집이나 산속 토굴에서 정진하셨음이 틀림없다. 새벽별처럼 밝은 빛 덩어리는 새벽에 뜨는 별이 아니라 쿤달리니 수행자가 전의한 다음 삼매에서 볼 수 있는 빛과 같은 광구이다.

본인이 삼매에서 이 새벽별이란 광구를 보았을 때의 느낌은 굉장한 충격이었다. 마치 석가모니가 태어났을 때 일곱 발자국을 걸으면서 외쳤다는 천상천하(天上天下) 유아독존(唯我獨尊)의 감동이 그대로 전달되는 느낌이었다.

다음 문장에서 바로 공중무색이 나온 것으로 보아 많은 깨달음의 과정들이 생략되었음을 알 수 있다. 이 과정들 가운데 몇 가지를 소개한다. 성철스님이 선문정로에서 이용한 미세망념(微細妄念)이 그 하나이다. '생각이 되려다 미처 생각이 되지 못한 현상'을 보게 되었는데 이 미세망념이란 말과 유사하다는 느낌을 받았다.

삼매에서 볼 수 있는 또 다른 현상으로 화엄경 십지품(十地品)에 '여러 부처님들이 관정하면서 많은 보살들이 빙 둘러앉아 예배한다'는 기록이 있다. 본인의 경우 부처님의 관정은 없었지만 많은 사람들이 나를 둘러싸고 앉아 예배하는 모습을 본 체험을 하였다. 모든 법의 공한 모습, 불생불멸 불구부정 부증불감하는 상태는 삼매 중 특별한 현상을 볼 때와 공중묘유라는 미세한 움직임을 제외하고는 처음부터 공중무색의 경지까지 계속하게 된다.

쿤달리니 수행 중 무공용행(無功用行)이란 특별한 도움이 있다. 무공용행이란 마음속으로 계획하고 분별하여 노력하거나 하지 않고 그대로 맡겨두는 것이라 하였다. 쿤달리니를 각성하고 완성할 때까지는 참으로 어려운 공부를 하였다고 기억된다. 단전호흡이 매우 어렵고 힘들기 때문이다.

반면 명상공부는 맡겨두면 아주 수월해진다. 그 이유를 능가경을 통람한 후에야 이해하게 되었다. 힘들여 수행하지 않아도 공중무색의 경지까지 나아갈 수 있는 무공용행의 도움을 받아 명상을 부지런히하여 삼매에 들기만 하면 완전한 부처의 경지인 공중무색[眞空]까지 성취할 수 있는 것이다.

최초의 전의에서 공중무색의 경지까지 소요되는 7~8년여의 세월 동안 수없이 많은 전의를 거듭하여 삼매에 들어야 부처의 수행과정을 온전히 이수하게 된다 하였다. 자중한 깨달음을 계속 차곡차곡 쌓아 가야 하는데 돈오돈수가 아니라 철저히 점오(漸悟)와 점수(漸修)로 수행해야 한다. 해탈을 향해 나아가는 수행에서 돈오돈수란 있을 수 없다. 또한 쿤달리니의 수행에는 이유 여하를 불문하고 단계를 뛰어넘어 앞질러 가는 수행법은 없음을 명심하기 바란다.

시고 공중무색 무수상행식 무안이비설신의 무색성향미촉법 무안계 내지무의식계

是故 空中無色 無受想行識 無眼耳鼻舌身意 無色聲香味觸法 無眼界 乃至無意識界

*십팔계(十八界) : 사람 몸에서 18종류의 법이 종류를 달리하면서 각각 같은 상태로 계속하는 것을 말한다. 곧 안(眼)·이(耳)·비(鼻)·설(舌)·신(身)·의(意) 등 여섯 가지 감각기관(六根)과 그 대경(對境)인 색(色)·성(聲)·향(香)·미(味)·촉(觸)·법(法) 등 육경(六境)과 이 감관(感官)과 대경을 연으로 하여 생긴 인식의 주관인 안식(眼識)·이식(耳識)·비식(鼻識)·설식(舌識)·신식(身識)·의식(意識)을 합한 것으로 각 식에 계(界)를 붙여서 칭한다. 이 가운데 6식을 제외하고 나머지를 12처(十二處)라 한다. 6식과 12처, 18계도 일체법을 다 받아들인다.

[직역] 이런 까닭에 공(空) 가운데는 물질[色]도 없고, 물질에 대한 느낌도 없다. 생각도, 인식의 진행도, 인식의 판단도 없으며, 또한 눈, 귀, 코, 혀, 몸과 인식도 없다. 또한 존재의 모습도, 소리나 향기, 맛, 감촉이나 촉감, 인연의 결합으로 이루어진 존재도 없다. 또 눈에 보이는 모든 경계나 의식의 경계까지도 없다.

[해설] 공중무색, 공 가운데 색이 없다는 것은 아뢰야식이 멸진되어 진공을 이루었다는 의미이다. 관자재보살이 전의하여 부처의 경지에 입문한 지 오랜 세월이 흘렀다. 그동안 관자재보살은 삼매에 들어 공 가운데 미묘한 움직임[眞空妙有]을 주시하면서[照見] 많은 깨달음을 얻게[自證] 되었다. 이제 관자재보살은 공중무색의 경지에서 번뇌의 때를 말끔히 씻고 완전한 부처가 되었다.

부처 수업을 받는 동안 몸과 마음으로 느껴지는[體證] 깨달음의 현상들을 살펴보자. 전의하여 공중무색의 경지에 도달하기까지 삼매 속에서 아뢰야식의 정화작업이 꾸준히 계속된다. 그 사이 첫 번째 깨닫는 큰 느낌[證悟]은 새벽별과 같은 빛을 보는 즉시 그 빛이 '나'라고 인식하는 동시에 천상천하 유아독존의 의미인 지극히 존귀하다는 기운을 갖게 된다. 이때의 '나[自我]'는 많이 정화되었지만 끈질기게 남아있는 아뢰야식이 발현되어 만들어진 가아(假我)이다.

또 다른 한 가지는 생각을 하고자 하지만 생각이 되지 않는 특이한 현상이다. 아뢰야식의 정화가 거의 끝날 무렵 생각을 하려고 하지만 안 되는 현상(微細妄念)을 마주하게 되는데 이로써 번뇌가 모두 없어졌음(滅盡)을 자증하는 순간이다.

이를 체험하게 되면 삼매에서는 물론 실생활에서도 생각이 없어진다. 무념(無念), 무상(無相), 무원(無願)의 삼해탈을 이루는 경지이다. 무념이나 무상, 무원은 각각 별개의 것이 아니라 무념이 되면 무상과 무원은 저절로 갖추어진다. 또한 누군가 자신의 머리를 만지고 자신을 둘러싼 채 많은 사람들이 둘러앉아 예배하고 있다면 이제 부처 수업이 거의 끝났음을 의미한다. 이로부터 머지않아 그동안 익숙하던 삼매가 이루어지지 않게 된다. 아무리 노력해도 선의가 되지 않는 때가 다가온다.

항상 강렬하지만 부드럽고, 밝고 맑은, 흰 투명한 빛이 함께하면서 표현할 수 없는 미묘한 움직임이 있던 삼매가 어느 날 갑자기 암흑으로 바뀐다. 세상에서는 도저히 느낄 수 없는 암흑현상을 보게 된다. 이 경지가 공 가운데 색이 없다는 공중무색이다. 이 현상은 순간적으로 발현되지만 이후부터 선의를 할 수 없게 된다. 그야말로 진공이어서 깨달음의 과정을 모두 마친 경지, 부처 수업이 모두 끝난 경지이고 바로 해탈 상태임을 의미한다.

해탈한 부처는 어떤 상태일까. 다시 반야심경으로 돌아가 보자.

무수상행식(無受想行識)은 감촉을 받아들임이 없고 표상작용도 없으며, 마음의 인식작용이 없고 판단하고 분별하는 작용도 없다 하였다. 아뢰야식 자체가 멸진되었다는 의미이다.

무안이비설신의(無眼耳鼻舌身意)는 눈과 귀, 코 등 여섯 가지 감각기관이 그 역할을 할 수 없음을 뜻한다. 눈으로 보고, 귀로 듣는 등 여섯 가지 감각이 있어도 받아들인 대상(境)들이 두뇌에 전달되지 않아 생각이 일어나지 않는다는 의미이다. 공중무색 이후는 이처럼 평상시에도 생각이 일어나지 않는 현상이 매우 자연스럽게 이어진다.

무색성향미촉법(無色聲香味觸法)은 모든 사물도, 소리도, 냄새도, 맛도, 감촉도, 인연으로 결합된 존재까지도 없다는 말이다. 색성향미촉법은 안이비설신의 6근의 대경(對境)이다. 눈에는 사물이, 코에는 냄새가 있어야 기능을 하는 것처럼 6근에는 6경(六境)이 있어야 생각이 일어나는데 근(根)이 경(境)을 인식하더라도 두뇌에 전달하지 않으면 6경이 없음과 마찬가지이다.

무안계내지무의식계(無眼界乃至無意識界)는 무안계부터 무의식계까지를 일컫는 말로 무이계(無耳界)와 무비계(無鼻界), 무설계(無舌界), 무신계(無身界) 등 4계가 생략된 것이다. 이는 생각 즉 번뇌가 멸진하였다는 것을 강조하기 위해서 6근과 6경을 곱으로 합친 경계까지 동원하고 있다.

한마디로 번뇌의 멸진을 강조한 말이다. 사람에게 생각이 없어진다는 것은 구조상 불가능한 일이지만 깨달은 자에게는 번뇌가 멸진하였음을 의미한다. 생각이 일어나지 않는다면 어떻게 될까. 깨달음을 얻으면 생각이 없이 하루 종일 사람들과 접하면서 말하고 행동하더라도 전혀 이상하거나 불편하지 않다. 후득지(後得智)가 있어 세상살이를 도와주기 때문이다.

예컨대 약속 날짜나 시간이 임박하면 갑자기 그 내용이 떠오른다. 다만 중요하지 않은 일들은 바로 잊어버리게 된다. 많은 일들을 겪지만 불편한 상황은 거의 없다. 그런대로 별일 없이 생활하는 능력이 두뇌로부터가 아닌 무언가의 도움으로 순조롭게 가동된다.

어쨌든 머리의 역할이 없는 상태에서 근심과 걱정 등 오욕칠정을 거의 느끼지 못하게 된다. 인도의 철인들은 생각이 오욕과 칠정으로 구성되어 있다고 보았는데 이 오욕칠정이 바로 세상을 사는 에너지를 일으키는 동력이고 달리 말하면 번뇌인 것이다.

깨달음에 도전하는 수행자들은 이 삶의 원동력을 몰아내려 애쓰지만 사람의 구조상 생각을 버릴 수 있는 방법은 어디에도 없다. 우선 생각이 어떻게 일어나지 않게 되는지 그 과정, 즉 번뇌가 멸진하는 과정을 살펴볼 필요가 있다.

쿤달리니 공부과정에서 생각을 끊기 위한 특별한 방법은 없으며 명예욕이나 재욕을 떨쳐버릴 방법도 없다. 색욕에서 벗어나기 위한 방법도 없으며 근심, 걱정을 억누를 뾰족한 수도 물론 없다. 한마디로 오욕칠정을 벗어나기 위한 방법은 쿤달리니 공부과정에서 전혀 발견할 수 없음을 명심해야 한다.

다만 쿤달리니와 명상이 거듭 이뤄지는 동안 욕망들이 자신도 모르는 사이 서서히 누그러지면서 생각이 없어지는 경지로 들어서게 된다. 쿤달리니 완성 시점에는 생각이 문득문득 끊어지는 현상을 느낀다고 하였다. 이때부터 이 생각 끊어짐을 활용하려는 노력을 하게 되고 뒤이어 전의하여 삼매에 들게 된다.

처음에는 명상 중 삼매에서나 생각이 끊어짐을 감지하게 되지만 시간이 경과하면서 일상생활에서도 생각이 끊어지는 현상을 발견하기 시작한다. 공중무색 이후부터는 생각이 없는 상태에서 사람들과 말이나 행동을 함께하게 된다. 머리가 맑고 텅 빈 상태에서도 사람들과 어울려 생활하는 데 전혀 불편함이 없다.

대승경전이 설하는 최상의 수행은 번뇌를 끊어 열반의 깨달음을 성취하는 것이다. 번뇌가 업(業)을 일으키고 괴로움[報]를 받아 생사 사이에서 헤매고 있기 때문이다. 번뇌란 몸이나 마음을 번거롭게 하고 괴롭게 하며 어지럽히고 더럽게 하는 정신작용의 총칭이다.

이런 의미의 번뇌라면 오욕과 칠정이라는 생각들이 이에 가장 적합하겠다. 오욕인 재욕(財慾)과 색욕(色慾), 명예욕(名譽慾)은 사람이면 누구나 간절히 원하는 것이며 식욕(食慾)과 수면욕(睡眠慾)은 몸의 구조상 공통이다. 희로애락(喜怒愛樂), 근심[憂], 두려움[懼], 미움[憎]은 사람의 감정을 드러내는 표현들이다. 이 오욕칠정이 사람들 생각의 전부이고 삶 자체라 해도 과언이 아니다. 또한 생각이란 작용도 사는 동안 의지와 상관없이 저절로 끊임없이 활동한다. 그렇다면 인간의 삶 자체인 번뇌를 끊는 것이 과연 가능할까.

그 방법으로 수신제가(修身齊家)나 각 종교들의 수행법이 거론되지만 인류 역사상 몇 사람이나 생각에서 자유로웠을까. 유사 이래 인류가 끊임없이 지혜를 발휘하여 의식에서 벗어나려고 발버둥쳤지만 성공한 사례는 찾아볼 수 없다.

그러나 팔정도 정신에 따라 성실히 수행하면서 쿤달리니를 각성, 완성하고 전의하여 삼매에 들 수 있다면 번뇌를 벗어날 수 있다. 정정진(正精進)과 정념(情念), 정정(正定)을 추구해 나간다면 이보다 더 올바른 수행법은 없다. 전의하고 삼매에 드는 것이 계속되면 깨달음이 누적되면서 자신도 모르는 사이 서서히 번뇌에서 벗어나게 된다.

번뇌에서 벗어나는 방법을 지루할 정도로 반복하였다. 사람에게 생각이 없다는 것은 상상하기 어렵고 절대 가능한 일이 아니다. 그러나 쿤달리니를 수행하면서 중생을 제도하겠다는 등 부질없는 서원(誓願)은 일절 없어야 한다.

쿤달리니 수련에서는 그 진행 과정을 쿤달리니가 결정하게 되므로 쿤달리니에 그대로 맡기면 된다. 공부가 공중무색의 경지에 도달하면 그때부터 생각이 없는 텅 빈 상태에서 생활하는 자신을 발견하게 된다.

한 선사는 "법을 깨친 이는 무념이니 기억과 집착이 없는지라…"라 설하고 있다. 무념이라면 생각이 비었다고 과거나 현재의 일을 송두리째 기억하지 못하는 걸까. 자신의 정체성조차 잃어버릴 기억이 없다는 표현은 이해할 수 없다. 이 선사는 스스로 그 경지에 이른 적이 없음을 밝힌 셈이다.

그렇다면 석가모니 부처는 세상을 무념으로 살면서 집착이 없는데 중생들을 제도하기 위해 그 많은 법문을 어떻게 설하셨을까 하는 의문이 들 수밖에 없다. 해탈하여 무념과 무상, 무원(無願)을 이루면 부처가 되어 근본지(根本智)를 얻게 된다고 한다. 근본지란 일체의 현상은 본질이 평등하여 차별이 없음을 아는 지혜라고 능가경은 설하고 있다. 수행자가 전의하게 되면 근본지를 얻는 것이 아닌, 회복하는 의미라 설한다. 깨달음을 얻어 근본지가 회복한다고 해서 바로 원적(圓寂)하는 것이 아니므로 여생 동안 세상을 살아가며 중생을 제도하게 된다.

이때 세상을 살아가는 방법을 후득지(後得智)라 하는데, 세상을 분별하는 얕은 지혜를 일으켜서 여생을 살아가며 중생을 제도하는 데에 사용한다. 따라서 부처는 세상을 사는 동안 일반 사람처럼 기억력이 있고 사리를 분별하고 판단하는 사고능력을 가지는 한편 세상을 초월하여 순수하고 담백하게 지낸다.

무무명 역무무명진 내지무노사 역무노사진 무고집멸도 무지역무득 이무소득고

無無明 亦無無明盡 乃至無老死 亦無老死盡 無苦集滅道 無智亦無得 以無所得故

*무명 : 진리에 어두워서 사물에 통달치 못하고 현상이나 도리를 확실히 이해할 수 없는 정신상태. 마음작용의 하나로 어리석다, 미련하다라는 의미로 치(癡)라 한다.

*노사(老死) : 늙고 죽음은 무상한 존재의 실상을 나타낸 말이다. 인연의 결합으로 법(法:번뇌망상과 존재)이 생기면 반드시 생로병사나 생주이멸의 무상한 괴로움을 겪어야 하는 과정이다.

*고집멸도(苦集滅道) : 불교의 근본 원리인 사제(四諦)를 이르는 말. 고(苦)는 생로병사의 괴로움[苦諦], 집(集)은 고의 원인이 되는 번뇌들의 모임[集諦], 멸(滅)은 번뇌를 없앤 깨달음의 경지[滅諦]이다. 또 열반에 도달하기 위해서는 8정도를 실천해야 한다[道諦]는 것이다.

*무소득(無所得) : 무상(無相)의 이치를 깨치면 마음속에 집착과 분별이 없게 된다는 말.

[직역] 무명(無明)도 없고 또한 무명이 다함도 없으며 늙고 죽는 것도 없으며 또한 늙고 죽는 것이 다함도 없다. 공 가운데는 괴로움이나 그 괴로움의 원인도 없으며 괴로움이 없어진 열반의 경지[滅]나 열반의 경지에 이르는 길[道]도 없다. 공의 세계에는 지혜라는 것도 없고 얻을 것도 없다. 왜냐하면 얻어야 할 것이 없기 때문이다.

[해설] 앞 문장에서는 깨달음을 얻은 부처의 번뇌가 멸진된 상태를 보았다. 이번 문장에서는 생각이 멸진된 상태에서의 생사문제와 신변문제를 다루고 있다. 또한 자증하여 터득한 깨달음에 대해 말하고 있

다. 사람에게는 삶과 죽음이 무엇보다 근본적이면서 심각한 문제가 아닐 수 없다. 또한 수행하여 고집멸도(苦集滅道)의 사성제(四聖諦)를 깨우치면 깨달음이라 할 얻을 것이 있는가를 묻고 있다. 세상의 논리대로라면 주는 것이 있으면 받는다는 상식적인 이야기이다.

번뇌가 멸진하는 것을 수행한 결과로 본다면 소득임이 분명하나 사람이라면 당연히 갖추어야 할 생각이 없어졌다면 손해임이 틀림없다. 번뇌가 멸진하면 해탈하였다고 하지만 없던 번뇌가 있다가 없어졌으므로 본래로 돌아온 것이다. 본래 우리가 가진 지혜가 근본지였고 중생이 되면서 세상사는 방법을 배웠는데 이 지혜를 후득지라 하였다. 이런 논리라면 부처가 되면 원래의 근본지로 회복되므로 무명이라 할 수 없으며 무명이 다하여 없어지는 것도 아니라는 의미일 것이다.

노사(老死)가 없고 또한 늙고 죽는 것이 다함이 없다는 것, 즉 부처가 되면 생로병사가 없다는 의미는 무엇일까. 석가모니 부처님도 죽음을 의미하는 열반에 드셨다. 그런데 생로병사가 살아 있는 부처에게는 해당되지 않는 걸까.

오매일여나 무상정 정도의 경지만 체험하더라도 자기 육체는 자신이 조종하는 자동차와 같은 것임을 알게 된다. 쿤달리니를 각성하기 위해 처음 수련하는 자율신경 조절법이 정신과 몸이 서로 별개임을 배우는 과정인 것이다.

늙음은 젊음보다 자유롭지 못하고 병에 시달리기 때문에 고통이라 할 수 있다. 삼매에 든 사람은 젊은 사람들처럼 함부로 행동하지 않고 또한 세상사에 관여하고자 하는 욕구가 없다. 병이 들어도 별 고통이 없거나 아픔이 거의 없다. 병원에 가야 할 정도라면 경고의 의미로 잠깐 통증이 있을 정도이다. 전의할 경지가 되면 의지대로 자신의 몸을 조절할 수 있게 된다. 이미 금강신(金剛身)을 이룰 정도로 정신과 육체는 강건해진 상태다. 부처를 완성하기 위해서는 숱하게 많은 차원들을 삼매를 통해 여행해야 하고 밝고 맑은 성성한 의식이 그 바탕이 되어야 한다.

깨달음을 이룬 사람에게 죽음을 묻는다면 '죽음이란 없다. 다만 몸과 분리될 뿐'이라 답변할 것이다. 부처에게는 늙음과 죽음이 문제될 것이 없다. 성성하고 영롱한 자의식은 늙음이나 죽음과 상관없으며 여일(如一)함을 알기 때문이다.

무고집멸도(無苦集滅道)는 괴로움[苦]이나 그 괴로움의 원인[集]이 없으며 괴로움이 없어진 열반의 경지[滅]나 열반에 이르는 길[道]도 없다는 진리[四諦]로 부처는 수행 중 이미 지났던 길이다. 따라서 네 가지 성스러운 진리라 하지만 중생들의 몫인 진리일 뿐이다.

무지역무득(無智亦無得) 이무소득고(以無所得故)의 의미는 지혜가 없고 역시 얻을 깨달음이 없고 얻어야 할 깨달음이 없기 때문이라는 뜻이다. 열반세계의 지혜인 근본지는 부처의 바탕 지혜이므로 지혜라 할 것이 없고 얻는 것이 아니라는 것이다. 지혜라 할 만한 지혜가 아니므로 얻어야 할 필요가 없다. 이 말은 중생들을 이해시키기 위해 세상의 기준으로 표현하여 있다거나 없다 또는 얻는다라고 표현하였다.

보리살타 의반야바라밀다고 심무가애 무가애고 무유공포 원리전도
몽상 구경열반 삼세제불 의반야바라밀다 고득아뇩다라삼먁삼보리

菩提薩埵 依般若波羅蜜多故 心無罣碍 無罣碍故 無有恐怖 遠離顚倒
夢想 究竟涅槃 三世諸佛 依般若波羅蜜多 故得阿耨多羅三藐三菩提

*보리살타(菩提薩埵) : 최상의 깨달음을 구하고 중생을 위해서 지혜
와 덕행을 베푸는 수행자를 말한다. 위로는 깨달음을 추구[上求菩提]하
면서 아래로는 중생을 제도하고 깨달음의 세계로 인도하기 위해 헌신
[下化衆生]하며 자신도 이롭게 하면서 남도 이롭게 하는 삶[自利利他]을
사는 구도자를 말한다.

*반야바라밀다(般若波羅蜜多) : 반야를 여섯 바라밀[諸波羅蜜] 가운데
제일이라 하였다. 반야를 지혜라 하고 바라밀을 건너다[道] 혹은 도피
안(到彼岸)이라 번역하는데 실상(實相)을 비춰보는[照了] 지혜로 생사의
이 언덕을 건너 열반의 피안(彼岸)에 이르는 배와 같고 뗏목과 같으므
로 반야야말로 참다운 의미의 바라밀이라 한다.

*전도몽상(顚倒夢想) : 중생이 무명으로 착각하여 진실을 잘못 보고
있는 것을 말한다. 일반적으로 중생은 다음과 같은 세 가지 전도가
있다.

1) 마음이 전도[心顚倒]됨은 자신의 참된 마음[佛性]을 자각하지 못하
고 어떤 사물에 대해 번뇌 망심(妄心)으로 분별을 일으키는 것이다.

2) 견해가 전도[見顚倒]됨은 대상은 본래 존재하지 않는데, 마치 눈

병 있는 사람이 환상으로 허공에 보이는 꽃을 실체로 착각하는 것과 같다.

3) 생각이 전도[想顚倒] 됨은 사물과 대상을 있는 그대로 알지 못하고 망상으로 집착하는 것이다.

*몽상(夢想) : 꿈속의 생각. 실현성이 없는 헛된 생각.

*구경열반(究竟涅槃) : 불이 꺼진 상태를 열반이라 한다. 불법(佛法) 수행의 궁극적 경지는 번뇌 망념이 없는 근원적인 본래심으로 돌아가는 것이다. 일체의 차별심, 분별심, 탐진치의 삼독심, 시기와 질투의 불길이 완전히 꺼진 상태를 열반적정(涅槃寂靜)의 경지라 한다. 구경(究竟)은 절대 구극(究極)을 나타내며 최상을 형용하는 말. 열반(涅槃)은 타오르는 번뇌의 불이 완전히 꺼져 깨달음의 지혜인 보리를 완성한 경지를 말한다.

*아뇩다라삼먁삼보리 : 위 없이 높고 바르고 평등, 원만한 깨달음의 경지이다. 무상정등각(無上正等覺), 무상정편지(無上正遍知)라 번역한다. 줄여서 삼먁삼보리라 쓰기도 한다. 불타가 불타다운 까닭인 지혜의 깨달음을 말한다.

[직역] 대승의 불법을 실천하는 보살은 반야 지혜의 완성을 이루었기 때문에 마음에 걸림이 없다. 마음에 걸림이 없으므로 두려움[恐怖]이 없으며 일체의 뒤바뀌어 잘못되고 허망한 공상을 멀리 여의고 열반적정의 경지를 체득함을 목표로 한다. 과거 · 현재 · 미래 삼세의 모

든 부처도 역시 반야 지혜의 완성을 의지하는 까닭에 위 없는 깨달음[正覺]을 이루게 된 것이다.

[해설] 반야바라밀에 의지한다는 것은 전의하여 삼매에 듦을 의미한다. 보리살타는 삼매에서 깨달음을 이뤘기 때문에 마음에 거리낌이나 걸림이 있을 수 없다. 거리낌이나 걸림이 없으므로 두려움이 없다고 하였다. 중생들이 두려워하는 마음의 거리낌이나 걸림이란 무엇일까.

마음에 걸림이 문제가 되는 경우는 주로 도덕적인 잘못이나 종교적인 계(戒)에 어긋난 일을 범했을 때이다. 이 언짢은 느낌은 사람이면 누구나 갖는 감정이지만 심해지면 두려움이나 불안과 공포를 유발하게 된다.

쿤달리니 수행은 공중무색의 경지까지 기나긴 여행을 지칭한다고 하였다. 우선 중음 세계로부터 시작하여 삼계(三界)를 지나가며 전의·삼매하게 되면 아뢰야식이 멸진할 때까지 깨달음의 여행이 시작된다. 삼계를 여행하는 동안 여러 형태의 신령들을 접하여 보게 된다. 사람들이 신령과 접하는 것은 보호를 받거나 가르침을 받을 경우이고 빙의일 때이다. 그러나 쿤달리니 수행자는 관찰자로서 신령들의 행위를 주시한다.

전의를 하여 삼매에 들면 보살이 아닌 부처의 경지이다. 부처의 수업에는 앞서 수차례 기술한 바와 같이 삼매 중 새벽별이나 미세망념

등 많은 현상들을 보게 되고 여기서 깨닫게[證悟] 된다. 삼계부터 해탈계(解脫界)까지 두루 여행을 하면서 견문을 넓히고 깨닫게 되므로 마음에 꺼림칙함이나 걸림이 없게 된다. 따라서 부처에게는 두려움이나 공포란 없다.

뒤바뀐 생각이나 번뇌, 망상이란 오욕칠정의 다른 말인데 이런 생각을 멀리 떠나보낸다 하였다. 다시 말해 사랑이나 미움, 근심과 두려움, 출세하고 많이 갖고자 하는 욕심 등 이 모든 생각들을 털어버린다 하였다.

쿤달리니가 각성하고 완성에 이르는 동안 또한 삼매에 들어 공중무색에 이르는 동안 오욕칠정에 대한 집착이나 집념이 자신도 모르는 사이 씻은 듯 없어지며 최상의 깨달음을 이루게 된다.

과거 · 현재 · 미래의 모든 부처는 공중무색에 이르면 바로 반야바라밀에 의지함이 되어 아뇩다라삼먁삼보리 즉 부처다운 깨달음을 얻게 된다.

고지반야바라밀다 시대신주 시대명주 시무상주 시무등등주 능제일체고 진실불허

故知般若波羅蜜多 是大神呪 是大明呪 是無上呪 是無等等呪 能除一切故 眞實不虛

*신주(神呪) : 신(神)의 효험(效驗)을 나타내기 위해 외우는 주문으로

다라니(陀羅尼)이다.

   *명주(明呪) : 명월주(明月珠)를 말함. 명월마니(明月摩尼)라고도 함.
보배 구슬이 밝은 달과 같으므로 이같이 이름.

   *주문(呪文:mantra) : 다라니의 비밀스런 글. 진실하여 거짓이 없는
말. 불·보살·제천(諸天) 등의 서원이나 덕(德) 또는 그 별명. 교(敎)
의 깊은 의미를 가지고 있는 비밀의 어구(語句)를 말한다.

[직역] 그렇기 때문에 잘 알아야 한다. 반야바라밀다는 위대하고 신
비스러운 주문이며 또한 밝은 주문이며, 위 없는 주문이며 그 무엇과
비교할 수 없는 절대적인 주문이다. 이 주문은 일체의 괴로움을 능히
제거할 수 있는 주문이니 진실로 헛된 것이 아니라는 사실을 잘 알도
록 하라.

**고설반야바라밀다주 즉설주왈 아제아제 바라아제 바라승아제 모지
사바하**

   故說般若波羅蜜多呪 卽說呪曰 羯諦羯諦 波羅羯諦 波羅僧羯諦 菩
提娑婆訶

[직역] 그래서 이에 반야바라밀다의 주문[眞言]을 설한다. 아제아제
바라아제 바라승아제 모지사바하.

반야 지혜의 완성으로 열반의 경지에 이르는 진언을 설하노니 지극 정성 일념으로 외우도록 하자. 이 주문을 번역하면 '가세 가세 피안의 세계로 가세. 피안의 세계에 완전히 도달하세. 깨달음이여!'

　반야심경은 마치 내가 수행했던 일들을 연상시키는 내용이어서 한 때 경탄한 적이 있었다. 나의 10여 년에 걸쳐 수행한 내용이 정리, 반복되고 평범함은 축소, 깨달음의 현상은 두드러지게 투영된 글이라고 보았다.

　그 후 능가경을 접하게 되었는데 이 경의 수행 방법이 쿤달리니를 완성한 자가 실행하는 방법은 물론 깨달음의 현상까지 일치하거나 유사하다는 사실을 인식하게 되었다. 이 사실을 지각하고 난 후 능가경과 반야심경은 쿤달리니 수행에 필요한 교과서로, 금강경은 부교재로 하여 공부하도록 제자들에게 일러 왔다.

16. 능가경(楞伽經)도 증명하고 있다

"능가경은 선종(禪宗)의 뿌리이며 도(道)의 방편이고 깨달음의 절대적인 지침서이다."

달마대사는 혜가에게 이 경(經)을 전하면서 다음과 같이 당부한다. "이 능가경 4권을 너에게 부촉한다. 이 경은 여래심지(如來心地)의 요문(要門)이며 모든 중생을 개시오입(開示悟入)하게 할 것이니라."

달마대사가 "중국에 있는 경교(經敎) 가운데 오직 능가경만이 인심(印心)할 수 있게 할 것이다"라고 한 이래 조사 대대로 이어지며 심법(心法)으로 삼았다고 한다.

달마대사의 말처럼 능가경을 '도의 방편이고 깨달음의 지침'으로 여겼지만 2천여 년 동안 세상의 모든 수행자들은 난삽하여 이해할 수가 없어 전혀 활용하지 못했다. 뿐만 아니라 석가모니가 설하셨다는 화엄경의 10지품도 제4지에서 갑자기 좌표를 상실할 수밖에 없었다. 이 때문에 '도(道)는 길 없는 길'이란 오명을 쓴 채 오늘에까지 이르렀다.

나는 우연히 쿤달리니를 활용하여 홀로 수행을 하였다. 공부를 마친 10여 년 후 대반열반경과 능가경을 접하고 대승경전들이 말하는 구경열반의 과정들을 모두 마쳤음을 인지하게 되었다. 또한 능가경이나 화엄경이 설하는 수행의 기본은 반드시 쿤달리니를 완성한 후에야 가르침을 이해하고 따라갈 수 있음을 파악하게 되었다. 수행하는 동안 쿤달리니를 각성해서 완성하게 되면 전의할 수 있고 또한 10지품의 제5지 난승지를 넘어가며, 여기에 이르러야 능가경의 가르침을 이해하고 제시하는 지침을 따를 수 있음을 인식하게 된 것이다.

구경지를 가리키는 표지판만 보고 한눈 팔지 않고 꾸준히 따라가면 구경열반지에 도착할 것이다. 이는 바른 길이고 다음을 예측할 수 있음을 능가경과 화엄경이 보증하고 있다. 그러나 현실은 조계종의 승가 교육원에서도 능가경이 어렵다는 이유로 필수나 선택과목에서 제외하고 있다.

깨달음을 희구하는 수행자들에게 쿤달리니를 접할 수 있는 기회를 마련해 주기 위해, 깨달음의 현상들이나 차원이 다른 감각적인 표현들 몇 가지를 뽑아 설명하고자 한다. 능가경 원문과 해석본은 박건주 교수 역주의 능가경(운주사 간)을 인용하였다.

자증법(自證法)은 범부의 수행 경계가 아니다

"과거에 모든 여래 응정등각(應正等覺)께서 이 성에서 자심(自心)의

성지(聖智)를 증득하는 법을 설하셨으니 이는 모든 외도(外道)와 머리로 헤아리는 사견자(邪見者), 그리고 2승의 수행 경계가 아니니라."

昔諸如來應正等覺, 皆於此城說, 自所得聖智證法, 非諸外道, 臆度邪見, 及以二乘修行境界.

*응정등각(應正等覺) : 사람과 천신(天神)의 공양을 응당 받을 만한 사람. 정등각(正等覺)은 바르고 완전한 깨달음이란 뜻으로 부처의 10호(十號) 가운데 하나.

*증득(證得) : 정법(正法)에 따라 수습하므로 여실하게 진리를 체득하여 깨달음에 드는 것 또한 차례로 수행의 단계를 밟아서 깨달음을 얻는 것을 분증(分證)이라 한다.

*외도(外道) : 불교를 내도(內道)라 하는 데 대한 대칭. 인도에서 불교 이외의 종교를 일컬음. 후세에 사법(邪法), 사의(邪義)의 의미를 갖는 명칭으로 쓰인다. 불교 이외의 수행자를 칭함.

*사견(邪見) : 인과(因果)의 도리를 무시하는 옳지 못한 견해. 망견(妄見)은 정리(正理)에 어긋나므로 사견이라 함.

*성지(聖智) : 허망한 분별을 여읜 상태.

자심(自心)의 성지(聖智)를 증득하는 법[自所得聖智證法]

이 내용은 관자재보살과 같은 수행자가 명상 중 삼매에 들어 깨달음을 얻는 방법과 과정을 말하고 있다. 삼매에서 이뤄지는 현상을 보고 터득한 느낌을 성지(聖智), 즉 깨달음의 지혜라 일컫는다.

삼매는 공(空)이라 하므로 텅 비어 있다고 생각하기 쉽지만 미묘하고 미세한 흐름인 움직임을 감지할 수 있다. 이 흐름에 수행자의 관심이 집중되어 깨달음으로 이어진다.

증득(證得)은 삼매 속에서 어떤 현상을 보면서 마음에 새겨지는 느낌을 말한다. 깨달음을 얻었다는 표현이다. 스스로 알게 되었다는 자증(自證)이나 몸으로 느껴 알았다는 체증(體證)도 증득과 같이 몸과 마음으로 알게 되었다는 의미이다.

일상생활에서 어떤 현상을 보고 안다는 의미는 눈으로 보고 냄새를 맡는 등 안이비설신의 여섯 가지 기관을 통해서 이루어지는 감각이다. 그런데 명상 중의 삼매에서는 감각기관을 통하지 않으면서도 마치 눈으로 직접 보는 것과 같이 마음으로 현상처럼 보면서 현실보다 강하게 몸과 마음에서 느끼게 된다. 이 현상을 깨달음이라 하고 이 깨달음을 감지하는 작용을 자증, 체증, 증득, 증지(證知) 등으로 경은 표현하고 있다.

이는 모든 외도와 사견자, 그리고 2승의 수행 경계가 아니니라

일반 사람들이나 다른 종교의 수행자들, 그리고 불교(佛敎)의 수행자라도 아직 교법이나 지침에 따라 수련하는 정도라면 수준에 현격한 차이가 난다. 이 경이 말하는 경계는 깨달음을 자중 또는 증득함을 말하는 수준인데, 사람들이 하는 명상은 겨우 망념과 싸우기 위한 정신 집중 정도가 전부이므로 같은 명상이라도 차원이 다르다는 의미이다.

세상 수행자들이 말하는 명상의 최고 경지는 삼매인데 '마음을 하나의 대상에 집중해서 산란하지 않는 상태'이다. 사람들이 말하는 삼매는 마음이 산란하지 않고 안정되는 정도이다. 경에서 말하는 경지는 사람의 육체적·정신적 조건으로 인하여 불가능한 영역인데 이는 인간의 한계인 오감(五感)을 초월해야 하는 문제에 부닥치기 때문이다.

부처의 명상은 어느 수준일까. 우선 선종의 4조 도신(道信)대사는 삼매에 들기 위해서는 "여섯 가지 감각기관이 공(空)함을 염(念)하면 고요함에 이르러 듣거나 보는 것이 없게 되리라. 공(空)에 안정하여 마음을 비워 깊이 고요하게 하여 마음이 움직이지 않도록 해야 한다" 라고 가르치고 있다.

여기까지는 세상에서 말하는 삼매와 도신대사의 가르침이 비슷하다 할 수 있다. 그런데 도신대사는 이 정도는 삼매에 들기 위한 안심 (安心)의 과정이라 하였다. "심성이 고요하여 안정되면 곧 대상에 끌리는 생각이 끊어지고 아득히 깊고 깊으며, 마음이 한데 모아져 맑고 텅 비게 되니 담박하고 평안하며 적멸하여 호흡의 움직임이 다하고… 염불하지도 않으며 또한 마음을 잡으려고도 하지 아니하고 또한 마음을 보려고도 하지 아니하고, 마음을 분별하지도 아니하며 사유하지도 아니하고 또한 관행하지도 아니하고 산란하지도 아니하며 단지 바로 임운할 뿐이다."

도신대사의 가르침은 '호흡의 움직임이 다하면…'이란 구절에 집약되어 있다. 수행자들이 삼매에 들어 호흡이 미세해졌다는 말은 있지만 호흡이 다하면이란 표현은 다른 곳에서는 보거나 들을 수 없다.

호흡이 적멸할 정도로 미세해지면 생각이 저절로 무심 상태가 된다. 이런 상태가 진행되면 여기에 반드시 첨가해야 할 과정이 있으니 바로 전의인데 이는 생사를 멸하고 열반을 얻는다고 경은 설하고 있다.

전의를 난해하게 설명하였는데 한마디로 명상 중 의식이 확 바뀌는 현상으로 혜능은 이를 돈오 또는 견성이라 부르고 있다. 전의가 되면 바로 삼매상태가 되는데 여기서는 임운, 즉 몸을 자연스럽게 맡겨 둘 수밖에 없다. 이 삼매의 과정이 바로 능가경이 설하는 명상의 현상이다.

이와 같이 모든 외도와 사견자, 2승들이 수행하는 삼매와 깨달음의 삼매는 같은 명칭인 명상이지만 수행의 경계에는 하늘과 땅처럼 현저한 차이가 있다.

보살 10지로써 불지(佛地)로 나아가야

"보살의 여러 지위를 거쳐 올라가는 상을 잘 파악하였다. 항상 즐거이 심(心:제8식) · 의(意:제7식) · 의식(意識:제6식)을 멀리 떠나고 세 가지 상속견(相續見)을 끊어 외도의 집착을 멀리 떠나 자심(自心)에서

깨우쳐 여래장에 들고 불지(佛地)에 나아가자…"

巧知諸地, 上增進相. 常樂遠離, 心·意·意識, 斷三相續見, 離外道執著, 內自覺悟, 入如來藏, 趣於佛地.

*심(心) : 심왕(心王)이라 하고 마음작용의 주체이다. 제8 아뢰야식(阿賴耶識)이라 한다. 아뢰야식 종자(種子)를 훈습하여 축적하고 있다.

*의(意) : 생각하는 마음의 작용을 가리킨다. 제7 말나식(末那識)이라 한다.

*의식(意識) : 안이비설신의(眼耳鼻舌身意)의 육식(六識) 가운데 하나. 제6식이라 한다.

*상속견(相續見) : 삼계(三界)를 유전하며 얻게 되는 정신작용인데 업상(業相)과 전상(轉相), 현상(現相)을 말한다.

*업상(業相) : 진여(眞如)가 기동된 최초의 상태. 아직 주관과 객관의 구별이 없다. 무명업상(無明業相)이라 한다.

*전상(轉相) : 업상에 의해 일어나는 대상을 인식하는 마음이나 주관(主觀). 견상(見相)이라 한다.

*현상(現相) : 능견상(能見相)이 일어나는 동시에 망현(妄現)하는 인식대상[客觀]. 경계상(境界相)이라 한다.

*여래장(如來藏) : 모든 중생의 번뇌 가운데 덮여 있는 자성청정한 여래의 법신(法身)을 말한다. 여래장은 번뇌에 더러워짐이 없고 영원히 변함이 없는 깨달음의 본성이다.

보살의 여러 지위를 거쳐 올라간다

화엄경의 보살 십지품의 내용. 십지설(十地說)이란 대승불교가 말하는 이상적 인간인 보살이 궁극적인 깨달음인 성불에 이르기까지의 수행과정을 10단계로 정리한 것이다.

십지설의 시작은 석가모니의 전생인 보살이었던 시대의 수행 계위로 설해진 것이라 한다. 부파불교 시대에 만들어진 본생경류에 십지설이 보이는데 다만 10지라는 언급만 있을 뿐 내용은 설하지 않는다고 한다. BC 2세기경 설출세부(說出世部)에 속하는 '대사(大事:마하바스투)'에는 10지의 명칭과 내용이 구체적으로 설해지고 이후 대품반야경과 보살본업경을 거쳐 십지로 완성되어 화엄경에서 자리 잡는다.

십지품은 1. 환희지(歡喜地) 2. 이구지(離垢地) 3. 발광지(發光地) 4. 염혜지(焰慧地) 5. 난승지(難勝地) 6. 현전지(現前地) 7. 원행지(遠行地) 8. 부동지(不動地) 9. 선혜지(善慧地) 10. 법운지(法雲地) 등 열 개의 단계인데 부처가 되기 위해서는 이 단계들의 과정을 차례로 밟아야 한다 하였다. 따라서 부처의 수행법은 갑자기 깨닫는 돈오가 아닌 10단계를 순서대로 거치는 점오의 방법이 옳음을 대승경전에서 가장 수승한 경전인 능가경이 밝히고 있다.

심·의·의식을 멀리 떠나고 세 가지 상속견을 끊어 외도의 집착을 멀리 떠나 자심에서 깨우쳐 여래장에 들고 불지에 나아가자이 말은 전의하여 삼매에 드는 과정을 표현한 것이며 또한 삼매를 목표로 삼고 있음을 나타내고 있다.

심·의·의식은 사람의 의식을 세 가지로 나눈 것이다. 상속견이란 세세생생(世世生生) 유전적으로 얻는 정신작용을 말하는데 이 역시 의식이고 생각이다. 외도(外道)의 집착이란 사물이나 도리를 고집하여 버리지 못하는 것으로 또한 의식이고 생각이다.

자심에서 깨우친다 함은 삼매 속에서 몸과 마음으로 감지하고 터득하여 깨우치는 자증, 증오, 증득, 체증, 친증(親證)을 의미하며 마음을 멀리하고 상속하는 습관을 끊으며 집착까지 끊겠다는 것은 무심(無心)을 이루겠다는 의지의 표현이다. 또한 이를 통해 무심을 이루어 전의할 수 있게 되고 전의해야 삼매에 들게 된다. 예부터 지금까지 수없이 많은 수행자들이 무심에 들었음을 주장해왔지만, 실제로 전의하여 무심에 이른 분은 석가모니 외에 몇 분이나 되는지 확인할 길이 없다.

생각이 텅 비었다는 무심의 자리란 육체적·정신적 한계점을 넘어선 경지여서 사람으로서는 상상조차 할 수 없다. 이 한계를 돌파하기 위해서는 초의식이 필요하다. 바로 쿤달리니가 각성되는 시점이 아닌, 완성되어야 이뤄지는 초의식이 갖춰져야 이 경지에 다가설 수 있다. 힌두교에서는 쉬바의 부인인 두르가 여신이 임해야 이뤄지는 의식이라 하였다.

위의 구절은 전의하여 무심에 들어야 삼매라 할 수 있으며 이를 몸으로 체험[自證]해야 번뇌 가운데 덮여 있던 청정한 여래 법신이 나와 부처의 세계인 불지(佛地)에 나아간다는 의미이다. 전의하고 무심에 드는 이 경지를 나의 관점에서는 보살 10지 중 제5지 난승지를 넘어선 단계로 본다.

2~3승의 삼매에 유혹되지 말아야

"이승과 외도가 닦는 문구와 보이는 경계, 그리고 얻게 되는 모든 삼매의 법에 마땅히 떨어지지 말지니라."

莫墮二乘, 及以外道, 所修句義, 所見境界, 及所應得諸三昧法.

각 수행 단체들 나름의 수행방법이 존재하고 그 방법으로 매진하면 삼매 또는 최고의 경지라 할 수 있는 자리가 있기 마련이다. 수행자들은 이에 맞춰 삼매나 경계의 성취를 갈망하면서 하루하루 공부에 매진하고 있다. 그런데 경의 가르침은 이승(二乘·聲聞·緣覺)과 모든 문파의 전문 수행자들이 성취하기를 갈망하는 삼매나 최상의 경계(境界)들을 모두 경계(警戒)하고 조심할 것을 당부하고 있다.

삼매란 흐트러지고 어지러운 마음을 멈추게 하여 편안하고 고요한 상태가 되는 것을 가리키고 마음이 이 상태에 이르면 바른 지혜가 생기므로 진리를 깨닫는다고 전해진다. 또는 최상의 경계에서는 신령들이 현신하여 가르침을 주거나 도움을 베풀 수 있다고 한다. 물론 수행자 중에는 깨달음을 얻었다거나 신령으로부터 계시를 받았다고 주장하는가 하면 신통력을 얻어 쓰는 사람이 역사상 전혀 없지는 않다. 경은 이 모든 경지를 조심해야 한다고 가르친다.

수행자가 삼매 또는 상당한 경지에 오르면 신령들이 현신하게 된다. 이 신령들은 수행자가 평소 믿고 의지하는 모습으로 나타난다. 이 신령이 표현하는 내용은 수행자에게는 절대적이게 마련이어서 그대로 받아들이는데 이로 인해 정신적·육체적으로 상당히 곤란한 상황에 처하게 된다. 이 신령으로부터 초능력 같은 힘을 얻기도 하는데 처음에는 도움이 되는 듯하지만 머지 않아 장애가 되고 만다. 그밖에 귀령들이 보이는 경우도 있다. 열과 성을 다한 결과 인간의 한계점에 이르면 신령 또는 귀령을 보게 되는 현상은 어쩔 수 없다.

인간계에서 차원이 다른 세계로 넘어서기 때문이다. 죽어서나 갈 수 있는 곳을 산 채로 가다보니 상당한 위험에 처하게 된다. 따라서 육체적으로나 정신적으로 돌이킬 수 없는 피해를 겪을 수 있다. 어떤 수행자들은 인간 한계를 초월하는 이 경지를 한 번만의 특수한 체험이고 깨달음의 자리라고 지나치게 과장하지만 이 자리는 견성이나 부처의 자리라 하기에는 턱 없이 낮은 자리이다.

능가경은 아무리 열과 성을 다해 수행하더라도 인간의 한계점을 극복할 수 없음을 완곡하게 표현하여 '보이는 경계와 모든 삼매의 법에 마땅히 떨어지지 말지니라'라고 경계하였다. 그렇다면 능가경이 경고

하는 귀와 신령으로부터의 유혹과 피해를 벗어나 보살과 부처의 경지까지의 수행은 과연 불가능한 일일까. 그렇다. 사람으로서 탁월한 재능이나 기능을 가졌다 하더라도 오감의 한계는 넘어설 수 없다. 부처가 되려면 오감의 한계를 넘어서고 전의가 되어야 하는데 온전한 사람의 육체로는 예외 없이 불가능하다.

그러나 모든 삼매의 법과 경계에 저촉되지 않으면서 부처와 여래의 경지인 공중무색과 제9 암마라식의 구경의 경지를 수행할 수 있는 방법이 있다.

전의하면 여래의 자리에

"만약 이와 같이 할 수 있다면 곧 이는 여실한 수행자의 행이니 능히 다른 논을 꺾을 수 있고 능히 악견을 부술 수 있으며 능히 아견(我見) 집착을 버릴 수 있고 능히 묘혜로써 의지하는 바의 식(識)에서 벗어나며[轉依] 능히 보살 대승의 도를 닦고 능히 여래의 자심(自心)에서 증득한 자리에 들어갈 수 있느니라."

若能如是, 卽是如實修行者行, 能摧他論, 能破惡見, 能捨一切我見執著, 能以妙慧轉所依識, 能修菩薩大乘之道, 能入如來自證之地.

만약 이와 같이 할 수 있다면

"라파나왕(羅婆那王)이 문득 자신을 보니… 부처님을 보고 법을 듣는 것도 모두 분별이다. 보이는 것[대상]을 향하면 불(佛)을 볼 수 없고 분별을 일으키지 않으면 능히 보는 것이다."

능가왕이 이렇게 사유하고 깨달아서 모든 잡다하게 물드는 데서 떠나 오직 자심(自心)임을 증득하고 분별없는 자리에 머무르니… 허공과 궁전 안의 모든 곳에서 다음과 같은 소리가 들렸다.

"너는 마땅히 희론(戱論:헛되고 쓸데없는 의논)이나 담소를 즐겨하지 말고, 너는 베다의 여러 견해를 일으키지 말아야 하며, 또한 너는 마땅히 왕위의 자재(自在)함에 집착하지 말아야 하고, 육정(六定:외도의 여러 삼매) 등에 머무르지 말아야 하느니라."

능가왕이 문득 모든 것이 자신의 생각대로, 분별심에 따라 전개되고 있음을 의식한다. 그리고 진리는 감각의 접촉을 통해서는 알 수 없으며 오직 분별심을 떠난 무념의 상태에서만 알아차릴 수 있음을 깨닫게 되었다. 즉 진리는 어떤 형체로든 감지할 수 없으며 오직 분별심을 떠난 적정한 상태에서만 자증(自證)할 수 있다. 따라서 능가왕은 자신의 마음과 몸에서 깨우침이 일어나는 것을 알게 되었다. 이 현상을 감지하는 것을 증득이라고 표현하였다. 이때 다음과 같은 소리가 모든 곳에서 들렸다고 하는데 이는 분별하지 않은 상태이므로 마음으로부터 우러나온 표현으로 이해해야 한다.

"너는 앞으로 사람들과 더불어 쓸데없는 말은 삼가고 세상의 지식

에 대해서도 자기 견해를 내지 말아야 하며 왕이라는 권능에 취해 집
착하지 말아야 하고 다른 수행처에서 말하는 삼매에 대해서도 관심을
갖지 말아야 한다."

이 말은 한마디로 시세에 영합하지 말고 바른 말과 바른 행동으로
바로 보고 바르게 생각하며 바르게 생활하라는 의미이다. 여러 종교
의 수행자들이 공부하는 방법이나 그들의 삼매에 현혹되지 말고 바른
마음으로 바르게 정진하라는 설법이다.

수행자가 '이와 같이 할 수 있다면', 이 구절이 바로 이 설법의 주제
이다.

능히 다른 논을 꺾을 수 있고 능히 악견(惡見)을 부술 수 있으며
능히 아견(我見), 집착을 버릴 수 있고 능히 묘혜(妙慧)로써 의지하는
바의 식(識)에서 벗어나며

사람들과 어울려 쓸모없는 담소나 논란에 관여하지 않고, 세상의
논리에 자신의 견해를 주장할 필요를 느끼지 않는다면, 이 사람은 진
실한 수행자이므로 번뇌에 물든 그릇된 견해나 집착을 버릴 수 있다
는 의미이다. 이 경지에 이르면 자신이 현재의 의식에서 벗어나 수승
한 의식[涅槃 또는 菩提의 果]를 성취[轉依]하며 보살도(菩薩道)를 이루게
된다는 뜻이다. 이 경지를 여래가 스스로 증득한 자리라 하였다.

그런데 갑자기 신묘한 지혜가 나와 전의되어 불계로 들어간다고 지

적하였다. 인간의 한계를 넘어서는 부분, 즉 의식계와 불계의 연결 통로에 사용한 묘혜라는 모호한 표현에 대해 경전들은 침묵하고 있다.

능히 보살 대승의 도를 닦고 능히 여래의 자심(自心)에서 증득한 자리에 들어갈 수 있느니라

신묘(神妙)한 지혜로 의지하고 있는 번뇌의 식(識)에서 벗어나 열반의 식에 드는, 다시 말하여 전의하여 의식이 바뀌면 이 의식은 불계에서 적응하도록 맞춰진 의식이다. 이 의식으로 깨달음 세계에 들어서게 된다.

불가에서 전의는 견성의 의미로 사용하며 일생일대에 한 번만 이뤄진다 하였다. 이 같은 오류는 전의의 경지가 육체적으로나 정신적으로 한계를 넘어서는 자리여서 사람들이 결코 접할 수 없는 경계이기 때문에 혜능이 주도하여 눈가림한 탓이라 앞서 논하였다.

'능히 보살 대승의 도를 닦고'라는 구절은 쿤달리니를 수행하여 전의하기까지의 초월적인 수행을 말한다. '능히 여래의 자심에서 증득한 자리에 들어갈 수 있느니라'에서, '자심에서 증득'이란 삼매 속에서 깨달음의 현상을 얻음을 말하므로 여래께서 증득했던 것처럼 얻을 수 있다는 의미이다. 명상에서 삼매에 들려면 무조건 전의를 거쳐야 하고 삼매 속에서 현상을 보고 받는 느낌이 깨달음이다. 이 깨달음 현상을 표현할 때 자증하였다거나 증득하였다 한다.

부처의 초입[轉依]에서 여래지(如來地)까지는 일주일에 4~5번의 명상을 행하더라도 10여 년이 걸리므로 전의에서 삼매의 과정을 수없이 반복해야 한다 하였다. 반야심경의 끝부분에 나오는 '공중무색'의 현상이 삼매에서 드러나면 그때 온전한 부처의 경지가 이뤄진다 할 수 있다.

여래의 자리는 부처의 수행법과는 다른 방법으로 이루어진다. 문득 무색투명한 원형의 빛무리가 나타나 '나'로 인식되면 제9 암마라식이 현신한 것인데 여래를 증득하였다고 되어 있다. 따라서 때가 되면 자신이 여래의 경지에 들어선 것을 스스로 알게 된다.

신묘한 지혜란 바로 쿤달리니의 역할을 가리킨다. 인도에서 쿤달리니는 아득한 옛날부터 성자들의 모태(母胎)라 전해졌고 중국에서는 수행의 근본인 주천(周天)의 핵심으로 여겨져 왔다. 수행단체들은 쿤달리니를 운용하고 관리하는 방법을 개발하기 위해 필사적인 노력을 기울였으나 쿤달리니는 항상 찬란한 오색 무지개처럼 저 멀리 자리 잡고 있었다.

보살 10지 수행을 통해 해탈까지

"능히 지혜로써 사유 관찰하고 모든 분별을 떠나 여러 보살지를 잘 알며, 수습대치(修習對治)하여 진실한 의(義)를 증득하며 삼매락에 들

어가 모든 여래의 섭수(攝受)한 바 되고, 삼매의 낙에 머물러 2승과 삼매의 과실(過失)을 멀리 떠나며, 부동지(不動地:보살 제8지)·선혜지(善慧地:보살 제9지)·법운지(法雲地:보살 제10지)의 보살지에 머물러 능히 제법이 무아(無我)임을 여실히 알며, 마땅히 대보(大寶)의 연화 궁중에서 삼매수(三昧水)로 관정(灌頂)하며, 다시 무량한 연꽃이 나타나 둘러싸며, 무수한 보살 가운데에 머무르며, 모든 회중과 더불어 서로 쳐다보나니 이와 같은 경계는 불가사의이니라."

能以智慧思惟觀察, 離諸分別, 善知諸地, 修習對治, 證眞實義, 入三昧樂, 爲諸如來之所攝受, 住奢摩他樂, 遠離二乘三昧過失, 住於不動·善慧·法雲菩薩之地, 能如實知諸法無我. 當於大寶蓮花宮中, 以三昧水, 而灌其頂, 復現無量, 蓮花圍繞, 無數菩薩, 於中止住, 與諸衆會, 遞相瞻視, 如是境界不可思議.

능히 지혜로써 사유 관찰하고 모든 분별을 떠나 여러 보살지를 잘 알며 수습대치하여 진실한 의를 증득하며 삼매락에 들어가 여래의 섭수한 바 되고 삼매의 낙에 머물러 2승과 삼매의 과실을 멀리 떠나며

지혜로써 사유 관찰하고 모든 분별을 떠나 여러 보살지(菩薩地)를 잘 안다라는 구절은 화엄경의 십지품(十地品)을 가리킨다.

보살 10지품에 대해 다시 요약해본다. 10지설의 최초는 석가모니가

전생에 보살이었을 때 수행 계위(階位)를 설한 것이라 한다. 십지품은 불멸 후 1백년경 부파불교시대에 성립된 본생경류에 처음 등장하는데 다만 10지라 언급했을 뿐 구체적인 명칭이나 내용은 설하지 않았다 한다.

BC 2세기경 설출세부(說出世部)가 편찬되었다고 추정되는 마하바스투[大事]에 십지품의 명칭과 내용이 상세하게 설해지고 있다고 한다. 10지품은 대품반야경(大品般若經)에 설해져 있고 능가경에도 언급되어 있으며 이를 용수(龍樹)가 여러 저서에서 인용한 것으로 보아 이미 경전 형태로 존재하였음이 짐작된다.

화엄경은 십지품을 주제로 하여 후대에 제작된 경이며 성문·연각·보살 삼승(三乘)들이 공통으로 닦는 수행단계이다. 지(地)는 주처(住處) 생성(生成)의 뜻으로 그 자리의 법을 보존하고 육성하여 과(果)를 낳는 것이다. 수행의 길에 들어선 수행자가 팔정도(八正道)로 수행의 기본자세와 품성을 기르고 십지품으로 자신이 처한 경지나 단계를 파악할 수 있도록 배려한 것으로 추정된다.

제1지 환희지(歡喜地)는 보살이 깨달음의 경지를 서원하는 새로운 출발점으로 인간의 경지를 넘어 부처의 세계를 향해 나아가는 용맹심과 환희에 넘쳐 있다. 제2지 이구지(離垢地)는 열 가지 마음가짐과 열 가지 선한 행위의 길을 다짐하며 정진하여 세속에 물든 때를 벗어난 청정한 경지이다.

제3지 발광지(發光地)에서 불교의 기본 교리인 사제(四諦)가 등장하는데 이제 본격적인 수행이 시작된다. 제1지와 2지의 가르침은 마음가짐의 기본이므로 초발심에서 각오를 다지는 마음으로 가르침에 따라 수행하는 단계이지만 3지부터는 명상이 필수이다.

제3지와 제4지의 명상 과제는 경지 차이가 매우 현격하다. 제3지는 해오(解悟)로서 공부할 수 있지만 제4지는 사람의 의식 수준으로써의 수련이 거의 불가능하다. 이 같은 급격한 차이가 나는 원인이 무엇일까. 3지에서 터득한 지혜가 불꽃처럼 타오른다는 말은 무슨 의미일까. 쿤달리니에서도 각성하는 정도가 아닌, 완성에 이르러야 겨우 이 과제를 수행할 수 있다.

수행 길에 나선다면 바른 생각이나 행동, 바른 생활과 정진 등을 마음에 굳게 새기고 실천하고자 노력할 것이다. 이렇게 2~3년 동안 최선을 다한다면 제2지를 지나고 제3지에 몰두해 있을 단계에 이른다. 이 시기에 발생하는 현상이 쿤달리니의 각성이다. 쿤달리니가 깨어나면 몸과 마음에 갑자기 특별한 변화가 찾아온다. 깔리라는 무시무시한 고통이 시작되고 이 고통의 극복 후 두르가란 초의식으로 전환되는 상황이 바로 '지혜가 불꽃처럼 타오른다'란 표현인 듯하다. 이 변화가 순조롭게 초의식으로 잘 이뤄지면 제4지 염혜지의 명상 과제를 수행할 충분한 능력이 생기게 된다.

인류사 이래 헤아릴 수 없이 많은 수행자들이 깨달음의 문에 들어서지만 모두 제3지를 넘어서지 못하고 공부를 마무리하게 된다. 사람의 노력으로 가능한 경계가 제3지인 것이다. 어느 시대에나 쿤달리니가 자연 각성된 사람들이 적잖이 배출되었지만 깔리의 고통을 이겨내지 못하여 중도에서 포기하거나 두르가의 초의식으로 바꾼다 해도 다음 단계의 공부 방법이 없었기에 쉬운 신통술 등 정도에서 벗어난 길을 걸었던 것이 아닌가 짐작한다.

제3지에서 수행을 마친 수행자가 쿤달리니를 각성하고 초의식으로 전환되어 제4지 염혜지에 들어가면 "곧 스스로 진리를 얻기 위해 지혜를 성숙케 하는 열 가지 진리를 가지고 여래의 집에서 성장하는 자가 됩니다"라는 비약적인 발전을 한다. 경은 "그는 중생과 더불어 불도를 행하는 실천이 가장 뛰어났고 십바라밀 중에서는 정진 바라밀이 뛰어납니다"라고 설명하였다.

열 가지 진리란 존재의 생멸(生滅)을 관찰할 것, 모든 것의 자성(自性)이 불생(不生)임을 관찰하는 지혜, 세계의 생성과 소멸을 관찰하는 지혜, 업(業)에 의해 생존이 생김을 관찰하는 지혜, 윤회(輪廻)와 열반(涅槃)을 관찰하는 지혜 등의 지혜가 우러나오고 개체는 실재(實在)한다는 견해와 이것으로 야기되고 사고되고 관찰된 모든 것을 떠나버린다고 하였다.

제5지 난승지(難勝地)의 과제는 사제(四諦)를 그대로 인식해야 한다는 것이다. "고제(苦諦)를 그대로 인식합니다. 고의 원인은 집제(集諦)입니다. 이는 고의 소멸[滅諦]입니다. 이는 고의 소멸로 이끌어가는 길, 도제(道諦)라고 있는 그대로 인식합니다"라고 명상 중 스스로 인식하여 알게 되어야[自證] 한다고 하였다. 경은 '그는 세속적 진리와 불법의 진리에 다 같이 뛰어난 자'가 된다고 하였으며 '모든 존재는 헛되고 허망한 것으로 인식'한다고 하여 공(空)을 체험하였음을 설하고 있다.

제6지 현전지(現前地)는 열 가지 진리의 평등성을 인식하는 곳이다. 열 가지 진리의 평등성이란 무엇일까. 모든 것은 무상(無相)이라는 평등성, 모든 것은 발생하지 않는다는 평등성, 모든 것은 무성(無性)이라는 평등성, 모든 것은 불생(不生)이라는 평등성 등이 해당된다.

제5지에서 공(空)을 체험하였고 6지에서는 무상과 무성 등 공에서 발전한 깨달음을 말한 것으로 미뤄 제5지 난승지는 전의의 자리임이 입증되었다. 전의를 난승지라 한 사실로 비춰보아 예나 지금이나 뛰어넘기 힘든 난관임이 분명하다. 전의의 과정을 넘어선 사람은 매우 희귀하여 석가모니 부처님 외에 4조 도신이 눈에 띌 정도이다.

제5지부터는 공계(空界)이고 이곳에 들어오면 부처로서의 경계가 시작된다. 제6지 현전지, 제7지 원행지(遠行地), 제8지 부동지(不動地), 제9지 선혜지(善慧地)를 거치고 제10지 법운지(法雲地)에 이르면 완전한 부처가 이뤄진다.

이 경계들은 깊고 오묘한 부처의 길이어서 설명에 의미가 없다. 설명할 수도 없고 이해 차원을 벗어나기 때문이다. 오직 쿤달리니를 각성, 완성하고 전의하여 나아가면 스스로 터득하고 이해되고 인지하여 자증하게 될 뿐이다.

십지품에 대해서는 대승 논자들의 5지에 이르는 깨달음의 현상들이 혼재하고 있다. 논소(論疏)들에도 깨달음의 현상들이 자주 언급되어 있지만 자신들의 경지를 과시하고자 하는 방편으로 여겨진다.

다시 능가경을 살펴보자. '지혜로써 사유하고 관찰하는 것'이 바로 명상하는 자세이다. '분별을 떠난다'는 내용은 4지 이후 저절로 이루어지는 일이다. '여러 보살지를 잘 알며'는 부처가 되기 위해서는 10지의 방법에 따라 차례대로 순서 있게 밟아 나아가야 한다는 의미이다.

'수습대치하여 진실한 의를 증득하며'는 계속 사유하고 관찰하여 진리를 얻는다는 뜻인데 얻다의 의미가 증득이다. 증득(證得)은 바른 지혜로써 진리를 깨달아 앎을 말하는데 몸과 마음으로 '그렇구나' 하는 느낌, 즉 제5지 이후에 알게 되는 깨달음으로 몸과 마음으로 느껴 아는 자증(自證), 증득(證得) 등 증(證)자를 사용한다.

'삼매락에 들어가 모든 여래의 섭수한 바 되고'라는 구절을 보면 5지 이후의 명상에서는 번뇌는 일절 일어나지 않는 공(空)의 차원이 된다. 동시에 하고자 하는 바 없이, 힘들이지 않고 미묘한 무엇인가를 지켜보는[觀照] '나', 이 같은 차원을 일컬어 삼매락이라 한다.

앞서 '이승과 외도가 닦는 문구와 보이는 경계, 그리고 얻게 되는 모든 삼매의 법에 마땅히 떨어지지 말지니라'라는 말씀이 있었다. 2승과 3승의 삼매에서 보이는 것은 기껏 잠재의식이나 영적 차원의 현상들이므로 주의하라 경계하였다.

그런데 '사마타의 낙에 머물러 2승과 3승 삼매의 과실을 멀리 떠나며'라는 말이 나온다. 당연히 하는 바 없이 행하는 삼매락에 안주하는 수행자가 일반 수행자들이 하는 명상과는 멀리 떠나 있다는 의미이다.

마땅히 대보(大寶)의 연화 궁중에서 삼매수로 관정하며 다시 무량한 연꽃이 나타나 둘러싸며 무수한 보살 가운데에 머무르며 모든 회중과 더불어 서로 쳐다보나니 이와 같은 경계는 불가사의니라

화엄경 보살 10지품에서 보살이 법운지에 이르러 "지혜를 터득하는 삼매를 얻자마자 그는 연꽃에 앉게 됩니다. 보살이 이 위에 앉으면 무수한 보살이 시방세계로부터 와서 이 보살을 둘러싸고 우러러 보면서 백만의 삼매에 들어갑니다"라고 하였다.

본인도 이와 유사한 상황을 경험하였으니 가부좌를 튼 나를 빙 둘러싸고 많은 사람들이 합장 예배하는 현상을 자중하였다. 이 현상은 삼매 중에 보게 되는데 연화대에 앉아 있었는지는 알 수 없었다. 삼매수로 관정하였다는 표현이 있는데 물이라는 감각은 없었다. 이상과 같은 깨달음의 현상은 능가경과 화엄경의 수행 마지막 경지의 설명에 실려 있다. 반야심경은 공중무색으로 대미를 장식한다.

이치를 터득하면 여래위(如來位)에 처하여

"능가왕이여! 너는 하나의 방편행으로 머무르는 수행지에서 다시 무량한 여러 방편행을 일으켜야 하느니라. 그러하면 너는 마땅히 앞에서 말한 부사의사(不思議事)를 얻고 여래위(如來位)에 처하여 사물에 따라 응하리라. 네가 마땅히 얻게 되는 것은 모든 2승과 외도, 범천, 제석천 등이 일찍이 보지 못한 바이니라."

楞伽王! 汝起一方便行, 住修行地, 復起無量諸方便行. 汝定當得如上所說不思議事, 處如來位, 隨形應物. 汝所當得, 一切二乘及諸外道梵釋天等所未曾見.

*방편(方便) : 어떤 목적을 달성하기 위해 좋은 방법을 써서 중생을 제도하는 편리한 수단. 다른 이로 하여금 깨닫게 하기 위한 수단. 훌륭한 교화 방법. 중생은 근기에 따라 각양각색이므로 천만방편이라 한다.

*부사의사(不思議事) : 사량하고 논의할 수 없는 일. 생각할 수 없는 일.

*범천(梵天) : 범(梵)은 맑고 깨끗하다는 의미로, 이 세상은 욕계의 음욕(淫欲)을 여의어서 항상 깨끗하고 고요하여 범천(梵天)이라 한다. 색계(色界)의 초선천(初禪天).

*제석천(帝釋天) : 제석은 도리천(忉利天)의 왕이므로 제석천이라 한다.

마땅히 부사의사를 얻고 여래위에 처하여 사물에 따라 응하리라

부사의사란 앞에서 나온 문장이 가리킨 내용이다. "이때 세존께서는 능가왕이 무생법인(無生法忍)을 증득한 것을 아시고, …화작(化作)한 사물들을 다시 처음대로 나타내시었다. 이때 왕이 이전에 본 것을 다시 보게 되었으니" 이는 부처가 만들어낸 일이어서 사람의 능력으로는 생각할 수 없다는 것이다.

십지는 보살 십지품이란 이름대로 보살의 경지처럼 보인다. 3지까지는 범부들, 4~5지는 보살의 경지이다. 6지에서 10지까지는 부처의 과정이다. 이 10지에서 아뢰야식이 멸진[空中無色]하며 이어 암마라식, 즉 여래의 자리는 십지를 벗어나 있다.

네가 마땅히 얻게 되는 것은 모든 2승과 외도, 범천, 제석천 등이 일찍이 보지 못한 바이니라

능가왕이 8~9지에서 성취하는 무생법인을 얻었다고 세존께서 인증하셨다면 부처가 완성되는 경지가 10지이므로 왕은 곧 완성된 부처의 경지에 다다랐음을 뜻한다. 범천 세계는 색계의 초선천이고 제석천은 욕계의 상층인 도리천을 가리킨다.

이 세계들은 비록 지구보다 상층 세계이지만 의식구조의 기본은 같다. 일반 수행자들이나 불교 이외의 수행자들, 범천 세계와 제석천의 수행자들의 의식은 정도 차이는 있지만 모두 망념들이 들끓는 중생들이어서 부처 세계의 경지는 상상조차 할 수 없음을 의미이다.

무상(無相)의 지(智)를 여래라 한다

"네가 말하는 과거는 단지 분별이며 미래 또한 그러하니라. 내가 설한 것도 또한 마찬가지이니라. 능가왕이여! 그 모든 불법(佛法)은 모두 분별을 떠나게 하고 일체 분별 희론(戱論)을 넘어서게 하는 것이며 색상(色相)으로가 아니라 오로지 지(智)로 능히 증득하여 중생으로 하여금 안락을 얻도록 하기 위해 설한 것이니라. 무상(無相)의 지(智)를 이름하여 여래라 한다. 이 까닭에 여래는 지(智)를 체(體)로 하며 지(智)를 신(身)으로 하는 것이며 분별할 수 없고 분별의 대상도 될 수가 없다."

汝言過去但是分別, 未來亦然, 我亦同彼. 楞伽王! 彼諸佛法, 皆離分別, 已出一切分別戱論, 非如色相, 唯智能證, 爲令衆生, 得安樂故, 而演說法. 以無相智, 說明如來. 是故如來, 以智爲體, 智爲身故, 不可分別, 不可以所分別.

잠시 눈을 감고 사유해 보자. 언제든지 현상에서 반복되는 과거와 현재, 미래가 과연 현상일까. 경에서 설하는 것처럼 단지 분별일 뿐일까. 이를 말과 글로 설명할 수는 없다. 쿤달리니가 완성되고 전의가 되는 상태가 현상과 분별을 분간할 수 있는 출발점이라 하겠다.

세상에서는 사실 또는 진실이라고 말하는 과거와 현재의 모든 현상들이 다만 분별일 뿐으로 인식된다면 불법(佛法) 수행에서 커다란 고비를 넘긴 대단한 경지라 할 수 있다.

무상(無相)의 지(智)를 이름하여 여래라 한다. 이 까닭에 여래는 지(智)를 체(體)로 하며 지(智)를 신(身)으로 하는 것이며 분별할 수 없고 분별의 대상도 될 수가 없다

무상이란 생(生)과 멸(滅)이 바뀌고 변하는 형태가 없다는, 또는 객체나 객관이 없다는 의미이기도 하다. 이 같은 무상의 지혜를 여래라 하였다. 더구나 여래는 무상이란 지혜를 본체로 하며 몸으로 한다고까지 하였다. 그리고 무상이므로 분별할 수도 없으며 그 분별하는 대상도 아니라 하였다.

전의 이후의 상황에 대해서 전혀 감지할 수 없는 일반 수행자들은 어리둥절할 수밖에 없다. 어떤 형체나 객체가 없는 무상의 지혜를 여래라 함이 진리라는 데 더욱 궁금하고 이해하지 못한다. 이는 한마디로 의식의 한계를 넘어서는 일, 바로 삼매 속에서 근본지(根本智)로 의식이 바뀌었을 때의 현상을 말한다.

금강경의 사구게(四句偈)에도 이를 뒷받침하는 표현이 있다. "세상의 모든 형태들은[凡所有相] 모두 허망하니[皆是虛妄] 만약 이런 상들이

상 아님을 보면[約見諸相非相] 바로 여래를 본다[即見如來]"는 내용이다. "왜냐하면 모든 상을 떠난 이를 부처라 부른다[何以故離一切諸相則名諸佛]"라는 설법도 있다.

홍망성쇠로 인한 세상의 일들이 마치 그림자 같고 환영 같다고 하는 시인이나 묵객들의 독백을 들은 적이 있다. 그러나 과거·현재·미래가 분별이라거나, 무상이 깨달음이고 여래라는 표현들은 전의를 거쳐 공중무색의 경지에 안주해야 비로소 얻을 수 있는 깨달음들이다. 전의하여 삼매에 들면 이런 실상들을 천천히 차례로 깨우치게 되는데 이 주체를 부처 또는 여래라 이름한다.

무공용행(無功用行)을 얻어 여래신(如來身)을 이루는 것

"대혜여! 이 보살마하살은 오래지 않아 마땅히 생사(生死) 열반(涅槃)의 두 가지 평등을 얻고, 대비(大悲)의 방편과 무공용행(無功用行)을 얻으며, 중생이 환(幻)과 같고 그림자와 같아서 연(緣)으로부터 일어나는 것임을 관찰하고, 일체 경계가 마음을 떠나서 얻을 수 없는 것임을 알아 무상(無相)의 도를 행하면서 점차 보살의 여러 지위에 오르며, 삼매경에 머물러 삼계(三界)가 모두 오직 자심(自心)임을 요달(了達)하고, 여환정(如幻定)에서 영상(影像)을 끊고 지혜를 성취하여 무생법인(無生法忍)을 증득하고, 금강유삼매(金剛喩三昧)에 들며, 마땅히 불신(佛身) 얻어 영원히 여여(如如)함에 머무르면서 모든 변화 일으키는 힘

에 통달 자재(自在)하리라. 대혜여! 방편으로 장엄한 장식을 하고 모든 불국토에 노닐며 모든 외도와 심(心:제8식)·의(意:제7식)·의식(意識:제6식)을 떠나 소의(所依)를 돌려서 점차 여래신(如來身)을 이루는 것이니라."

大慧! 此菩薩摩訶薩不久當得生死涅槃二種平等, 大悲方便, 無功用行, 觀衆生如幻如影, 從緣而起, 知一切境界, 離心無得, 行無相道, 漸昇諸地, 住三昧境, 了達三界皆唯自心, 得如幻定, 絶衆影像, 成就智慧, 證無生法, 入金剛喩三昧, 當得佛身, 恒住如如, 起諸變化, 力通自在. 大慧! 方便以爲嚴飾, 遊衆佛國, 離諸外道及心意識, 轉依次第, 成如來身.

*평등(平等) : 공통으로 사용되는 것. 누구에게나 한결같이 함. 무차별의 세계. 모든 현상을 일관하는 절대의 진리. 애증호오(愛憎好惡)를 넘어 초연한 것.

*대비(大悲) : 크게 가엾게 여긴다는 뜻. 남의 괴로움을 덜어주는 것이 비(悲)로, 남에게 즐거움을 주는 자(慈)와 상대된다. 불보살의 비심(悲心)은 깊고 크므로 대비라 한다.

*무공용행(無功用行) : 일을 하려고 미리 마음속에서 계획하고 분별함이 없이 자연스럽게 이뤄지는 것. 무엇을 하는 작위행(作爲行)을 떠나 저절로 이루어지는 행.

*여환정(如幻定) : 일체제법이 환(幻)과 같아서 마치 마술사의 요술과 다를 것이 없는 이치를 요달하는 삼매를 말한다.

＊무생법인(無生法忍) : 불생불멸의 법리를 깨달아 여기에 안주하여 움직이지 않는 것

＊소의(所依) : 의지하는 대상인 식(識)을 말한다. 외경(外境)을 식별, 요지, 인식하는 작용, 곧 마음의 작용을 말한다.

＊심량(心量) : 망상을 일으켜 갖가지로 외경(外境)을 헤아리는 범부의 마음. 여래가 진실하게 증득한 심량은 일체의 소연(所緣)과 능연(能緣)을 여의고 무심(無心)에 주(住)하는 것

＊의보(意寶) : 본심이 변화신을 자유자재로 나타내므로 의보라 한다.

＊자실단(自悉檀) : 자심증득(自心證得)의 가르침을 말한다. 실단은 부처님이 설법하여 중생을 교화하는 방법을 말하고 자실단은 궁극의 가르침인 자심증득의 법을 말한다.

이 보살마하살은 오래지 않아 마땅히 생사 열반의 두 가지 평등을 얻고 대비(大悲)의 방편과 무공용행(無功用行)을 얻으며

'생사 열반의 두 가지 평등을 얻는다' 함은 사람이 태어나고 죽는 일은 누구나 공통적으로 겪는 일이고, 수행하여 멸도(滅道:涅槃)를 이루는 것도 전의하여 보살10지, 즉 공중무색(空中無色)에 도달하면 누구나 열반에 이른다는 의미이다. 생사와 열반은 누구나 때가 되면 한결같이 받게 되는 공통의 과정으로 평등하게 이루어진다.

'대비(大悲)의 방편'이란 보살이 10지를 공부하는 방법에 대한 부처님이 대혜에게 행한 설법의 내용이다. 물론 5지 이상이면 부처로 칭해지는데 중생을 제도할 자격이 충분하다. 그런데 수행에는 전혀 도움이 되지 않는 중생을 제도하는, 즉 감성을 자극하는 자비(慈悲)에 대해서 설하실 까닭이 없다. 후에 첨가한 내용으로 추정된다.

'무공용행(無功用行)을 얻으며'에서 무공용행이라 함은 '일을 하려고 미리 마음속에서 계획하고 분별하지 않고 자연스럽게 맡겨두는 일'이다. 무공용행이란 보살 5지에서 이루어지는 전의 이후의 삼매에서만 적용되는 행법이다.

전의하면 바로 삼매로 이어지며 이 삼매에서는 번뇌가 전혀 일어나지 않는다. 생각이 뚝 끊어지면서 아주 밝고 맑은 가운데 감지하기 어려운 어떤 움직임이 있다. 섬세하고 맑고 뚜렷한 의식이 이 신비로운 움직임을 주시하고 있음을 알 수 있다.

이와 같은 삼매가 어느 정도 계속되면 새벽별과 같은 발광체가 보이고 또 많은 보살들이 둘러싸고 예경하는 등의 현상들이 나타난다. 이런 현상들을 보고 몸과 마음에서 저절로 깨달아지는 느낌이 있는데 이 느낌을 자증 또는 증오라 함은 앞에서 설명한 바 있다.

이 깨달음의 현상은 제5지에서 일어나는 전의가 시작되어 10지 법운지를 마칠 때까지 계속된다. 그동안 수없이 많은 전의, 삼매를 반복해야 하는데 이 과정에서 깨우침을 받는 과정은 쿤달리니가 알아서 진행해 주고 수행자는 그저 쳐다보고 알아채고 깨우치기만 하면 되는 무공용행이 적용되는 것이다.

보살 제4지까지는 수행자의 노력과 의지의 싸움이며 투쟁이지만 의식이 바뀌는 5지부터는 삼매가 계속되는 동안 일절 의식의 흐름이 없거나 다만 의식은 있으나 이를 활용할 수는 없다. 삼매에서의 의식은 밝고 맑고 성성(惺惺)할 뿐 그저 쳐다보고[觀照] 있는 무공용행의 상태다.

무상(無相)의 도를 행하면서 점차 보살의 여러 지위에 오르며, 삼매경에 머물러 삼계(三界)가 모두 오직 자심(自心)임을 요달하고, 여환정(如幻定)에서 영상(影像)을 끊고 지혜를 성취하며 무생법인(無生法忍:無生의 진리)을 증득하고 금강유삼매(金剛喩三昧)에 들며 마땅히 불신(佛身) 얻어 영원히 여여(如如)함에 머무르면서 모든 변화 일으키는 힘에 통달 자재하리라

생멸 변천하는 형태가 없고, 속박을 벗어나 만법(萬法)이 환술(幻術)과 같은 줄 알며 집착을 여읜 경계를 무상(無相)의 도를 행한다 한다. 이 단계에서 보살 10지 중 전의 후 6, 7, 8지에 오르면서 삼매 경지에 있으면 삼계(三界)인 욕계와 색계, 무색계의 존재가 오직 자신의 마음 먹기에 좌우됨을 깨우치게 된다. 이를 여환정(如幻定)이라고도 하는데 보살이 성취하면 갖가지 현상계의 현실을 자유자재로 만든다고 한다.

여기서 영상(影像)을 끊는다 함은 생각을 비워 번뇌를 끊는다는 말

과 같다. 무생법인(無生法忍)은 일체의 현상은 그 본질에 있어 실체가 없고 공하므로 생멸의 변화가 없음을 증득한다는 의미인데 이 역시 무상의 도에 해당한다.

금강유삼매는 미세한 번뇌를 끊는 최후의 정(定)에 들어 날카로움이 금강에 비유될 정도인데 보살 제9지의 정이라 한다. 제10지가 불지이므로 제9지는 불지(佛地)나 다름없으니 불신을 얻었다 해도 타당하다.

'마땅히 불신 얻어'라는 구절에 대한 소회를 정리해 본다.

위키백과 사전에는 금강유삼매(金剛喩三昧)를 모든 선정 중 으뜸이라 소개하면서 '국토의 모든 산림초목과 티끌을 다 변화시켜 금강으로 만들어 놓으니'라 기록하고 있다. 불교 대사전은 금강유삼매(金剛喩三昧)란 진언을 외우며 통달보리심·수보리심·성금강심(成金剛心)·증금강심(證金剛心)·불신원만(佛身圓滿) 등 오상성신(五相成身)을 수행하는 것으로 수록하였다.

오상성신은 밀교(密敎)의 관행(觀行)으로 오전성신(五轉成身)이라고도 한다. 오상(五相)을 충분히 수행하고 본존(本尊)의 부처의 몸[佛身]을 행자(行者)의 현실의 몸 위에 완성하는 것을 관한다는 의미라 하였다. 위키백과의 내용은 '다 변화시켜 …으로 만들어 놓으니'이며 불교 대사전은 오상성신을 수행하는 것이라 하여 이를 실천하는 방법으로 염력을 이용하는 것으로 보인다. 앞에서도 언급했듯이 여환정(如幻定)의 경지는 제8지라고 능가경 주에 서술되어 있다.

제8지는 일상에서도 번뇌가 상당히 소멸되어 있는 경지이다. 무공용행에 따라 깨달음이 제5지부터 10지까지의 삼매 속에서 이뤄지는데 만약 무엇을 하겠다는 의도가 있다면 삼매는 물론 무공용행도 이뤄지지 않는다.

처음부터 4지까지는 의지와 염력(念力)으로 수행이 행해지지만 5지가 지나면 염력이 자연 소멸됨에 따라 무공용행이 공부를 주도하게 된다. 그런데 제9지에서 의지로 무엇을 만들겠다는 금강유정과 같은 작위행(作爲行)을 거론한 능가경의 내용이 의문인데 이는 도(道)가 아닌 술(術)의 단계임이 분명하다.

수련할 때의 내 경험담이다. 쿤달리니를 완성하였으나 별다른 변화도 없고 인정해 주는 사람이나 가르쳐주는 사람도 없고 뭘 해야 하는지 알 수 없을 때였다. 〈명상술 입문〉이라는 책에 소개한 명상하는 유일한 방법이 '영안법(靈眼法)'임을 발견했다.

영안법을 1년여 동안 수행했더니 놀랍게 발전하였다. 파릇한 봄산에서 겨울 설경(雪景)으로, 또는 단풍이 찬란한 추경(秋景)으로 산의 전경을 자유자재로 바꿀 수 있었다. 산자락 시냇물에 발을 담그면 시원한 감촉까지 느껴졌다. 깊은 산 절벽 밑 초가가 자리 잡은 그림을 붙여놓고 앞에 앉아 좌선하며 그림 속을 드나들며 신선의 멋을 부려 보았다. 이런 잔재주가 신선도(神仙道)라 할 수 있을 것이다.

그러던 어느 순간 갑자기 '생각을 쉬는 방법으로 명상하면 어떨까' 하는 생각이 들었다. 이 같은 방법으로 쿤달리니 완성 2년여 만에 전의하게 되었다. 영안법은 당시 어려운 처지를 위로하는 데 큰 도움이었지만 전의와 삼매는 표현할 수 없는 감흥이 있어 매일 명상을 하게 되었다.

삼매에 몰두한 지 몇 개월 후 영안법을 시험 삼아 시행해 보았는데 아예 불가능하였다. 그 후로도 가끔 시도해 보았으나 다시 영안법을 시행할 수 없었다. 영안법은 자기만족을 탐하거나 중생을 기만하는 방법으로 이용하는 잡술(雜術)임을 이해하게 되었고 전의에 입문한 이후로는 불필요하므로 제거된 것으로 여겨진다.

금강유삼매는 쿤달리니 완성 정도의 도력은 가졌다 하더라도 전의할 수 없는 수행자들이 사용하는 술법(術法) 정도라는 것이 내 견해다.

여여(如如)는 곧 진여(眞如)를 가리킨다. 만유의 제법은 본질적으로 동일하고 평등하며 영원불변하므로 여(如)라 한다. 세상에는 수없이 많은 물질들이 있지만 근본이 동일하므로 여여라고 한다. 여여는 명사이지만 부처가 '여여하다' '여여함'으로 쓸 때는 분별이 끊어져 마음 작용이 일어나지 않은 정(定)의 상태로 파악할 수 있다.

불지(佛地)에서 증득한 성스러운 진리

"대혜여! 보살마하살이 불신(佛身)을 얻고자 하건대 응당 온(蘊)·

계(界)·처(處)에 집착하는 마음과 인연으로 이루어진 생주멸법(生住滅法)에서 희론하고 분별하는 것을 멀리 떠나야 하느니라. 단지 심량(心量)에 머물러 삼유(三有)는 무시(無始) 이래의 망상 습기로 인해 일어난 것이라고 관찰하고, 불지(佛地)의 무상(無相)이고 무생(無生)이며 자심에서 증득(證得)한 성스러운 진리를 사유해서 심자재(心自在)와 무공용행(無功用行)과 여여(如如)함을 얻어 의보(意寶)로 중생심 따라 적절히 변화신 나타내서 오직 마음일 뿐임을 깨닫게 하여 점차 여러 보살지에 들게 한다. 이 까닭에 대혜여! 보살마하살은 자실단(自悉檀)에 의해 마땅히 잘 수학(修學)하여야 하느니라."

大慧! 菩薩摩訶薩欲得佛身, 應當遠離蘊·界·處心因緣所作, 生住滅法, 戱論分別. 但住心量, 觀察三有, 無始時來, 妄習所起, 思惟佛地, 無相無生, 自證聖法, 得心自在·無功用行·如如, 意寶隨宜現身, 令達唯心, 漸入諸地. 是故大慧! 菩薩摩訶薩於自悉檀, 應善修學.

*온계처(蘊界處) : 오온과 12처, 18계를 가리키며 이를 3과(科)라 한다. 범부가 자아를 고집하는 미혹을 타파하기 위한 교의(敎義)로서 일체 만유를 셋으로 분류한 것이다.

오온(五蘊)…만유를 일괄해서 다섯 가지로 분류한 것 색온(色蘊)·수온(受蘊)·상온(想蘊)·행온(行蘊)·식온(識蘊)인데 색온은 물질이며 수상행온은 마음 작용을 나타낸다.

12처(處)…마음작용이 일어나 의지하는 곳과 이를 양육하는 것안이비설신의 6근(根)과 색성향미촉법 6경(境)을 더한 것. 6근은 주관의 기능, 감각기관이며 6경은 감지되는 대상.

18계(界)…12처에 감각과 대경을 연으로 하여 생긴 안식(眼識)·이식(耳識)·비식(鼻識)·설식(舌識)·신식(身識)·의식(意識) 등 6식을 합한 것.

*삼유(三有) : 삼계의 욕유(欲有)·색유(色有)·무색유(無色有)와 일생의 생유(生有:태어나는 찰나)·본유(本有:생으로부터 사에 이르는 동안의 존재)·사유(死有:죽을 때의 찰나)를 말함.

*습기(習氣) : 마음에 인상 남겨지고 밴 관습이나 행위 또는 기분. 사람들의 사상이나 행위 등 일체의 유위법(有爲法)을 산출하는 능력이라 하고 아뢰야식(阿賴耶識)에 감춰져 있다.

대혜여! 보살마하살이 불신을 얻고자 하건대 응당 온·계·처에 집착하는 마음과 인연으로 이루어진 생주멸법에서 희론하고 분별하는 것을 멀리 떠나야 하느니라

'부처의 몸(佛身)을 얻는다'는 것은 윤회를 탈피하기 위해 수행을 결심하는 것을 가리킨다. '온처계에 집착하는 마음과 인연으로 이루어진'은 세상에 집착할 수밖에 없는 자아의식의 여러 가지 변화를 간추려 하는 말이다.

희론(戱論)이란 함부로 말하고 행동하면서 서로 즐기고 노는 것을

가리키며, 분별한다는 것은 어떤 일이나 사물을 구별하는 정신작용을 나타내는데 희론이나 분별은 중생들의 일상사이므로 수행자라면 가장 주의해서 멀리 떠나야 한다.

단지 심량에 머물러 삼유는 무시 이래의 망상 습기로 인해 일어난 것이라고 관찰하고, 불지의 무상이고 무생이며 자심에서 증득한 성스러운 진리를 사유해서 심자재와 무공용행과 여여함을 얻어 의보로 중생심 따라 적절히 변화신 나타내서 오직 마음일 뿐임을 깨닫게 하여 점차 여러 보살지에 들게 한다. 이 까닭에 대혜여! 보살마하살은 자실단(自悉檀)에 의해 마땅히 잘 수학(修學)하여야 하느니라

심량은 오직 무상과 무생을 바탕에 깔고 있는 부처의 마음, 삼유는 중생이 욕계와 색계, 무색계에 처하게 되는 것이 망상과 습기와 인과 (因果)로 인해 일어난 현상이라고 본다.
'불지의 무상이고 무생이며'는 무상과 무생의 의미가 함축된 부처세계의 의식체계를 말하며, '자심에서 증득한 성스러운 진리'란 삼매 속에서 보고 느낀 것을 진리라 하며 이 진리를 몸과 마음으로 느껴서 알게 된 증득(證得)을 가리킨다.
'심자재와 무공용행과 여여함을 얻어'는 보살 제5지에서 전의하여 제10지에 이르는 동안 심자재와 무공용행과 여여함이 함께 서서히 원숙하게 된다. 그러는 동안 수행자는 모든 것이 오직 마음뿐임을 알아

차리게 되면서 보살10지의 과정을 차례차례 공부해 나아간다.

자재(自在)한다는 말은 '무엇이나 할 수 있다'라는 의미가 아니고 '무엇이나 자유롭지 않는 것이 없다'라는 의미로 보아야 할 것이다. 만법이 본질적으로 동일하고 평등해서 마음에 자재함을 얻는다는 것이 불교의 표현인데 사실상 제10지를 넘어서면 어느새 마음에 거추장스러운 것이 없이 자유로워진다.

무공용행이 쿤달리니 완성부터 제10지에서 공부가 끝날 때까지 모든 과정을 성실하고 세심하게 지도해 줄 것이다. 수행자는 전의하여 앉아서 쳐다보고만 있으면 여러 깨달음의 현상들이 나타나며 증오하여 부처가 되도록 해준다.

여여(如如)함은 분별이 끊어져 마음작용이 일어나지 않는 정(定)의 상태를 말하는데 10지를 수료한 정도라면 삼매에서는 물론 현실에서도 거의 무념인 상태를 유지하게 된다.

'의보로 중생심 따라 적절히 변화신 나타내서'에서 의보는 변화신을 자유자재로 나타낸다는 말로 부처로서의 십자재를 가리킨다. '오직 마음뿐임을 깨닫게 하여'는 보살 5지를 넘어 10지에 가까워지면서 중생들의 미혹한 생각들은 오직 분별심 때문임을 확실히 깨닫게 된다는 의미이다.

'자실단에 의해 마땅히 잘 수학해야 하느니라'라는 구절은 자실단이란 궁극의 가르침인 자심 증득의 법을 일컫는데, 수행자 자신의 직접적인 삼매 체험이 자심 증득의 법이므로 이제까지의 체험처럼 무공용행 따라 열심히 삼매에 들도록 노력해야 한다는 말이다.

보살 10지의 상을 알아야 생사의 큰 바다를 넘을 수 있으니

"대혜여! 여러 수행자는 삼매에 들어 습기의 힘이 미세해지면 이를 느끼지 못하고 단지 이렇게 생각한다. '나는 모든 식(識)을 멸하여 삼매에 든 것이다'라고. 실제는 식이 멸하지 아니하고 삼매에 든 것이니, 그 삼매로써 습기의 종자가 멸한 것이 아니기 때문이다. 단지 여러 대상을 취하지 않고 있는 것일 뿐인데 이를 식이 멸한 것이라고 착각한다. 대혜여! 이와 같이 장식(藏識)의 행상(行相)은 미세하여 오직 제불(諸佛)과 지보살(地菩薩:초지에서 10지, 등각까지의 보살)을 제외한 그 나머지 일체의 2승과 외도의 정혜력(定慧力)으로는 전혀 알 수 없는 것이니라. 오직 수행함에 여실히 행하는 자만이 지혜의 힘으로 보살 제지(諸地)의 상(相)을 알고 어구의 뜻을 잘 통달하여 무변(無邊)의 부처님 계시는 곳에서 널리 선근(善根)을 모으며, 허망한 분별을 하지 않고 자심에 나타난 것[自心所見]임을 능히 아느니라.

대혜여! 여러 수행인이 사회나 산림에서 상중하(上中下)의 수행을 하여 능히 자심(自心)의 분별과 유주(流注)를 보면 여러 삼매와 자재한 힘에 통달하고 제불의 관정(灌頂)을 받으며, 보살이 주위를 둘러싸고 심(心)·의(意)·의식(意識)의 행해지는 바 경계를 알며, 애업(愛業)과 무명(無明), 생사의 큰 바다를 뛰어넘나니, 이 까닭에 너희들은 마땅히 제불보살과 여실하게 수행하는 대선지식을 친근하여야 하느니라."

大慧! 諸修行者入於三昧, 以習力微起, 而不覺知, 但作是念 '我滅諸識, 入於三昧.' 實不滅識, 而入三昧, 以彼不滅習氣種故. 但不取諸境, 名爲識滅. 大慧! 如是藏識行相微細, 唯除諸佛及住地菩薩, 其餘一切二乘外道定慧之力, 皆不能知. 唯有修行如實行者, 以智慧力, 了諸地相, 善達句義, 無邊佛所, 廣集善根, 不妄分別, 自心所見, 能知之耳. 大慧! 諸修行人宴處山林上中下修, 能見自心分別流注, 得諸三昧自在力通. 諸佛灌頂, 菩薩圍繞, 知心·意·意識所行境界, 超愛業無明生死大海. 是故汝等應當親近諸佛菩薩, 如實修行大善知識.

*종자(種子) : 곡류의 싹이 종자로부터 나오는 것처럼 물(物)·심(心)의 모든 존재현상을 낳게 하는 인(因)을 가리키는 말. 마음의 종자가 아뢰야식 가운데 감추어져 있다.

*장식(藏識) : 8식의 하나로 제8아뢰야식을 가리킴. 제8식은 능장(能藏)·소장(所藏)·집장(執藏)의 뜻을 가지고 있다 하여 현장(玄奘)이 장식(藏識)이라 번역함. 진제(眞諦)는 제8식은 중생의 근본 심식(心識)으로 없어지지 않는다는 뜻으로 무몰식(無沒識)이라 하였다.

*정혜력(定慧力) : 정학(定學)과 혜학(慧學)을 줄임말. 정은 선정(禪定)을 말하고 혜는 바른 지혜를 일으켜서 밝게 관찰하는 힘 또는 능력을 말한다.

*선근(善根) : 무탐(無貪)·무진(無瞋)·무치(無癡)가 3선근으로, 이것

이 뿌리가 되어 모든 선(善)을 생한다 하였다. 불선근은 탐 · 진 · 치(貪瞋癡) 세 가지를 말한다.

*분별유주(分別流注) : 분별은 분별상(分別相)이고 유주는 흘러들어오는 것, 즉 상속(相續)을 말한다. 따라서 상(相)과 상속(相續)의 생 · 주 · 멸을 가리킨다.

*애업(愛業) : 탐욕의 업인(業因). 업은 선악을 짓는 원인이므로 미래의 과(果)를 가져온다.

*무명(無明) : 사물의 있는 그대로를 보지 못함을 뜻한다. 진리에 어두워서 사물의 현상이나 도리를 확실히 이해할 수 없는 정신 상태로 우치(愚癡)를 그 내용으로 한다.

*선지식(善知識) : 바른 도리를 가르치는 자를 말한다.

수행자들이 삼매에 들어 습기의 힘이 미세해지면 이를 느끼지 못하고 단지 이렇게 생각한다. '나는 모든 식(識)을 멸하여 삼매에 든 것이다'라고. 실제는 식이 멸하지 아니하고 삼매에 든 것이니, 그 삼매로써 습기의 종자가 멸한 것이 아니기 때문이다. 단지 여러 대상을 취하지 않고 있는 것일 뿐인데 이를 식이 멸한 것이라고 착각한다

삼매에 들어 있는 동안은 생각이 없으므로 식이 멸진하였다고 여길 수 있다. 그러나 삼매 즉 공 가운데서는 의식이 움직이지 못하고 보기[觀]만 할 뿐이다. 따라서 이를 식이 멸한 것이라 착각할 수도 있다.

삼매에서는 철저하게 무공용행이 이뤄지고 있다는 사실을 상기하라. 그리고 여러 대상을 취하지 않는 것은 삼매에서는 의식작용이 이뤄지지 않기 때문이다. 의식이 잠시 중단될 뿐 멸진되는 것이 아니다.

멸진은 제10지가 모두 끝난 공 가운데 색이 없다는 공중무색의 경지에서 가능해진다. 그런데 10지의 수행을 마친 부처의 의식작용이 멸진되어 생각이 이루어지지 않는다면 식물인간이 될 것이다. 이 경우 세속의 의식을 단멸하여 근본지(根本智)를 갖춰야 부처가 되며 동시에 후득지(後得智)로 생각하면서 여생을 살게 된다고 설하고 있다.

오직 수행함에 여실히 행하는 자만이 지혜의 힘으로 보살 제지(諸地)의 상(相)을 알고 어구의 뜻을 잘 통달하여 무변(無邊)의 부처님 계시는 곳에서 널리 선근을 모으며, 허망한 분별을 하지 않고 자심에 나타난 것[自心所見]임을 능히 아느니라

쿤달리니 각성과 완성의 공부방법이 없던 시절 쿤달리니 체험은 기나긴 지옥을 통과하는 느낌이었을 것이다. 이런 고통을 여실히 인내하고 전의를 이룬 보살만이 보살 수행의 여러 과정의 형태를 알 수 있다. 이 같은 수행으로 탐진치와 분별을 멀리하면 모든 사물이 내 마음의 표현이라는 것을 알게 된다는 말이다.

여러 수행인이 사회나 산림에서 상중하의 수행을 하여 능히 자심

(自心)의 분별과 유주(流注)를 보면 여러 삼매와 자재한 힘에 통달하고 제불의 관정을 받으며 보살이 주위를 둘러싸고 심(心)·의(意)·의식(意識)의 행해지는 바 경계를 알며 애업(愛業)과 무명(無明), 생사(生死)의 큰 바다를 뛰어넘나니, 이 까닭에 너희들은 마땅히 제불 보살과 여실하게 수행하는 대선지식을 친근하여야 하느니라

'자심의 분별과 유주를 능히 볼 수 있다면'의 자심을 보살 제10지에 도달한 마음으로 본다면 분별유주는 분별하는 상(相)과 그 상속(相續)하는 습성이 거의 없어졌다는 의미이므로 삼매에 드는 자재력이 능숙해졌다고 보아야 할 것이다.

'제불 관정을 받으며 보살이 주위를 둘러싸고'는 보살 제9지에서 10지로 진입하는 초입에서 일어난다는 깨달음의 현상이다. 보살들이 수행자를 빙 둘러싸고 예경하는 가운데 여러 부처들이 정수리에 지혜의 물을 붓는 현상이다.

'심·의·의식의 행해지는 바 경계를 알며'에서 심·의·의식이란 사람의 의식작용이다. 이 의식작용은 삼매에서 정지한다. 제5,6,7지로 나아가면서 삼매에서만 중단되다가 8,9,10지에 오르면서 현실에서도 생각이 없어지게 된다. 10지가 지나서 어느 순간부터 하루 종일 생각 없이 지내지만, 소위 '멍때린다'라는 개념과는 다르게 밝고 선명한 상태를 유지하게 된다.

이 상황은 전의 후 계속된 삼매를 통해 생사의 큰 바다를 건너는

해탈을 이루는 과정을 간단하게 설한 내용이다. 깨달음은 전의로부터 시작하는데 전의는 번뇌장(煩惱障)과 소지장(所知障)을 끊고 열반·보리의 과를 얻는다고 한다. 전의하면 분별을 여의고 일체 현상의 본질이 평등하여 차별이 없는 것을 아는 지(智)인 근본지로 바뀌며, 의존한다는 의미는 근본지를 바탕으로 생각하게 된다는 말이다.

수행자가 전의하면 근본지를 터득하게 되는데 10지에서 부처가 완성되므로 근본지를 모두 갖춘 것과 다름없다. 그런데 살아 있는 부처가 근본지만으로 생각한다면 현상계에서 커다란 어려움에 봉착하게 될 것이다. 현실 감각에 문제가 생길 수 있지만 부처에게는 현상계의 온갖 차별의 모습을 아는 후득지라는 지혜가 동시에 부여됨으로써 공부를 마치더라도 살아 있는 동안 모든 현상을 제대로 분간하게 된다.

명상에서 전의는 아무리 강조하더라도 지나치지 않으므로 다시 역설하고 싶다. 쿤달리니를 완성하고 명상을 하는 목적은 전의를 하여 삼매에 들기 위함이다. 전의, 삼매는 깨달음을 말하는 것이고 성불이며 해탈을 의미하기 때문이다.

쿤달리니가 완성되더라도 전의하기가 쉽지 않다. 호흡만을 열심히 해서 완성하거나 수행하다 말다를 반복해서 오랜 시간이 지나 완성한다면 매우 어렵게 여겨질 것이다. 자율신경 조절법과 단전호흡법을 수행하는 동안 매일 꾸준히 잘 조합하여 응용해야 한다. 그리고 언제나 이완(弛緩)이 철저하도록 숙달되어야 한다.

숙련된 자율신경 조절법과 단전호흡을 바탕으로 하여 적어도 세 가지 조건을 충족시켜 준다면 전의는 어렵지 않게 얻을 수 있다. 명상을 수행하는 시간과 장소, 그리고 호흡법이 그 조건이다.

첫째 명상하는 장소이다. 선가(禪家)에서는 "조금만 좌선에 힘써 본 사람이면 무리하여 조용한 곳을 찾을 필요가 없음을 알게 된다"라면서 아주 조용하면 참선하기가 힘들거나 마장(魔障)을 우려하기도 한다. 쿤달리니 명상에서는 마의 장애가 없다. 가능하면 더욱 조용해야 하고 사람들의 움직임이 가장 큰 장애이니 조심해야 한다.

둘째 시간이다. 명상의 프로라고 하는 선방 스님들은 하루 대부분의 시간을 참선에 할애한다. 이 스님들은 기(氣)의 작용이 명상에 끼치는 영향을 느끼지 못하기 때문에 종일 방석에 앉아서 생각의 꼬투리를 파고 있다.

쿤달리니를 각성한, 특히 완성이 가까워진 수행자는 하루 대부분의 시간에는 명상을 하지 못한다. 기감(氣感) 때문인데 해가 지구의 반대편에 있는 밤 11시에서 새벽 1시까지 겨우 2시간 동안이 명상이 가능한 시간이다. 매일 이 시간을 잘 활용해야 한다.

셋째 호흡법으로 쿤달리니를 각성하고 완성하기 위해서는 단전호흡법만을 사용한다. 그러나 명상을 하는 동안은 미세한 호흡법을 사용한다. 이 호흡법은 자율신경 조절법의 6단계 수직호흡을 숙달해야 할 수 있는 호흡법이다. 이 호흡의 기법을 가부좌의 자세에 적용해야 하고 충분히 이완되어야 가능하다.

이상의 세 가지 조건을 모두 갖추었지만 전의가 어렵다고 불평하는 제자들이 없지 않다. 모든 조건을 충족했다고 생각할지라도 미흡한 부분이 없는지 다시 한 번 세밀히 돌아보아야 한다.

수행에서 가장 중요한 부분은 집중과 이완이다. 집중은 쿤달리니 완성하기까지 키워야 하는 의식의 힘으로서 전의하기 직전 의식을 소멸시키는 촉진제로 사용하게 된다. 집중이 잘 되어 있으면 생각이 없는 공간을 쉽게 만들 수 있고 이 공간을 가능한 한 길게 유지해야 전의에 보다 쉽게 들어설 수 있다.

이완(弛緩)은 모든 종교 수행의 기본이다. 수행은 신이든 천당이든 형상이 없는 차원이 그 대상이므로 이런 차원에 접근하기 위해서는 몸을 의식하지 못할 정도에 가까운 이완 상태가 되어야 한다. 실생활에서 앉거나 서 있거나 쉴 때 무조건 이완시키는 습관이 생활화되면 전의하는 데 큰 도움이 될 것이다. 이완하도록 몸을 인위적으로 만들려 하지 말고 명령에 따라 철저히 몸이 적응하도록 해야 한다.

전의와 삼매의 진행과정은 다음과 같다. 가부좌를 하고 허리를 쭉 편다. 수직호흡을 깊게 하며 몸을 최대한 이완시킨다. 몸이 정리되면 생각을 멈추어 본다. 이윽고 빈 공간이 나타나면 그대로 움직이지 말고 연장시킨다. 갑자기 수직으로 내리꽂히며 형언할 수 없는 빛이 자신을 감싸고 있는 현상을 보게 된다. 큰 방과 같은 공간 전체가 빛을 발하는데, 세상에서 볼 수 없는 아주 밝고 맑은 빛이다. 동시에 바닥의 빛이 미세하게 흐르고 있는 것처럼 느껴진다. 수행자의 의식도 아주 밝고 맑으며 총총한 가운데 그 미세한 움직임을 주시하고 있다. 이 같은 상태가 한동안 계속되다가 어떤 현상들이 나타난다. 이 현상들을 본 체험이 깨달음인 것이다.

전의 후 공중무색의 10지까지 근 7~8년 동안 일어나는 깨달음의 현상은 다섯 혹은 여섯 가지인데 수행자에 따라 그 가짓수가 달라질 수 있다. 그중 하나가 밝은 발광체가 나타나는 현상인데 싯달타 태자가 새벽별로 표현한 빛덩이이다.

이런 깨달음 현상들은 무공용행의 현상들에 의해 이루어지는데 수행자들 모두에게 발현되는 현상은 아니어서 능가경이나 나의 경우에 나타난 극히 드문 실례에 불과하다. 그것은 수행자 자신이 살아온 과거[業]가 다르기 때문이며 공부하는 방법과 강약에 따라서도 다른 형태로 발현될 수 있기 때문이다.

나의 체험기를 읽고 이것을 토대 삼아 심상에 떠올려 의지로써 그대로 따르기를 바라는 경우가 더러 있는 것 같다. 이 정도는 특별한 수행 없이도 가능한 사람들이 많을 수 있다. 어떤 현상을 의지로 모사(模寫)해서는 결코 안 되며 어떤 현상이 떠오르는지를 기다리며 지켜보는 것이 중요하다. 쿤달리니 명상에서 깨달음의 현상은 무공용행에 따라 눈앞에 나타나도록 되어 있다. 보고자 하는 대로 볼 수는 있지만 그것은 환상이다. 명심하여야 한다.

단번에 이루어지는 것이 아니라 점차 청정해진다

이때 대혜보살마하살이 망심(妄心)의 흐름을 청정케 하고자 부처님께 청하였습니다. "세존이시여! 모든 중생이 자심 망상의 흐름을 청정히 하는 데 있어서, 점차 청정[漸淨]이 이루어지는 것입니까, 단번에 청정이 이루어지는 것입니까?"

부처님께서 설하셨다. "대혜여! 점차 청정하게 되는 것이지, 단번에 청정이 이루어지는 것이 아니니라. 암라과 열매가 점차 익고 단번에 익지 않듯이 제불여래가 모든 중생의 자심 망상의 흐름을 청정히 함도 역시 이와 같아 점차 청정이 이루어지는 것이지 단번에 청정이 이루어지는 것이 아니니라. 그릇 만드는 사람이 그릇을 만들 때, 그릇이 점차 이루어지고 단번에 이루어지지 않듯이, 제불여래가 중생의 자심 망상의 흐름을 청정히 함도 역시 이와 같아 점차 이루어지는 것이지 단번에 이루어지는 것이 아니니라. 비유컨대 대지가 여러 초목을 생함도 점차이지 단번에 생하는 것이 아니듯이, 제불여래가 모든 중생의 자심 망상을 청정히 함도 이와 같아 점차이지 단번에 이루어지는 것이 아니니라.

대혜여! 비유컨대 사람이 음악, 서예, 그림이나 여러 기술을 익히는 것도 점차 되는 것이지 단번에 되는 것이 아니듯이, 제불여래가 모든 중생의 자심 망상을 청정케 함도 이와 같아 단번에 되는 것이 아니니라.

비유컨대 거울이 단번에 많은 모습을 나타내되 분별함이 없듯이,

제불여래가 모든 중생의 자심 망상의 흐름을 청정히 함도 역시 이와 같이 일체의 무상(無相) 경계를 단번에 나타내되 분별함이 없느니라. 해와 달이 일시에 일체 색상을 두루 비추듯이 제불여래가 모든 중생의 자심의 망령된 습관을 청정케 함도 역시 이와 같이 단번에 불가사의한 제불여래의 지혜 경계를 시현하느니라.

비유컨대 장식(藏識)이 신(身)과 국토의 일체 경계를 단번에 나타내듯이 보신불(報身佛)도 역시 이와 같이 색구경천(色究竟天)에서 단번에 일체 중생을 능히 성숙케 하여 여러 행을 닦게 하느니라. 비유컨대 법신불이 보신불과 화신불을 단번에 나타내듯이 광명으로 빛나는 자증(自證)의 성스러운 경계도 역시 이와 같이 단번에 법상(法相)을 나타내고 비추어서 유(有)·무(無) 등의 일체 악견을 떠나게 하느니라."

爾時, 大慧菩薩摩訶薩, 爲淨心現流故, 而請佛言. "世尊! 云何淨諸衆生自心現流, 爲漸次淨, 爲頓淨耶?" 佛言. 大慧! 漸淨非頓 如菴羅果漸熟非頓, 諸佛如來淨諸衆生自心現流, 亦復如是, 漸淨非頓 如陶師造器漸成非頓, 諸佛如來淨諸衆生自心現流, 亦復如是, 漸而非頓 譬如大地生諸草木漸生非頓, 諸佛如來淨諸衆生自心現流, 亦復如是, 漸而非頓 大慧! 譬如人學音樂·書畫·種種伎術, 漸成非頓, 諸佛如來淨諸衆生自心現流, 亦復如是, 漸而非頓 譬如明鏡頓現衆像而無分別, 諸佛如來淨諸衆生自心現流, 亦復如是, 頓現一切無相境界而無分別. 如日月輪一時遍照一切色像, 諸佛如來淨諸衆生自心過習, 亦復如是, 頓爲示現不可思議諸佛如來智慧境界. 譬如藏識頓現於身及資生國土一切境界, 報佛亦爾, 於色究竟天, 頓能成熟一切衆生, 令修諸行. 譬如法佛頓現報佛及以化佛, 光明照曜自證聖境, 亦復如是, 頓現法相而爲照曜, 令離一切有無惡見.

*보신불(報身佛) : 삼신(三身)의 하나로 과보와 수행의 결과 주어진 불신(佛身). 석가모니가 오랜 수행 결과 얻을 수 있던 몸이 32상 80종호의 몸이고 진리의 표현이라 볼 수 있다. 이 몸은 1) 보살들이 통달함을 얻게 하고 2) 진리의 입장에서 생사와 열반이 같은 맛[一味]이라는 것을 이해시키며 3) 중생이 두려워하지 않고 기뻐할 수 있게 하며 4) 무한한 불법의 근본이다.

*색구경천(色究竟天) : 색계 18천의 하나로 사천왕(四天王)의 맨 위 하늘을 가리킴. 상(相)을 가진 세계 가운데 마지막 하늘 세계다. 흔히 하느님이라고 하면 색계(色界)와 욕계(欲界)를 지배하는 색구경천의 대범천왕(大梵天王)을 가리킨다.

세존이시여! 모든 중생이 자심(自心) 망상(妄想)의 흐름을 청정히 하는데, 청정이 점차 이루어지는 것[漸淨]입니까, 단번에 청정이 이루어지는 것입니까?

부처님께서 설하셨다. 대혜여! 청정이 점차되는 것이지 단번에 이루어지는 것이 아니니라. 암라과 열매가 점차 익고 단번에 익지 않듯이 제불여래가 모든 중생의 자심 망상의 흐름을 청정하게 하는 것도 역시 이와 같이 점차 청정이 이루어지는 것이지 단번에 청정이 이루어지는 것이 아니니라. …비유컨대 대지가 여러 초목을 생함도 점차이지 단번에 생하는 것이 아니듯이, 제불여래가 모든 중생의 자심 망상을 청정히 함도 이와 같이 점차이지 단번에 이루어지는 것이 아니니라

"망념을 없애 청정하게 하려고 합니다. 청정이 단번에 됩니까, 아니면 점차 이루어집니까?" 대혜보살이 묻는다.

부처님께서 말씀하시기를 "생각이 조금씩 점차 맑아지는 것이지 단번에 청정하게 되는 것이 아니다"라고 대답하신다. 그러면서 수행을 하더라도 세상의 순리에 따라 서서히 차근차근 이루어진다고 실례를 들어 설명하신다.

열매를 얻기 위해서는 꽃이 피고 열매가 맺혀 익기를 기다려야 하며, 그릇을 만들 때도 흙으로 만들어 불에 굽는 과정이 있듯 점차 만들어진다. 땅에서 나무나 풀이 자라는 것도 종자에서 싹과 잎이 나고 줄기가 나듯 서서히 점차 이루어지지 단번에 만들어지지 않는다. 사람이 음악이나 서예, 그림을 배우고 기술을 익히는 것도 하루아침에 이루어지는 것이 아니고 노력과 세월이 쌓여 천천히 점차 이루어진다고 말씀하신다.

그런데 혜능은 "모든 법이 모두 자신의 마음 가운데 있거늘 어찌 자기의 마음을 따라서 진여의 본성을 단박에 나타내지 못하는가? …

식심견성(識心見性)하면 스스로 부처님 도를 성취하는 것이니 곧 활연히 깨쳐서 본래 마음을 도로 찾느니라'라고 능가경의 뜻과는 반대로 '단박[頓悟]'에, '갑자기 환하게 터져 시원하게[豁然]'라는 어구를 육조단경의 첫머리부터 기술하고 있다.

능가경이 설명하는 돈오는 '거울이 단번에 많은 모습을 나타내지만 분별함이 없다'는 현상으로 비유한다. 제불여래께서 신통력으로 일체의 현상이 없는 무상(無相)의 경계를 단번에 나타낸다면 불가사의하게 망상의 흐름을 멸진시킬 수 있다고 돈오를 설명하면서 망상의 흐름을 청정하게 할 수 있는 예를 든다. "비유컨대 장식(藏識)이 신(身)과 국토의 일체 경계를 단번에 나타내듯이 보신불(報身佛)도 역시 이와 같아 색구경천에서 단번에 일체 중생을 능히 성숙케 하여 여러 행을 닦게 하느니라'라고 설하고 있다.

장식(藏識)은 아뢰야식으로 세상의 모든 법이 의지하고 있는 근본 마음이어서 자신의 몸과 국토의 모든 경계가 이 장식에 함장(含藏)되어 있으므로 생각으로는 단번에 나타내게 할 수 있다.

'색구경천에서 보신불이 중생을 단번에 성숙케 하여 여러 행을 닦게 한다'라는 내용이 나온다. 지구는 욕계이며 삼계(三界) 중생들의 품성을 높이는 수련장이라는 말이 있다. 여기에서 수련하여 사사문(四沙門) 중 가장 상위의 아라한과(阿羅漢果)를 성취하면 부처가 되어 윤회하지 않고 열반(涅槃)에 들지만 아나함과(阿那含果)는 일래과(一來果)라 하여 인간세계에는 오지 않지만 천상에 가서 수행한다고 하였는데 그 천상이 색계천의 색구경천인 듯하다.

'보신불도 …색구경천에서 단번에 일체 중생을 능히 성숙케 하여…'에서 색구경천의 중생들은 비록 중생이라 하지만 욕계의 질긴 번뇌에서 벗어나 상당히 깨끗하고 맑은 상태일 것이다. 따라서 장식이 일체 경계를 단번에 나타내듯 보신불도 단번에 일체 중생을 성숙케 한다고 하였지만 청정까지, 즉 돈오는 말하지 않고 있다. 번뇌를 멸진하는 청정 문제는 철저한 수행으로써 자신이 감당해야 하는 부분이므로 불보살도 도와줄 수 없을 것이다.

달마대사가 가르친 수행방법은 위와 같이 순서에 따라 차례로 공부하는 점오(漸悟)의 방법이었다. 이 방법으로 2조 혜가, 3조 승찬, 4조 도신, 5조 홍인까지 전승되었고 6조 혜능대에 와서는 단박에 깨친다는 돈오(頓悟)법으로 변질되었다. 이 수행법의 변질에 대해서는 수행자들이 그 공(功)과 과(過)를 반드시 들여다보아야 할 사항이다.

"나는 오조인(五祖忍) 화상의 회하에서 한 번 듣고 말끝에 크게 깨쳐 진여의 본래 성품을 단박에 보았다. 그러므로 이 돈법을 뒷날에 널리 퍼지게 하여 도를 배우는 이로 하여금 보리를 돈오케 하여 스스로 관찰하여 자기의 본성을 단박에 깨우치도록 하는 것이니라." 혜능은 '오직 돈법만을 전한다[唯傳頓法]'라고 하면서 점법(漸法)을 일체 용납하지 않았다.

달마 조사가 능가경을 중국에 가져왔지만 불과 여섯 대(代)에서 가장 중요한 교의(敎義)인 깨달음의 방법이 바뀌고 말았다. 이것이 달마로 이어지는 불교를 북종(北宗) 또는 능가종(楞伽宗)이라 부르며 불과 6대 신수에서 끝나고만 주 원인인 것이다.

혜능은 달마 조사의 직계임을 나타내며 정통을 표방하여 6조라는 직위를 참칭하였지만 7대부터는 유야무야 되었고 남종(南宗) 또는 선종이란 이름으로 이어져오면서 공산화되기 전까지 중국을 지배하였다. 우리나라에서도 혜능의 불교가 고려 시대부터 오늘에 이르기까지 조계종으로 이어져 오고 있다.

장식(藏識)을 전변해야 대열반 이루어

"대혜여! 모든 성문은 생사를 두려워하는 망상의 고(苦)에서 벗어나기 위해 열반을 구한다. 생사 열반의 차별상(差別相) 일체가 모두 유(有), 무(無)를 허망하게 분별하여 있게 된 것이어서 얻을 바 없는 것임을 모르는 까닭에 미래에 근(根:감각기관)과 경계가 멸하게 되면 열반에 이르게 잘못 생각하는 것이다. 또한 자지경계(自智境界:자심의 지혜경계)를 증(證)함이란 의지하고 있는 장식(藏識)을 전변하여 대열반 이루는 것임을 모르는 것이니라. 이 어리석은 자들에게 3승을 설하는 것이며, 오직 마음뿐이어서 경계가 따로 없음[唯心無境界]을 설하지 않는 것이니라. 대혜여! 그들은 과거 현재 미래의 제불이 설한 자심이

나타난 경계[自心境界]라는 법문을 모르고 마음 밖의 경계에 취착하여 항상 생사 윤회에서 벗어나지 못하느니라."

　復次大慧! 諸聲聞畏生死妄想苦, 而求涅槃. 不知生死涅槃差別之相, 一切皆是妄分別有, 無所有故, 妄計未來諸根境滅, 以爲涅槃. 不知證自智境界轉所依藏識爲大涅槃. 彼愚癡人說有三乘, 不說唯心無有境界. 大慧! 彼人不知去來現在諸佛所說自心境界, 取心外境常於生死輪轉不絶.

＊삼승(三乘) : 성문(聲聞)과 연각(緣覺), 보살(菩薩)의 각각의 교법(教法).

　성문승…4가지 진리[4諦法] 곧 불설(佛說)을 듣고 이를 관(觀)하여 해탈을 얻음.

　연각승…12인연법이니 스승 없이 스스로 자연의 이치를 관하여 깨닫는 것.

　보살승…6바라밀에 따라 공부하여 해탈하는 방법.

＊유(有) : 유정(有情)으로서의 존재. 생존(生存)의 뜻. 삼유(三有)는 욕계(欲界)와 색계(色界), 무색계(無色界)의 삼계(三界)를 의미함.

＊무(無) : 비존재(非存在)를 의미하며 유(有)에 대한 반대개념이다.

＊고(苦) : 괴로움을 말하는데 즐거움[樂]의 반대 말. 괴로움에는 혐오(嫌惡)와 공허(空虛)의 두 가지 뜻이 있다. 몸으로 느끼는 것은 고(苦)이고 마음으로 느끼는 것은 우(憂)이다.

＊열반(涅槃) : 범어 nirvana의 음역. 멸·적멸·멸도·적(滅·寂滅·

滅度·寂)이라 번역한다. 택멸(擇滅)이나 해탈(解脫)과 동의어. 반열반(般涅槃)은 완전(完全)을 뜻하며 원적(圓寂)으로도 번역한다. 대반열반(大般涅槃)의 대(大)는 뛰어나다는 뜻. 원래는 불어 끈다는 뜻. 곧 타오르는 번뇌의 불을 모조리 꺼서[滅盡] 깨달음의 지혜인 보리(菩提)를 완성하는 경지를 말한다. 생사를 넘어선 깨달음의 세계로 불교의 구극적인 실천 목적이다.

*증(證) : 정법에 따라서 수습하므로 여실(如實)하게 진리를 체득하여 깨달음에 드는 것

모든 성문은 생사(生死)를 두려워하는 망상의 고(苦)에서 벗어나기 위해 열반을 구한다. 생사 열반의 차별상 일체가 모두 유, 무를 허망하게 분별하여 있게 된 것이어서 얻을 바 없는 것임을 모르는 까닭에 미래에 근(根)과 경계가 멸하게 되면 열반에 이르게 된다고 잘못 생각하는 것이다

가르침에 따르는 2~3승 정도의 불자들은 생로병사와 번뇌의 고통에서 벗어나기 위해 열반을 구하게 된다. 생사 문제나 번뇌, 열반이란 한낱 분별력 때문에 파생된 허망한 것들로 얻을 수 없는 것들인데 그 까닭은 알 수 없으므로 수행하여 근(根)과 그 경계 즉 의식이 멸하게 되면 열반에 이르게 된다고 하는 생각은 참으로 그릇된 생각이라고 지적하고 있다.

자지경계(自智境界:자심의 지혜경계)를 증(證)함이란 의지하고 있는 장식(藏識)을 전변(轉變)하여 대열반 이루는 것임을 모르는 것이니라. 이 어리석은 자들에게 3승을 설하는 것이며 오직 마음뿐이어서 경계가 따로 없음을 설하지 않는 것이니라

장식(藏識)을 전변한다는 의미야말로 현재의 저열한 의식이 수승한 의식으로 바뀌는 현상, 바로 전의인 것이다. 자심의 지혜 경계를 증(證)한다는 말은 전의가 일어나 삼매에 드는 현상을 몸과 마음으로 깨달아 알 수 있는 지혜를 가졌음을 증명한다는 의미로 의식이 변환하여 전의되어야만 열반이라 할 수 있음을 경은 설하고 있다.

어리석은 자들은 눈앞에 보이는 현상만이 그 마음의 전부여서 아무리 높은 수준이라 하더라도 삼승(三乘)의 법 정도의 교의를 가르칠 수밖에 없다는 것이다. 삼승의 법은 사제법(四諦法)과 12인연법, 그리고 6바라밀을 가리킨다. 이 세 가지 공부법은 불교에서는 최상의 방법이어서 그 이상의 방법이란 없다고 한다.

더 이상의 공부 방법이 과연 없을까. 바로 여기에 쿤달리니가 개입되어야 의식이 전변되고 전의되며 삼매를 실현시킨다는 것을 주장하고 있다. 그런데 어떤 수행자도 자신의 의도대로 쿤달리니를 선택할 수 없었다.

이 가르침은 '생사와 유무를 분별하는 망념으로 인한 고(苦)에서의

해탈'을 말한다. 이 두려움을 벗어나는 길은 오로지 열반인데 여기에 이르는 두 가지 방법을 경(經)은 제시한다. 하나는 '근(根)과 그 대경 (對境)을 멸하게 되면 열반에 이르게 된다'는 방법인데 이는 잘못임을 분명하게 나무라고 있다. 다른 하나는 '의지하고 있는 장식(藏識)을 전 변(轉變)하여 대열반 이루는 것'인데 이 방법을 수행자들이 알지 못하 고 있음을 한탄한다.

예부터 현재까지 수행터에서 통용되는 수행방법은 근과 대경이 멸 하는 첫째 방법을 주로 채택하고 있다. '마음을 알아 성품을 보는 것 [識心見性]'을 열반으로 인식하는 것이 대표적이다. "생사의 마음이 파 (破)하면 곧 윤회의 성품이 그대로 해탈의 도량이 된다" 또는 "의식의 집중과 정신의 극도의 긴장 속에서 궁극에는 그 의식이 무의식으로 통하고, 그 무의식은 그대로 밖으로 뛰쳐나와 깨달음의 체험으로 이 어진다"라는 등 어떤 방식이든 의식이 멸하면 깨달음이라고 확신하는 수행단체들이 대세를 이루어 왔다. 그러나 능가경은 '의식이 멸하는 수행방식은 참으로 잘못된 방법'이라고 역설한다.

'자심을 증한다' 또는 '장식을 전변한다'는 것은 쿤달리니 수행에서 의 삼매에서만 일어나는 현상들이므로 열반을 성취하는 길은 오직 쿤 달리니뿐임을 지적하고 있다. 그러나 최근까지 쿤달리니를 활용하는 방법을 제시하지 못했는데 고대 인도의 요가, 중국의 도가, 우리나라 의 선도 등에서도 각성 방법을 창안하기 위해 노심초사하였으나 모두 무위로 돌아갔었다.

가르침을 비방하면 열반에 들지 못해

"또한 대혜여! 이 가운데 일천제(一闡提)가 있으니, 무슨 까닭에 해탈하려고 하는 마음을 내지 않는가. 대혜여! 모든 선근을 버리는 까닭이며, 무시(無始) 이래의 중생을 열반에 들게 하고자 발원을 일으킨 까닭이니라. 무엇을 일체 선근을 버리는 것이라 하는가 하면, 보살장(菩薩藏)의 가르침을 비방하여 말하되, 이는 계율과 경(經)의 조복(調伏), 해탈의 가르침에 따르지 않는 것이라 하니, 이 말을 할 때 선근이 모두 끊어져 열반에 들지 못하는 것이니라.

무엇을 무시 이래 중생의 열반을 발원하는 것이라 하는가 하면, 모든 보살이 본원 방편으로 일체 중생이 모두 열반에 들 것을 발원하되 만약 한 중생이라도 열반에 들지 못하면 나는 끝내 열반에 들지 않으리라 하는 것을 말하느니라. 이 또한 일천제취(一闡提趣)에 머무르는 것이니 이것이 열반하지 않는 종성의 상[無涅槃種性相]이니라."

대혜보살이 말하였다. "세존이시여! 이 가운데 어떤 편이 필경에 열반에 들지 않나이까?"

부처님께서 말씀하셨다. "저 보살 일천제는 일체법이 본래 열반임을 알아 필경에 열반에 들지 아니하고 선근을 버리지도 않느니라. 왜냐하면 선근을 버린 일천제는 부처님의 위력으로 어느 때에 선근이 생기나니, 무슨 까닭인가 하면 부처님께서는 일체 중생을 버린 때가 없기 때문이니라. 이 까닭에 보살 일천제가 열반에 들지 않느니라."

復次大慧! 此中一闡提, 何故於解脫中不生欲樂. 大慧! 以捨一切善根故, 爲無始衆生起願故. 云何捨一切善根, 謂謗菩薩藏言, 此非隨順契經調伏解脫之說, 作是語時, 善根悉斷, 不入涅槃. 云何爲無始衆生起願, 謂諸菩薩以本願方便, 願一切衆生悉入涅槃, 若一衆生未涅槃者, 我終不入, 此亦住一闡提趣, 此是無涅槃種性相. 大慧菩薩言. 世尊! 此中何者畢竟不入涅槃. 佛言. 大惠! 彼菩薩一闡提, 知一切法本來涅槃, 畢竟不入, 非捨善根. 何以故, 捨善根一闡提, 以佛威力故, 或時善根生, 所以者何. 佛於一切衆生無捨時故. 是故菩薩一闡提不入涅槃.

*일천제(一闡提) : 원래의 뜻은 '욕구를 계속하는 사람'으로 성불하는 인(因)을 갖지 못한 사람을 말한다. 능가경은 두 가지로 분류해서 이종천제(二種闡提)라 한다. 본래 해탈의 인이 없는 단선근(斷善根)을 가진 사람을 단선천제(斷善闡提)라 하고 보살이 일체 중생을 제도하고자 고의로 열반의 깨달음에 들어가지 않는 경우 대비천제(大悲闡提)라 한다.

*선근(善根) : 이것이 뿌리가 되어 모든 선(善)을 생한다는 것 무탐(無貪), 무진(無瞋), 무치(無癡)를 3선근이라 한다.

*무시(無始) : 일체 세간의 중생과 법이 처음이 없는 것은, 금생은 전생의 인연을 따라 존재하고, 전생은 전전생을 따라 존재하는데 이

같이 추적해 들어가면 중생과 법은 원래 얻을 수 없는 것이므로 시작이 없다 하여 무시(無始)라 한다.

　*보살장(菩薩藏) : 세존의 교설 중에서 성문과 연각을 위해 설한 사제(四諦)·십이인연(十二因緣) 등을 성문장(聲聞藏), 보살을 위해 설한 육도(六度:六波羅密) 등을 보살장(菩薩藏)이라 한다.

　*조복(調伏) : 조화(調和) 제복(制伏)의 뜻으로 내적으로는 자기 심신(心身)을 제어하여 악을 떨쳐버리는 것을 말하고 외적으로는 적의(敵意)를 가진 자를 교화하여 악심을 버리게 하여 장애를 없애는 것을 말한다.

　*본원(本願) : 부처가 되기 전 보살로서 수행할 때 세운 서원(誓願). 본디부터 가진 큰 서원.

　무엇을 일체 선근을 버리는 것이라 하는가 하면, 보살장(菩薩藏)의 가르침을 비방하여 말하되, 이는 계율과 경의 조복, 해탈의 가르침에 따르지 않는 것이니, 이 말을 할 때 선근이 모두 끊어져 열반에 들지 못하는 것이니라

　보살장(菩薩藏)이란 보살이 수행해야 할 교법을 말하는데 대표적인 가르침이 육바라밀(六波羅密)이다. 지계(持戒)·보시(報施)·인욕(忍辱)·정진(精進)·선정(禪定)·지혜(智慧) 등이다.

　바라밀에 불만이 있거나 실행하지 않는다면 수행자로서의 자격이

없다. 뿐만 아니라 보살장의 가르침을 비방하거나 냉소한다면 말하는 자체로 열반에 들 수 있는 기회를 놓치게 된다고 하였다. 수행자라면 항상 말을 삼가고 경건한 자세여야 할 것이다.

무엇을 무시 이래 중생의 열반을 발원하는 것이라 하는가 하면, 모든 보살이 본원 방편으로 일체 중생이 모두 열반에 들 것을 발원하되 만약 한 중생이라도 열반에 들지 못하면 나는 끝내 열반에 들지 않으리라고 말하느니라. 이 또한 일천제취에 머무르는 것이니 이것이 열반하지 않는 종성의 상(無涅槃種性相)이니라

보살이 중생들을 제도하기 위해 서원하면서, '일체 중생을 모두 열반에 들게 하겠다. 그런데 한 사람이라도 열반에 들지 못한다면 나는 끝내 열반에 들지 않겠다'라는 서약을 한다면 일천제와 같은 부류에 속하게 된다는 의미이다.

관세음보살이나 지장보살이 해당할 수 있는 경우이다.

불자(佛子)의 지를 넘어 여래의 자재법신을 성취하리니

"…이 지혜를 얻고 나면 경계 없음을 아나니, 제지(諸地)의 상을 요지하고 곧바로 보살초지에 들어 마음에 환희 일어나고 점차 진전하여 선혜(善慧:보살9지) 및 법운지(法雲地:보살10지)에 이르러서 모든 행을

이미 다 갖추어 이룬다. 이 보살지에 머무르고 나면 대보연화왕중보(大寶蓮花王衆寶)로 장엄되고, 그 연화 위에 보배 궁전이 있어 그 모양이 연화와 같은데, 보살은 거기에 가서 환성법문(幻性法門)의 성취를 닦으며 그 위에 좌(坐)하나니 동행(同行) 불자(佛子)가 전후에 둘러싸고 일체 불찰(佛刹·불세계)의 여래께서는 모두 그 손을 펴시어 전륜왕자(轉輪王子)의 관정법(灌頂法)과 같이 그 머리에 관(灌)하나니 불자의 지(地)를 넘어 자증법(自證法)을 획득하여 여래 자재신을 성취하느니라. 대혜여! 이를 이름하여 법무아상(法無我相)을 보는 것이라 하나니, 너와 모든 보살마하살은 마땅히 부지런히 수학하여야 하느니라."

得此智已, 知無境界, 了諸地相, 即入初地, 心生歡喜, 次第漸進, 乃至善慧, 及以法雲, 諸有所作, 皆悉已辨. 住是地已, 有大寶蓮花王衆寶莊嚴, 於其花上, 有寶宮殿狀如蓮花, 菩薩往修幻性法門之所成就, 而坐其上, 同行佛子前後圍繞, 一切佛刹所有如來皆舒其手, 如轉輪王子灌頂之法, 而灌其頂, 超佛子地, 獲自證法, 成就如來自在法身. 大慧! 是名見法無我相, 汝及 諸菩薩摩訶薩應勤修學.

*불찰(佛刹) : 승려가 불상을 모시고 불도를 닦으며 교법을 펴는 집. 불세계를 가리킴.

*관정법(灌頂法) : 불문에서 수계(受戒)할 때 물이나 향수를 정수리에 뿌리는 의식. 보살 제9지에서 10지로 들어갈 때 제불(諸佛)이 지수(智水)를 그 정수리에 뿌려 법왕(法王)의 직책을 받았음을 증명하는 것

*무아(無我) : 나[我]는 영원히 변하지 않고[常], 독립적으로 스스로 존재하며[一], 핵심적인 주인공으로서[主], 지배력 능력이 있는 주체[宰]로 생각되는 영혼적 또는 본체적 실체를 갖춘 아(我)가 없으므로 무아라 한다. 모든 물체에는 이런 아가 없으므로 아가 아니라고 설하는 것을 제법무아(諸法無我) 또는 법무아(法無我)라 한다.

이 지혜를 얻고 나면 경계 없음을 아나니 제지(諸地:보살10지)의 상(相)을 요지(了知)하고 곧바로 보살 초지(初地)에 들어 마음에 환희 일어나고 점차 진전하여 선혜 및 법운지에 이르러서 모든 행을 이미 다 갖추어 이룬다

석가모니 부처님이 깨달음을 얻었을 때 12인연법을 거슬러 올라가며 보고 또 순서대로 내려오면서 관찰하였다고 하였는데 여기서는 보살10지를 초지부터 10지까지 순서대로 올라가면서 관찰하고 있다. 세상의 모든 만물은 연기에 의해 생기므로 실체는 존재하지 않는다는 법무아를 터득하면 모든 깨달음에 통달하게 된다.

공중무색의 경지까지 삼매에 부지런히 든다면 무공용행의 작용에 따라 힘들이지 않고 모든 불법을 자증하게 될 것이다.

화엄경과 능엄경에서는 보살 10지 법운지(法雲地)에서 수행의 과정이 모두 끝난다. 그러나 여기서 수행을 멈추어서는 안 된다. 제9식 암마라식(菴摩羅識)까지 마저 자증하여야 한다. 이 과정은 무공용행이 통

용되지 않고 집중법을 사용해야 한다.

이 보살지에 머무르고 나면 대보연화왕중보로 장엄되고, 그 연화 위에 보배 궁전이 있어 그 모양이 연화와 같은데 보살은 거기에 가서 환성법문의 성취를 닦으며, 그 위에 앉으니 동행불자가 전후에 둘러 싸고 일체 불찰의 여래께서는 모두 그 손을 펴시어 전륜왕자의 관정법과 같이 그 머리에 관(灌)하나니, 불자(佛子)의 지(地)를 넘어 자증법(自證法)을 획득하여 여래 자재신(自在身)을 성취하느니라. 이를 이름하여 법무아상(法無我相)을 보는 것이라 하나니, 너와 모든 보살마하살은 마땅히 부지런히 수학하여야 하느니라

제4지에서 10지가 끝날 때까지 나타나는 깨달음의 현상들은 '새벽별'이나 '미세 망념이 없어지는 현상', '삼매 속에서 보살들이 둘러싸고 예배하는 모습' 등 보통 5~6가지가 나타난다.

이 현상들은 삼매에서만 일어난다. 능가경은 전의 이후의 깨달음의 수행을 전적으로 무공용행(無功用行)만으로 가능하다고 설하고 있어 쿤달리니를 통한 수행으로 제한하고 있다. 인위적인 각성일 경우에는 쿤달리니가 태양신경총 위로 올라오면서부터 무공용행의 혜택이 발현되는 것으로 알고 있다.

명상은 의지로써 집중하면서 시작한다. 번뇌를 끊겠다는 서원이나 뭔가를 하겠다는 의지, 또는 생각이 없는 상태로 만들겠다는 의식 등

의 집중으로 시작된다. 그러나 쿤달리니 각성자의 명상은 사하스라라를 넘어가면서부터는 의식이 쉬는 상태를 유지하는 것이 좋다.

만약 쿤달리니 각성자들이 계속 집중력을 사용할 경우 위에서 지적한 현상까지는 자신의 의도대로 만들어낼 수 있다. 그 결과는 자신의 염력에 대한 자부심일 뿐 의식의 한계를 넘어서지 못해 기껏 신통술이나 부리는 정도에 머무를 것이다.

각성자들은 명상을 시작하면 생각을 쉬면서 평온하게 기다려야 한다. 생각이 일어나는 그대로를 바라보다가 생각이 없어지면 그 상태를 유지한다. 생각이 비어 있는 상태를 유지하다 느껴지고 보이는 현상들을 기다려야 한다.

쿤달리니 각성 전 보살 제4지까지가 일반 수행자들의 지(地)라면 각성과 완성하는 제5지부터는 자증법을 스스로 터득하면서 나아가는 보살의 지이므로 10지까지 수행을 마치면 완전히 깨우친 자로서, 즉 부처가 완성되면서 여래에까지 이르게 될 수 있다.

보살 제5지부터 10지까지 공부하는 동안 법무아상(法無我相)뿐만 아니라 일체의 진리에 대한 의미를 자증만을 통해 꿰뚫게 된다. 이와 같은 경지에 도달하기 위해서는 부지런히 명상하는 등 공부에 심혈을 기울여야 하겠다.

무아(無我)인 여래장의 뜻을 알아야

"대혜여! 내가 말하는 여래장(如來藏)은 외도가 설하는 아(我)와 다르다. 대혜여! 여래응정등각께서는 성공(性空)·실제(實際)·열반(涅槃)·불생(不生)·무상(無相)·무원(無願) 등의 여러 구의(句義)로 여래장을 설하여서, 어리석은 범부들이 무아(無我)에 대한 두려움에서 떠나도록 해주기 위함이니 분별이 없고 영상(影像)이 없는 자리인 여래장의 문을 설한 것이니라. 미래·현재의 모든 보살마하살들은 이를 아(我)로 집착해서는 안 되느니라.

대혜여! 비유컨대 질그릇 만드는 사람이 진흙에 사람이 공(功)을 들여 물을 먹이고 물레도 돌려서 여러 가지 모양의 그릇을 만드는 것과 같이 여래도 역시 이와 같으니라. 일체의 분별상을 멀리 떠나게 하는 무아법(無我法)을 바탕으로 갖가지 지혜와 방편의 뛰어나고 교묘함으로 혹은 여래장을 설하기도 하고, 혹은 무아(無我)를 설하기도 하나니 갖가지 명자(名字)가 각각 차별이 있느니라. 대혜여! 내가 여래장을 설하는 것은 아(我)에 집착한 여러 외도의 무리를 싸안아서 망견(妄見)을 떠나 삼해탈[空·無相·無願]에 들어가서 속히 아뇩다라삼먁삼보리를 얻도록 하기 위함이다. 이 까닭에 제불께서 설하시는 여래장은 외도가 설하는 아(我)와 다르나니라. 만약 외도적 지견(知見)을 떠나고자 하면 마땅히 무아(無我)인 여래장의 뜻을 알아야 하느니라."

大慧! 我說如來藏, 不同外道所說之我. 大慧! 如來應正等覺, 以性空

·實際·涅槃·不生·無相·無願等諸句義, 說如來藏, 爲令愚夫離無我
怖, 說無分別·無影像處 如來藏門. 未來現在諸菩薩摩訶薩, 不應執著
於我 大慧! 譬如陶師於泥聚中, 以人功水杖輪繩方便, 作種種器, 如來
亦爾. 於遠離一切分別相無我法中, 以種種智慧方便善巧, 或說如來藏,
或說爲無我, 種種名字各各差別. 大慧! 我說如來藏, 爲攝著我諸外道衆,
令離妄見入三解脫, 速得證於阿耨多羅三藐三菩提. 是故諸佛說如來藏,
不同外道所說之我. 若欲離於外道見者, 應知無我如來藏義.

*여래장(如來藏) : 중생들의 번뇌에 덮여 묻혀 있는 자성청정(自性清
淨)한 여래법신을 말한다. 여래장은 번뇌에 더러워지지 않고 본래 청
정하여 영원히 변함이 없는 깨달음의 본성이다. 능가경은 아뢰야식을
여래장이라 일컬으며 특히 7식과 함께한다고 하였다. 또한 7종의 식
(識)은 생(生)과 멸(滅)이 있는데 여래장식은 불생불멸이다. 여래장식
은 제9식 암마라식(菴摩羅識)이라 설하는 경우도 있다.

*아(我) : 자기(自己). 타자에 대한 자아(自我), 자아의 본질(本質), 온
갖 것의 근원에 내재(內在)해서 개체를 지배하고 통일하는 독립 영원
한 주체를 의미한다. 아함에서는 인간 개체의 전체를 아(我:五蘊我)라
하거나 개체 안의 중심 생명이 되는 것을 아(我: : 내안에 오온이 있다.
五蘊을 가짐), 혹은 우주원리를 아라고 한다. 대승(大乘) 불교에서는 개
체로서의 아를 부정할 뿐 아니라 인법(人法) 이무아(二無我)를 설하고
모든 것이 무자성공(無自性空)이라 한다. 부파불교에서는 무상(無相)이

고 고(苦)이고 무아(無我)이고 부정(不淨)이어서 깨달아 번뇌를 멸진한 경지를 궁극적인 열반이라고 하는데 대승은 모든 것이 원래 공이므로 상락아정(常樂我淨)의 절대 자유의 경지를 열반으로 본다.

*성공(性空) : 십팔공(十八空)의 하나. 일체의 모든 법은 인연의 화합으로 생긴 것으로 그 본성은 만들어진 것이 아니고 공이라는 뜻. 본성으로서는 허무하다는 뜻. 모든 법의 실상(實相)을 말함.

*분별상(分別相) : 변계소집성(遍計所執性)이라고도 한다. 시비선악(是非善惡)의 여러 가지 사물을 헤아리고 분별하는 차별적 집착을 일으키는 것. 주관적 입장에서 대상을 바로 보지 못하고 항상 잘못 분별하는 것.

*삼해탈(三解脫) : 삼공(三空), 삼삼매(三三昧)라고도 함. 공해탈(空解脫), 무상해탈(無相解脫), 무원해탈(無願解脫) 등 3종의 선정(禪定)을 말한다. 유루정(有漏定)을 삼삼매라 하고 무루정(無漏定)을 삼해탈문이라 한다.

대혜여! 내가 말하는 여래장은 외도가 설하는 아(我)와 다르다. 대혜여! 여래응정등각께서는 성공·실제·열반·불생·무상·무원(性空·實際·涅槃·不生·無相·無願) 등 여러 구의(句義)로 여래장을 설하여서 어리석은 범부들이 무아(無我)에 대한 두려움에서 떠나도록 해주기 위함이니 분별이 없고 영상(影像)이 없는 자리인 여래장의 문을 설한 것이니라. 미래·현재의 모든 보살마하살들은 이를 아(我)로

집착해서는 안 되느니라

외도와 부파불교, 대승이 주장하는 아(我)를 단어 해설에서 간단히 설명하였다. 성공(性空)에서 무원(無願)까지 나열한 단어들은 보살 10 지까지의 과정을 모두 마침으로써 이룬 열반의 상태를 표현하는 말들이다. 중생의 마음은 번뇌덩어리인데 마음속 깊은 곳에 꼭꼭 숨겨져 있는 것이 있다. 이것이 여래법신인데 곧 나이고 진아(眞我)를 가리킨다.

여래장(如來藏)이란 이처럼 마음에 여래를 거두어 간직하였다 하여 장(藏)이란 글자를 추가하여 여래장이라 한다. 미래와 현재의 모든 보살들은 이를 아(我)로 집착하면 왜 안 되는가. 여래가 번뇌 속에 꼭꼭 숨겨져 있다 하여 마음의 자리라 하였는데 육체상의 특정한 곳에 집착하지 말라는 가르침이다. 영상이 없는 자리라 함은 어떤 모양도 없다는 형이상학적 차원을 가리키는 것으로 실증적으로는 체험이나 증명할 수 없는 것이다. 따라서 마음의 자리는 수행의 대상이 아니므로 집착할 필요가 없다.

일체의 분별상을 멀리 떠나게 하는 무아법(無我法)을 바탕으로 갖가지 지혜와 방편의 뛰어나고 교묘함으로 혹은 여래장을 설하기도 하고 혹은 무아(無我)를 설하기도 하나니 갖가지 명자(名字)가 각각 차별이 있느니라. 대혜여! 내가 여래장을 설하는 것은 아(我)에 집착한 여러 외도의 무리를 싸안아서 망견(妄見)을 떠나 삼해탈[空·無相·無願]에 들어가서 속히 아뇩다라삼먁삼보리를 얻도록 하기 위함이다

부처님께서 여래장에 대해 설명하기 어려움을 누누이 밝히신다. 외도(外道)들은 수행의 궁극점을 아(我)를 보는 데에 두는데 아(我)에 집착하는 것은 망견(妄見)이라 설하고 있다. 아(我)를 보는 자리가 구경(究竟)의 깨달음의 자리가 아니므로 헛생각을 버리고 더 분발하여 삼해탈에 다다르면 구경처인 무상정등각을 얻는다고 설하신다.

인도의 리그·베다(BC 1500) 이래 아트만이란 말이 쓰이고 있는데 아트만을 조물주(造物主)와 완전히 동일하다고 보았다. 우파니샤드 시대(BC 800~600)에는 아트만이 우주를 창조하였고 개인아(個人我·小我)인 동시에 우주의 중심 원리[大我]라고도 하였다. 또한 브라만[梵:우주원리]와 아트만이 일체이고 아트만이 참된 실재라 하여 당시 수행자들은 아(我)를 보는 것이 구경지에 도달하는 것으로 여겼다.

부처님께서는 수행자 사회의 이 같은 생각들을 깨뜨리기 위해 설하신 듯하다. 석가모니 부처님께서 성도하시고 세상에 나타나시자 아(我)에 대한 논의가 분분하였던 듯 세상에서 주장하는 아트만이 아가 아니라고 부정한다. 부처님은 다만 아트만이 아가 아니라[非我]고 하였을 뿐 무엇이 아라고 지칭하지 않았는데 후세의 제자들은 이를 무

아(無我)로까지 전개시켰다.

이 시대의 수행자들은 무아를 어떻게 받아들였을까. 불교에서는 성품(性品)을 보면[見性] 성불(成佛)한다고 한다. 그런데 무엇을 봐야 견성하였다고 인정하는지 밝힌 내용은 어디에도 없다. 인도에서도 다르지 않다.

성자들이 도를 터득하였다는 기록은 많이 있지만 그중 새벽별과 같은 광명의 현상을 지적한 성인은 석가모니 부처님이 유일하다. "오경이 되어 먼동이 틀 무렵 동쪽 맑은 하늘에 떠오르는 샛별에 눈빛이 마주치는 찰나에 큰 지혜의 광명이 개발되며 최상의 정각을 성취하였다."

이 구절은 지금으로부터 약 2천5~6백 년 전의 기록이다. 장소나 시간이 기록자들의 취향에 따라 달라질 수 있지만 샛별 같은 발광체를 보았다는 사실이 중요하다. 이 별과 같은 발광체를 새벽 오경에 보았다고 하였는데 멀쩡한 정신에 자연현상을 보고 깨달았다면 별것 아닌 세속의 깨달음에 불과하였을 것이다. 싯달타 태자는 은밀한 산 중턱의 굴(窟) 속에서 명상 중 삼매에서 이 발광체를 본 것이다. 이 별 같은 빛을 보는 순간, '나[我]'라는 생각이 든다. 그리고 바로 '천상천하유아독존(天上天下唯我獨尊)'의 의미 같은 미묘한 감정이 솟구쳐 올라온다. 반드시 삼매에서 발광체를 보아야 하는 것이다.

광명을 보고 깨우쳤다는 사람들은 많다. 명상 중 빛에 감싸이는 현상은 수행 수준이 대단함을 의미하지만 이 정도의 실력은 쿤달리니 수행자라면 가슴 정도 차크라에 이르면 볼 수 있는 경지여서 아(我)를 보는 것과는 전혀 상관이 없다.

세상에는 정신 집중에 뛰어난 재주를 갖춘 인물들이 많아 염력으로 빛 덩어리를 만들 수 있겠지만 이들은 미묘한 맛을 느낄 수는 없다. 이 같은 맛을 몸과 마음으로 느끼는 것을 자증(自證), 증오(證悟), 증득(證得)이라 하였다.

이상과 같은 것이 바로 나(我)이다. 이 아를 직접 증오한 석가모니가 나타나 독자적으로 아(我)가 무엇이라고 밝히기보다 '이런 것이 아(我)가 아닌가'라는 질문에 답하여 '그런 것은 아(我)가 아니다'라 답한 것이 무아론(無我論)의 성립 계기인 것으로 추정된다.

자심(自心)에서 증득한 성스러운 지혜 구해야

이때 대혜보살이 미래 일체중생을 널리 관찰해 보고 나서 다시 부처님께 청하여 말하였다.

"원컨대 저희들을 위해 수행법을 설하시어 모든 보살마하살과 같이 큰 수행을 이루게 하여 주십시오."

부처님께서 말씀하셨다. "대혜여! 보살마하살은 네 가지 법을 갖추어 큰 수행을 이루나니 무엇이 네 가지인가. 자심(自心)이 나타난 것임을 관찰함, 생·주·멸(生·住·滅)의 견(見)을 멀리 떠남, 바깥 경계가 무자성(無自性)임을 잘 요지(了知)함, 자심에서 증득한 성스러운 지혜를 오로지 구함을 말하나니, 만약 모든 보살이 이 네 가지 법을 이루면 곧 대수행자라 이름하느니라.

대혜여! 무엇을 자심이 나타난 것임을 관찰하는 것[觀察自心所現]이라 하는가. 삼계(三界)가 오직 자심(自心)이며 아(我)와 아소(我所)를 떠나 있고 움직임과 오고 감이 없는데 무시 이래 집착과 습기에 훈습되어 삼계의 갖가지 색(色)·행(行)·명언(名言)에 결박되고 몸과 의지하는 세계에 머물러 육입(六入) 따라 나타난 경계를 분별한다고 관찰하나니 보살마하살은 이와 같이 자심이 나타난 것임을 관찰하느니라.

대혜여! 무엇을 생·주·멸(生·住·滅)의 견(見)을 멀리 떠남이라 하는가. 모든 것은 환(幻)과 같고 꿈속에서 생기는 것과 같나니, 자타(自他)가 모두 생하는 바 없는 까닭이며 자심의 분별에 따라 나타나는 까닭이며, 바깥 사물이 없다고 보는 까닭이며, 모든 식(識)이 일어나지 않는다고 보는 까닭이며, 여러 연(緣)이 쌓이지 않는 까닭이며, 분별의 인연으로 삼계가 일어나는 까닭이다.

이와 같이 관찰할 때에 안과 밖의 모든 것은 모두 얻을 수 없으며 체실(體實)이 없음을 알아 생(生)한다는 생각을 멀리 떠나 여환성(如幻性)을 증득하고 즉시에 무생법인(無生法忍:무생의 진리)를 얻고 보살 제8지에 머물러 심·의·의식과 오법자성(五法自性)과 이무아견(二無我見)을 요달(了達)하고 의지하는 것을 바꾸어[轉依] 의생신(意生身)을 얻느니라."

대혜가 말하였다. "세존이시여! 어떤 인연으로 의생신이라 이름하나이까?"

부처님께서 말씀하셨다. "대혜여! 의생신(意生身)이란 비유컨대 생각이 움직임에 신속하고 걸림이 없는 것과 같아 의생신(意生身)이라 이름하느니라. 대혜여! 비유컨대 심의(心意)는 한량없는 백천 유순(由旬:거리의 단위)의 밖에서도 생각으로 먼저 갖가지 여러 사물을 보고 염념상속(念念相續)으로 속히 그곳에 이르나니, 그 몸과 산하 석벽이 능히 장애하지 못하느니라. 의생신도 역시 이와 같아 여환삼매(如幻三昧)의 힘으로 신통 자재하여 여러 상(相)을 장엄하나니, 생각이 본래 중생의 원을 성취해 주는 까닭이니라. 의(意)가 모든 성중(聖衆)가운데 가서 생하는 것과 같나니라. 이를 이름하여 보살마하살이 생·주·멸(生·住·滅)의 견(見)을 멀리 떠남을 얻었다고 한다.

대혜여! 어떻게 바깥 경계가 무자성(無自性)임을 관찰하는가. 모든 것이 아지랑이와 같고 꿈속의 경계와 같으며 모륜(毛輪:눈감을 때 나타나는 환영)과 같고, 무시 이래 희론과 갖가지 집착 및 허망한 악습을 그 인(因)으로 한다고 관찰하는 것이니 이와 같이 일체법을 관찰할 때에 이것이 곧 자심에서 증득하는 성스러운 지혜를 오로지 전념하여 구하는 것이 되느니라.

대혜여! 이것을 이름하여 보살이 네 가지 법을 갖추어 큰 수행을 이루는 것이라 하느니라. 너는 마땅히 이에 따라 부지런히 수학하여야 한다."

爾時, 大慧菩薩觀未來一切衆生, 復請佛言. 願爲我說具修行法, 如諸菩薩摩訶薩, 成大修行. 佛言. 大慧! 菩薩摩訶薩具四種法, 成大修行, 何者爲四. 謂觀察自心所現故, 遠離生住滅見故, 善知外法無性故, 專求自證聖智故. 若諸菩薩成此四法, 則得名爲大修行者. 大慧! 云何觀察自心所現. 謂觀三界, 唯是自心, 離我我所, 無動作 · 無去來, 無始執著過習所熏, 三界種種色 · 行 · 名言繫縛, 身資所住分別隨入之所顯現, 菩薩摩訶薩如是觀察自心所現. 大慧! 云何得離生住滅見. 所謂觀一切法如幻夢生, 自他及俱皆不生故, 隨自心量之所現故, 見外物無有故, 見諸識不起故, 及衆緣無積故, 分別因緣起三界故, 如是觀時, 若內若外, 一切諸法皆不可得, 知無體實, 遠離生見, 證如幻性, 卽時逮得無生法忍、住第八地, 了心 · 意 · 意識五法自性 · 二無我境, 轉所依止, 獲意生身.

大慧言. 世尊! 以何因緣名意生身. 佛言. 大慧! 意生身者, 譬如意去速疾無礙, 名意生身. 大慧! 譬如心意於無量百千由旬之外, 憶先所見種種諸物, 念念相續, 疾詣於彼, 非是其身及山河石壁所能爲礙. 意生身者亦復如是, 如幻三昧力通自在諸相莊嚴, 憶本成就, 衆生願故. 猶如意去生於一切諸聖衆中. 是名菩薩摩訶薩得遠離於生住滅見. 大慧! 云何觀察外法無性, 謂觀察一 切法, 如陽焰 · 如夢境 · 如毛輪, 無始戲論種種執著, 虛妄惡習爲其因故, 如是觀察一切法時, 卽是專求自證聖智. 大慧! 是名菩薩具四種法成大修行. 汝應如是勤加修學.

*아소(我所) : 아(我)의 소유(所有), 아의 소속(所屬), 아와 떨어지지

않는 사물의 뜻, 나의 소유물. 나에게 집착이 되는 사물.

*훈습(熏習) : 향기가 옷에 배게 하는 것처럼 신·구·의(身·口·意)의 업(業)으로 마음에 남게 하는 것

*육입(六入) : 정신 활동이 일어나는 여섯 가지 영역과 대상으로 포착할 수 있는 여섯 개의 장(場). 심(心)과 5관(五官:눈·귀·코·혀·몸) 등 육근(六根)과 빛깔·소리·냄새·맛·접촉·법 등 육경(六境)을 의미한다.

*여환삼매(如幻三昧) : 일체제법이 환(幻)과 같아서 마치 마술사의 요술과 다를 것이 없는 이치를 깊게 깨달은 삼매를 일컫는다.

*무생법인(無生法忍) : 무생(無生)의 법리 곧 불생불멸의 진리를 깨달아 알고 거기에 안주하여 움직이지 않는 것 보살이 7~9지에서 얻는 깨달음. 인(忍)은 인가(忍可)의 뜻으로 확실히 그렇다고 인정하는 것

*오법(五法) : 미오(迷悟)의 법의 본질이 되는 다섯 가지. 오사(五事)라고도 하는 명·상·분별·정지·진여(名·相·分別·正智·眞如)의 다섯 가지이다. 명(名)은 현상에 붙인 거짓 이름, 상(相)은 현상의 차별적인 모습, 분별(分別)은 생각하는 망상(妄想), 정지(正智)는 진여에 맞는 지혜(智慧), 진여(眞如)는 만유의 본체로 사실 그대로의 평등한 진리를 일컫는다. 앞의 세 가지는 미(迷), 뒤의 두 가지는 오(悟)의 법이다.

*이무아(二無我) : 인무아(人無我)와 법무아(法無我)를 가리킨다.

*의생신(意生身) : 부모에게서 받은 육신이 아니라 뜻에 의해서 화작(化作:化生)된 몸을 말함. 중유(中有)의 신(身) 등이 그것이다.

*염념상속(念念相續) : 수행자가 일으키는 심념(心念)을 한 곳에 묶어 두어 흩어지지 않고 후념(後念)이 전념(前念)을 이어서 다른 생각이 섞이지 않게 하는 것. 일향전념(一向專念).

네 가지 법을 갖추면 큰 수행을 이룬다는 보살마하살의 말씀을 정리해 보자.

1) 자심(自心)이 나타난 것임을 관찰함[觀察自心所現] : 삼계(三界)가 오직 자심(自心)이며 아(我)와 아소(我所)를 떠나 있고, 움직임과 오고감이 없는데, 무시 이래 집착과 습기에 훈습되어 갖가지 색(色)·행(行)·명언(名言)에 결박되고 육입(六入) 따라 나타난 경계를 분별한다고 관찰하나니. 보살마하살은 이와 같이 자심이 나타난 것임을 관찰한다.

무아(無我)와 무소유(無所有)의 진리를 바탕으로 하고 삼계의 모든 현상이 자신의 마음 그대로 나타나 있음을 관찰하는 것이다. 이 경지는 전의하기 전의 수행 모습이다.

2) 생(生)·주(住)·멸(滅)의 견(見)을 멀리 떠남[遠離生住滅見] : 모든 것은 환(幻)과 같고 꿈속에서 생기는 것과 같으니 자타(自他)가 생(生)하는 바 없는 까닭이며, 내 마음[自心]의 분별에 따라 나타나는 까닭이며, 바깥 사물이 없다고 보는 까닭이며, 모든 식(識)이 일어나지 않는다고 보는 까닭이며, 여러 연(緣)이 쌓이지 않는 까닭이며, 분별의 인연으로 삼계(三界)가 일어나는 까닭이다. 이와 같이 관찰할 때 안과

밖의 모든 것은 얻을 수 없으며[無所得] 체실(體實)이 없음을 알아 생(生)한다는 생각을 멀리 떠나 여환성(如幻性)을 증득하고 즉시 무생법인(無生法忍)을 얻고 보살 제8지에 머물러 심·의·의식과 오법(五法) 자성과 이무아견을 요달하고, 의지하는 것을 바꾸어[轉依] 의생신을 얻느니라.

이를 보살마하살이 생주멸의 견을 멀리 떠남을 얻는다고 한다. 삼라만상의 모든 현상들이 생주멸(生住滅)을 떠나면 모든 것이 환상이고 꿈속의 일처럼 된다고 하였다. 일체의 현상도 없고, 너와 나도 있을 수 없으려면 생각이 일어나지 않아야 한다.

결국 식(識)이 일어나지 않는 경지가 되면 분별을 할 수 없으므로 여환성과 무생법인을 증득하게 된다. 이 경지는 전의가 시작되는 보살 제5지를 넘어 8지에 이르렀다고 하였으니 수행을 시작한 지 한참 지난 시점이다.

이 경지가 되면 사람은 죽지 않는다는 것을 알게 된다. 머리에 생각이 일어남을 점점 느끼지 못하게 된다. 당연히 오법에 요달하고 3해탈의 공(호)·무상(無相)·무원(無願)을 이루어 보살 제10지의 공중무색(호中無色)의 자리로 나아가게 된다.

3) 바깥 경계가 무자성임을 잘 요지(了知)함[先知外法無性] : 모든 것이 아지랑이와 같고, 꿈속의 경계와 같으며, 모륜과 같고, 무시 이래 희론과 갖가지 집착 및 허망한 악습을 그 인(因)으로 관찰한다.

바깥 경계에 대한 수행이어서 둘째와 같은 내용으로 본다.

4) 자심에서 증득한 성스러운 지혜를 오로지 구함[專求自證聖智] : 이와 같이 일체법을 관찰할 때 이것이 곧 자심에서 증득하는 성스러운 지혜를 오로지 전념으로 구하는 것이다.

깨달음을 인지하는 방법을 말하고 있다. 듣고 보고 배워서 알게 되어서는 안 된다. 자신이 스스로 깨달아 증득(證得)해서 알아야 하는데 이는 삼매에서 몸과 마음으로 체득하는 것이다. 이를 증오(證悟)라 하였는데 쿤달리니가 각성한 이후 명상에서 깨달음을 느끼는 것은 모두 몸과 마음으로 감지하게 된다. 이들 성스러운 지혜를 깨닫는 방법을 가리켜 증득 또는 자증(自證)이라 하고 구경의 깨달음이어서 남이 깨닫게 해 줄 수 없음을 강조한 말이다.

부처님께서는 "만약 보살이 이 네 가지 수행법을 이룬다면 곧 대수행자라 할 수 있다"라고 말씀하셨다. 부처님 말씀처럼 이 네 가지 법을 갖추어 수행을 다하면 대수행자일 뿐만 아니라 완전한 부처를 이루게 될 것이다.

이 네 가지 공부 방법은 무엇일까.

첫째 마음에 나타난 것을 관찰한다는 말은 마음에 떠오르는 생각을 쳐다봄과 같다. 쿤달리니 완성에 가까워진 수행자들이 명상에서 하는 실행은 그저 생각 쳐다보기이다. 이 과정은 아무나 할 수 있는 것이 아니라 완성단계에 들어서야 가능하다. 앞서 언급한 것처럼 이 단계에서는 생각 사이에 조금씩 생각이 정지해 빈틈이 생긴다는 의식이 들게 된다. 생각이 떠오르면 즉시 쳐다보고 쳐다보면 바로 생각이 사라진다. 이 과정을 끊임없이 반복한다. 그 사이 환과 같고 꿈과 같은 현상들이 얼핏 보였다가 사라지곤 하는데 이 현상 역시 한동안 반복된다. 장자(莊子)의 호접몽(胡蝶夢)은 바로 이 단계 수준의 수행이다.

사람이 자신의 의식이 일어나는 순간을 감지해서 쳐다보는 행위는 쿤달리니의 개입 없이는 절대 불가능하다. 쿤달리니가 각성되어 태양신경총에 올라서면 그때부터 쿤달리니의 가르침이 시작된다. 마가 발동하는 현상이나 여러 형태의 영들을 본다든지 세상에서는 보지 못한 빛이나 광명을 보는 것, 이런 것만으로도 수많은 깨달음을 얻게 된다.

능가경은 무공용행이 전의 이후에 적용된다고 하였는데 쿤달리니 각성부터 해당된다고 보는 것이 타당할 듯하다. 쿤달리니는 몸속에서 움직이므로 몸의 감각으로 알게 된다. 명상 중의 현상들은 심안(心眼)을 통해 마음에서 반응하므로 깨달음의 경지에 따라 몸과 마음에 감정까지 곁들여져 강하게 느껴지기도 하며 경지가 높아지면 쳐다보는 것만으로도 깨닫게 된다.

세상 만물이 환과 같고 꿈과 같아 사물이 존재하지 않는다는 인식은 다른 말로 정신장애인 같은 상태를 가리킨다. 그렇다면 이런 인식은 어떻게 수행해야 얻게 될까. 주입식 방법으로 의식을 체득할 수 있을까. 아니면 그렇게 인식하도록 염력(念力)을 키울 것인가.

세상에서 노력하는 방식으로는 해결책이 없다. 쿤달리니 완성 때까지는 끊임없이 호흡하면서 쿤달리니에 일임하고 전의 이후에는 삼매에 의지해야 한다. 생주멸의 견을 멀리 떠나고, 모든 것이 환과 같고 꿈과 같은, 분별의 인연으로 삼계가 일어난다는 깨달은 자(者)의 의식은 쿤달리니를 각성하고 완성하며 전의해서 보살 제7지 정도에 이르면 저절로 만들어지게 되어 있다. 석가모니가 그랬고 나 또한 그러하였다.

제일의(第一義)란 자심(自心)에서 증득한 경계이다

부처님께서 대혜에게 말씀하셨다. "언어도 제일의(第一義)가 아니며 또한 설해진 것도 아니다. 왜냐하면 제일의란 성스러운 낙(樂)의 자리에 언어를 의지하여 들어가는 것이지 제일의가 곧 언어는 아니기 때문이다. 제일의란 성지(聖智)의 자심(自心)에서 증득한 경계이지, 언어 분별 차원에서의 지혜경계가 아니다. 언어 분별로는 나타낼 수 없다.

대혜여! 언어란 일어났다 멸하고 동요(動搖)하며 굴러 전변(轉變)해 가는 인연으로 생기나니 만약 굴러 전변해 가는 인연으로 생하는 것이라면 제일의를 나타낼 수 없는 것이다. 제일의는 자타상(自他相)이 없는 것인데 언어는 상(相)이 있어 나타낼 수 없는 것이다. 제일의란 '단지 오직 자심(自心)일 뿐이라'는 것이니 갖가지 바깥의 존재와 상념이 모두 없어 언어 분별로는 나타낼 수 없는 것이다. 이 까닭에 대혜여! 마땅히 언어 분별을 멀리 떠나야 하느니라."

佛告大慧. 非言語是, 亦非所說. 何以故. 第一義者是聖樂處, 因言而入, 非卽是言. 第一義者是聖智內自證境, 非言語分別智境. 言語分別不能顯示. 大慧! 言語者起滅動搖展轉因緣生. 若展轉緣生, 於第一義不能顯示. 第一義者無自他相, 言語有相, 不能顯示, 第一義者但唯自心, 種種外想, 悉皆無有, 言語分別不能顯示. 是故大慧! 應當遠離言語分別.

*제일의(第一義) : 최승진실(最勝眞實)의 도리란 뜻. 모든 것이 다 공(空)이란 원리.

*성락처(聖樂處) : 성스럽고 편안하고 즐거운 곳이란 의미인데 극락정토(極樂淨土)보다 상위의 세계를 말하는 것 같다. 극락세계는 아미타불이 설법하는 세계여서 색계(色界) 정도인데 반해 성락처는 제일의, 즉 공의 자리라 하였다.

*지(知)와 지(智)의 차이 : 지(知)는 사물을 인식하고 판단하는 정신적 영역의 작용. 아는 힘, 깨닫는 힘이다. 지(智)는 일체의 사상(事象)과 도리(道理)에 대해서 분명하게 시비(是非)와 정사(正邪)를 결정하고 변별(辨別) 요지(了知)작용을 잘하여 구경(究竟)에는 번뇌(煩惱)를 끊는 원인이 되는 정신작용이다. 지(智는) 혜(慧)의 작용 가운데 포함되지만 지(智)와 혜(慧)는 일반적으로 같은 의미로 사용되고 합해서 지혜(智慧)로도 사용한다.

*전변(轉變) : 전화(轉化) 변이(變異)한다는 뜻. 유위법(有爲法)이 상속하는 가운데 앞의 순간이 뒤의 순간으로 옮기면서 체(體)가 바뀌지는 않지만 작용이 미래·현재·과거에 주어져 변화하는 것. 전전(展轉)이

라고도 쓰인다. 차례로 연속되는 것을 말한다.

언어도 제일의가 아니며 또한 설해진 것도 (제일의가) 아니다. 왜냐하면 제일의란 성스러운 낙(樂)의 자리[聖樂處]에 언어를 의지하여 들어가는 것이지 제일의가 곧 언어는 아니기 때문이다. 제일의란 성지의 자심에서 증득한 경계이지 언어 분별 차원에서의 지혜 경계가 아니다. 언어 분별로는 나타낼 수 없다

제일의(第一義)란 자심에서 증득한 경계라고 하였으니 이 경계는 전의하여 깨달음을 몸과 마음으로 느껴 증득한 경지를 말한다. 이 제일의(第一義)의 경지를 표현하는 말이나 언어가 그 경계 자체(自體)일 수 없으며 마찬가지로 이미 설하여진 법문도 역시 제일의 자체일 수는 없다는 것이다. 다만 언어를 통하여 제일의를 표현하였을 뿐이다. 더구나 자심에서 증득한 그 지혜 경계를 언어의 분별로서는 도저히 나타낼 수 없다고 하였다.

언어란 일어났다 멸하고 동요(動搖)하며 굴러 전변(轉變)해 가는 인연으로 생기나니 만약 굴러 전변해 가는 인연으로 생하는 것이라면 제일의를 나타낼 수 없는 것이다. 제일의는 자타상(自他相)이 없는 것인데 언어는 상(相)이 있어 나타낼 수 없는 것이다.
제일의란 '단지 오직 자심(自心)일 뿐이라는 것'이니 갖가지 바깥의

존재와 상념이 모두 없어, 언어 분별로는 나타낼 수 없는 것이다. 이 까닭에 대혜여! 마땅히 언어 분별을 멀리 떠나야 하느니라

언어란 생각이나 느낌을 나타내는 음성이나 문자 또는 몸짓 등이다. 특히 말이 '일어났다 없어지고 다른 사람의 입을 통하여 흔들리며 바뀌고 연속되어 변한다'라는 표현이 흥미롭다. 이렇게 시시각각으로 변천하는 언어를 통해 마음속에서 일어난 깨달음인 제일의를 나타낸다는 것은 불가능하다고 하였다.

수행은 몸과 마음으로 스스로 닦아 증득한 경계이므로 책에서 보거나 어디서 들었거나, 심지어 부처로부터 배우고 들은 것까지 모든 지식(知識)들은 제일의(第一義)가 아님을 명심해야 한다는 가르침이다.

네 가지 선(禪)이란 무엇인가

"또한 대혜여! 네 가지 선(禪)이 있나니 어떠한 것들인가. 그것은 우부소행선(愚夫所行禪), 관찰의선(觀察義禪), 반연진여선(攀緣眞如禪), 제여래선(諸如來禪)이니라. 대혜여! 무엇을 어리석은 범부가 행하는 선[愚夫所行禪]이라 하는가. 성문·연각의 여러 수행자가 인무아(人無我)를 알며, 자타(自他)의 신(身)이 뼈로 연결되어 있음을 보고, 이것들은 모두 무상(無常)하고 고(苦)이며, 부정(不淨)한 상(相)이라고 관찰하기를 굳게 지키고 놓지 않으면 차츰 진전하여 무상멸정(無想滅定)에

이르나니 이를 우부소행선이라 하느니라.

　무엇을 관찰의선(觀察義禪)이라 하는가. 자상(自相)·공상(共相)·타상(他相)이 무아(無我)임을 알고 외도(外道)가 설하는 자타(自他)가 함께 작(作)한 것이라는 견해에서도 떠나 법무아(法無我)와 수증의 여러 단계의 모습과 뜻을 잘 따라 관찰하는 것을 관찰의선(觀察義禪)이라 하느니라.

　무엇이 반연진여선(攀緣眞如禪)인가. 무아(無我)에 둘[法無我·人無我]이 있다고 분별하면 이것도 허망한 생각이니, 이렇게 여실히 알아 그러한 생각도 일어나지 않음을 반연진여선(攀緣眞如禪)이라 하느니라.

　무엇을 제여래선(諸如來禪)이라 하는가. 불지(佛地)에 들어가 자심에서 증득한 성스러운 지혜의 세 가지 낙(樂)에 머물러 모든 중생을 위해 부사의사(不思議事)를 하는 것을 말하여 제여래선이라 하느니라."

復次大慧! 有四種禪, 何等爲四. 謂愚夫所行禪·觀察義禪·攀緣眞如禪·諸如來禪. 大慧! 云何愚夫所行禪. 謂聲聞緣覺諸修行者, 知人無我, 見自地身骨鎖相連, 皆是無常·苦·不淨相, 如是觀察, 堅著不捨, 漸次增勝至無想滅定, 是名愚夫所行禪. 云何觀察義禪. 謂知自·共相·人無我已, 亦離外道自他俱作, 於法無我諸地相義, 隨順觀察, 是名觀察義禪. 云何攀緣眞如禪. 謂若分別無我有二, 是虛妄念, 若如實知, 彼念不起, 是名攀緣眞如禪. 云何諸如來禪. 謂入佛地住自證聖智三種樂, 爲諸衆生作不思議事, 是名諸如來禪.

*무상멸정(無想滅定) : 멸진정(滅盡定)과 같음. 심(心)과 심소(心所:마음 작용)를 모두 단절한 정(定)으로 무상정(無想定)과 더불어 이무심정(二無 心定)의 하나이다. 무소유처(無所有處)의 번뇌를 떠난 성자(聖者)가 그 정(定)의 경지를 무심(無心)의 적정경(寂定境)을 즐기기 위해 들어가는 정. 이무상정의 사람은 무색계의 사천(四天)인 유정천(有頂天)에 태어 난다고 한다.

*범부(凡夫) : 번뇌에 얽매여 사는 평범한 사내. 수행의 계위로 말하 면 처음으로 무루(無漏)의 지혜가 열려 사제를 볼 수 있는 위(位)에 이 르기 전의 사람들. 대승에서는 초지(初地) 이전에 속한 사람을 범부라 한다.

*자상(自相) : 다른 법과 공통한 내용을 가지는 것을 공상(共相)이라 하는 데 반해 일체법에 통하지 않고 오직 자체만의 고유한 특수한 상 (相)을 말한다.

*삼종락(三種樂) : 첫째 10선(善)을 닦은 이가 천계에 태어나서 받는 천락(天樂), 둘째 수행자가 선정에 듦으로써 받는 선락(禪樂), 셋째 생 사가 유전하는 고(苦)의 세계에서 해탈해서 무위적정(無爲寂靜)한 경지 에서 안주하는 열반락(涅槃樂)을 가리킨다.

*낙(樂) : 심신(心身)에 유쾌하게 느껴지는 감정. 심신(心身)을 나누 어서 몸이 받는 것을 낙(樂)이라 하며 마음이 받는 것을 희(喜)라 한 다. 선(善)한 업(業)에 의해 얻는 과보는 낙이라 하며 선락(禪樂)은 선 정(禪定)의 경지에 들어가서 받는 낙, 열반락(涅槃樂)은 열반의 깨달음

을 얻는 낙이다. 자증(自證) 성지(聖智)는 전의 이후의 삼매에서 이루어지는 것이므로 삼매에 있을 때의 적정(寂定)의 느낌을 낙으로 표현한 듯하다.

우부소행선(愚夫所行禪)은 어리석은 범부들이 행하는 선이다. 모든 것이 무상(無常)하고 고(苦)이며 부정(不淨)한 상(相)이라 관찰하면 차츰 진전하여 무상멸정(無想滅定)에 이르게 되고 세상을 떠나면 무색계의 사천(四天)인 유정천(有頂天)에 태어난다고 한다.

부정관(不淨觀)을 관찰하기를 굳게 지킨다면 범부들도 이무심정(二無心定)에 이른다고 하였으니 해탈하고자 수천 년 동안 헤아릴 수 없이 많은 범부들이 수행문을 찾았으리라. 그런데 무상멸정은 보살 제4지에서 쿤달리니가 완성되어야 겨우 갈 수 있는 경지이다.

관찰의선(觀察義禪)은 인무아(人無我)와 법무아(法無我)의 공부하는 단계와 그 뜻을 잘 관찰하는 것이라 하는데 전의한 보살 제5지 정도의 수행자들의 경계를 가리킨 듯하다.

반연진여선(攀緣眞如禪)은 사려나 분별을 넘어, 공(空)과 무(無), 허(虛)하다는 의식이 일어나지 않는 경지라면 보살 제6지 정도의 경계를 가리킨 듯하다. 공과 무는 수행자들이 해탈의 상징으로 사용하고 있는데 성품(性品)이 비어 있다는 의미이다. 전의하여 삼매에 들어가면 공과 무는 현상의 반대개념으로 사용한 것임을 알게 된다. 진여(眞如)의 뜻에 항상 합치하여 가는 행이다.

제여래선(諸如來禪)은 불지(佛地)에서 자심이 증득한 성스러운 지혜의 낙(樂)에 머무른다고 하였으니 보살 9~10지의 경지를 나타내고 있다.

위에서 여래선을 최상상선(最上上禪)이라 하였는데, 선가(禪家)의 일부에서는 조사(祖師)에서 조사로 전해 내려온 조사선(祖師禪)이 여래선보다 상위의 선이라 주장하였다. 교외별전(敎外別傳), 불립문자(不立文字), 조조전래(祖祖傳來)의 선을 조사선(祖師禪)이라고 말한다. 즉 경전이외의 마음에서 마음으로 전해진 법이라 하여, 경전 문자에 얽매이지 않고 오로지 좌선이나 봉(棒), 할(喝) 등의 방법으로써 중생의 면목을 깨닫게 한다는 것이다.

그 결과 만들어진 방법이 돈법(頓法)과 화두(話頭)법이다. 돈법이란 갑자기 단번에 보리(菩提)를 깨닫는다는 뜻이다. 돈법을 처음 주장하기 위해 기막힌 허구를 창조한 6조 혜능의 상황을 이해할 수 있지만 전의를 하지 못해 무공용행(無功用行)의 뜻조차 모르면서 조사(祖師) 직책을 수행하느라 얼마나 전전긍긍했을까 안타깝기까지 하다.

조사선(祖師禪)이라고 범인들보다 뛰어난 참선을 할 수 있는 것은 아니다. 불립문자와 교외별전, 직지인심, 견성성불 등을 내세우고 화두를 참구하는 것이다. 참선하는 수행자들이 매우 신뢰한다는 대혜는 조주(趙州)의 무자(無字) 화두를 특히 강조하였는데 주안점은 동정일여(動靜一如) 정도였다고 한다.

문제는 선가의 대종장(大宗匠)들이 한결같이 능가경의 행법이 불가사의해서 접근하지 못하고 이해할 수 없었다는 점이다. 불교의 근본은 달마가 가져온 능가경에 있으며 금강경은 깨달음 현상들의 단면을 기술한 경에 불과하다.

능가경이 가리키고자 하는 경지 즉 전의, 삼매 등으로 파생되는 깨달음의 현상들은 결코 화두 정도의 수행으로는 접근하지 못한다. 조사선(祖師禪) 정도로는 이무상정의 경지에도 미치지 못해 인간의 한계를 넘어서는 것이 거의 불가능하다.

무상정(無想定)과 멸진정(滅盡定), 즉 명상 중 의식이 단절되는 경지인 이무심정의 자리가 바로 인간의 한계를 넘어설 수 있는 지점이다. 이 자리에 안주해야 전의할 수 있는 자격이 부여되는 것이다. 쿤달리니에 의지하지 않으면 오감의 한계는 감히 넘보지 못한다.

식(識)이 전의(轉依)하면 열반이다

이때 대혜보살이 다시 부처님께 여쭈었다.

"세존이시여! 제불여래께서 설하신 바의 열반이란 어떤 것을 말하여 열반이라 하는 것이나이까?"

부처님께서 대혜에게 말씀하셨다.

"모든 식(識)의 자성습기(自性習氣)와 장식(藏識:제8식) · 의(意:제7식: 말나식) · 의식(意識: 제6식)과 제견(諸見)의 습기에서 전의(轉依)한 것을

나와 제불은 열반이라 하나니 이는 곧 모든 것의 성품이 공(空)한 경계이다. 또한 대혜여! 열반이란 자심에서 증득한 성스러운 지혜로 행해지는 경계[自證聖智所行境界]이며, 단견(斷見:죽으면 斷滅된다는 지견)과 상견(常見:존재가 영원하다는 지견), 유(有)다 무(無)다 하는 지견을 멀리 떠난 것이니라. 왜 상(常)이 아니라 하는가 하면, 자상(自相) 공상(共相)의 모든 분별을 떠난 까닭이며, 왜 단(斷)이 아니라 하는가 하면 과거·미래·현재의 일체 성자가 성스러운 지혜를 자심에서 증득하는 까닭이니라.

또한 대혜여! 대반열반은 무너지지 아니하고 죽지 않느니라. 죽더라도 다시 생을 받으며, 무너지더라도 함(작용)이 (계속) 있나니 이 까닭에 열반은 무너짐이 없고 불사(不死)이며 모든 수행자가 돌아갈 곳이니라. 또한 대혜여! 버림도 없고 얻는 바도 없는 까닭에, 단멸되는 것도 아니고 영원한 것도 아닌 까닭에, 같은 것도 아니고 다르지도 않은 까닭에 열반이라 하느니라.

또한 대혜여! 성문과 연각은 자상(自相), 공상(共相)을 깨달아 알고 버려서 어지럽고 혼란함을 떠나 잘못된 상(相)을 일으키지 아니하고 분별을 일으키지 아니하는 그 가운데서 열반이라는 생각을 내느니라."

爾時, 大慧菩薩摩訶薩復白佛言. 世尊諸佛如來所設涅槃說, 何等法名爲涅槃. 佛告. 大慧! 一切識自性習氣, 及藏識·意·意識見習轉已, 我及諸佛說名涅槃, 卽是諸法性空境界. 復次大慧! 涅槃者, 自證聖智所行境界, 遠離斷‧常及以有‧無. 云何非常, 謂離自相‧共相諸分別故. 云何非斷, 謂去‧來‧現在一切聖者自證智所行故.

復次大慧! 大般涅槃不壞不死, 若死者應更受生, 若壞者應是有爲, 是故涅槃不壞不死, 諸修行者之所歸趣. 復次大慧! 無捨無得故, 非斷非常故, 不一不異故, 說名涅槃. 復次大慧! 聲聞‧緣覺知自‧共相, 捨離憒鬧, 不生顚倒不起分別, 彼於其中生涅槃想.

*단견(斷見) ; 만유는 무상(無常)한 것이어서 실재하지 않는 것처럼 인간도 죽으면 심신(心身)이 모두 없어져 공무(空無)에 돌아간다고 고집하는 그릇된 소견

*상견(常見) : 인간은 죽지만 자아(自我)는 없어지지 않으며 오온(五蘊)은 과거나 미래에 항상 머물러 불변하여 끊어지지 않는다고 고집하는 그릇된 견해.

모든 식(識)의 자성습기와 장식(藏識:제8식)‧의(意:제7식)‧의식(意識:제6식)과 제견(諸見)의 습기에서 전의한 것을 나[我]와 제불(諸佛)은 열반이라 하나니, 이는 곧 모든 것의 성품이 공(空)한 경계이다

불교의 구경의 목표인 열반에 대해 설명하는 대목이다. 열반이란 번뇌의 불이 꺼지는 것을 가리키는 것으로 알려져 있었다. 여기서는 관습의 습성과 심‧의‧의식을 포함한 의식, 모든 사물을 헤아리고

생각[見解]을 설정하는 것 등의 총체적인 의식체계를 벗어나 전의한 것을 열반이라 한다고 좀 더 상세하게 설명하였다. 전의한다는 것은 의식체계, 즉 성품이 공(空)한 상태이고 이 상태가 열반이라 하였다.

　대혜여! 대반열반은 무너지지 아니하고 죽지 않느니라. 죽더라도 다시 생을 받으며 무너지더라도 힘[作用]이 있나니 이 까닭에 열반은 무너짐이 없고 불사(不死)이며 모든 수행자가 돌아갈 곳이니라

　대반열반은 무너지지 않고 죽지 않는다고 하였다. 사람이 산다는 것은 죽음이 있음을 의미하기도 한다. 인류는 모두 죽게 마련이고 석가모니 부처님도 죽었다. 그런데 왜 "무너지지 아니하고 죽지 않는다"라고 했을까.
　쿤달리니를 수행하는 동안 명상 중에 보는 많은 현상들, 예를 들어 중음신(中陰身)이 행동하는 모습, 영계(靈界) 신(神)들의 모습이나 행위들을 보면서, 사람의 모습으로 산다는 것 자체가 어떤 역할을 받아 이를 수행하고 있음을 깨닫게 된다.
　사람의 육체가 자신이 맡은 배역의 옷이나 장신구에 불과하다는 것을 깨닫게 된다면, 사는 동안 어려움에 부딪쳐 무너지더라도 무너지는 것이 아니며, 몸이 죽더라도 죽는 게 아닌 것이다. '몸이 죽는 것은 내가 죽는 것이 아닌 역할의 소멸일 뿐'이라는 깨달음을 얻게 되며 그래서 생사를 초월하게 된다. 이 경계는 전의 이전에 터득하게 되므로

항상 경건하게 수행하여야 한다.

또한 대혜여! 성문과 연각은 자상(自相)과 공상(共相)을 깨달아 알고 버려서 어지럽고 혼란함을 떠나 잘못된 상(相)을 일으키지 아니하고 분별을 일으키지 아니하는 그 가운데서 열반이라는 생각을 내느니라

'번뇌를 멀리하면서도 혹 다시 생각을 일으키지 않고 분별을 일으키지 않으면 그 사이에서 열반이라는 생각을 낸다'라고 하였다. 번뇌를 끊었으나 다시 생각이 일어나면 이를 일어나지 않게 하며 또한 분별심이 일어나면 이를 억제해야 한다는 의미인데 이 같은 방식으로는 결코 번뇌를 비롯한 의식 활동을 멈추게 할 수 없다.

사람이 살아 있다면 생각을 하는 것이 정상이다. 사람은 두뇌에 위해를 가하지 않고서 생각을 정지하게 할 방법은 없다. 단 한 가지 예외로 쿤달리니가 완성할 때가 되면 그때부터 생각이 순간적으로 뚝뚝 끊기기 시작한다. 이 뚝뚝 끊기는 순간을 넓히기 위해 노력해야 하고 넓어지면 그 상태가 바로 이무심정(二無心定)이 된다.

능가경은 전의하게 되면 바로 무공용행으로 편히 공부할 수 있다 하였지만 경을 저술하던 시대는 물론 현재까지도 쿤달리니를 각성하는 방법이나 완성에 이르는 방법이 없었으므로 전의한 수행자만이 이 무공용(無功用)의 혜택을 받은 것으로 기록하고 있다.

그러나 쿤달리니가 각성되어 태양신경총을 넘어서면 그때부터 무공용의 효력이 미치게 된다. 쿤달리니가 완성으로 진행하는 동안 눈앞에서 전개되는 마장이나 영혼과 생사문제 등의 기초적인 실상을 본다면 무공용행의 의미를 깨우치게 될 것이다.

삼매와 관정(灌頂)은 부처님의 가지(加持)이다

"또한 대혜여! 제불(諸佛)에게는 두 가지 가지(加持:護持 · 보호)로 모든 보살을 가지하여 부처님의 발에 정례(頂禮)하고 여러 뜻을 듣게 하나니라. 두 가지가 무엇인가 하면 삼매에 들게 하며, 그 보살의 앞에 몸을 나타내어 손으로 관정(灌頂)하는 것이니라. 대혜여! 초지보살마하살이 제불의 가지력을 입은 까닭에 보살 대승 광명의 선정(禪定)에 들고, 들고 나면 시방(十方)의 모든 부처님이 그 앞에 두루 나타나시어 몸과 말로 가지(加持)하시나니 금강장보살과 그밖에 이와 같은 공덕상을 성취한 보살마하살이 그러함과 같나니라.

대혜여! 이 보살마하살이 부처님의 가지력으로 삼매에 들고 나서 백천 겁 동안 여러 선근을 쌓아 점차 여러 보살지에 나아가 대치(對治)와 소치상(所治相)을 능히 잘 통달하여 법운지(法雲地:보살 제10지)에 이르면 대연화의 미묘한 궁전에 자리하고, 보좌에 앉아 동류의 수많은 보살이 둘러싼 가운데 머리에는 보관을 쓰고 몸은 황금과 치자꽃 빛깔과 같으며 보름달처럼 대광명을 발하나니, 시방의 제불께서 연화수(蓮花手)를 뻗치사 그 좌상(座上)에서 관정(灌頂)하느니라. 마치 전륜왕의 태자가 관정을 받고 나서 자재함과 같이 이들 여러 보살도 또한 이와 같나니라. 이러한 것을 두 가지 가지(加持)라 하느니라. 모든 보살마하살은 두 가지 가지(加持)에 가지(加持)되는 까닭에 모든 부처님을 친견(親見)할 수 있으며 그렇지 못하면 친견할 수 없느니라."

復次大慧! 諸佛有二種加持, 持諸菩薩, 令頂禮佛足請問衆義, 云何爲二. 謂令入三昧, 及身現其前 手灌其頂 大慧! 初地菩薩摩訶薩蒙諸佛持力故, 入菩薩大乘光明定, 入已十方諸佛普現 其前, 身語加持, 如金剛藏及餘成就如是公德相菩薩摩訶薩者是. 大慧! 此菩薩摩訶薩蒙佛持力, 入三昧已, 於百千劫集諸善根, 漸入諸地, 善能通達治所治相, 至法雲地, 處大蓮花微妙宮殿, 坐於寶座, 同類菩薩所共圍繞, 首戴寶冠, 身如黃金, 瞻蔔花色, 如盛滿月, 放大光明, 十方諸佛舒蓮花手, 於其座上, 而灌其頂 如轉輪王太子受灌頂已. 而得自在, 此諸菩薩, 亦復如是. 是名爲二. 諸菩薩摩訶薩爲二種持之所持故, 卽能親見一切諸佛, 異則不能

*가지(加持) : 호념(護念) 가호(加護) 보호(保護)하는 것 불보살이 불가사의한 힘으로 중생을 돌보아 주는 것

*관정(灌頂) : 보살이 10지 중 제9지에서 제10지로 들어갈 때 제불이 지수(智水)를 정수리에 뿌려 법왕(法王)의 직책을 받았음을 증명하는 것 이것을 수직관정(受職灌頂)이라 한다.

*정례(頂禮) : 오체투지(五體投地), 접족례(接足禮), 두면례(頭面禮)라고

도 함. 최상의 경례(敬禮)의 하나로 상대의 발에 머리가 닿도록 하는 인도의 절하는 법.

　*대치(對治) : 경계의 장애를 치유하여 넘어서는 것. 도(道)로써 번뇌를 끊는 것.

　*소치상(所治相) : 각 경계를 뛰어넘으면서 일어나는 상.

　또한 대혜여! 제불에게는 두 가지 가지(加持)로 모든 보살을 가지하여 부처님의 발에 정례하고 여러 뜻을 듣게 하나니라. 두 가지가 무엇인가 하면, 삼매에 들게 하며, 그 보살의 앞에 몸을 나타내어 손으로 관정(灌頂)하는 것이니라. 대혜여! 초지보살마하살이 제불의 가지력을 입은 까닭에 보살 대승 광명의 선정에 들고, 들고 나면 시방의 모든 부처님이 그 앞에 두루 나타나시어 몸과 말로 가지하시나니 금강장보살과 그밖에 이와 같은 공덕상을 성취한 보살마하살이 그러함과 같나니라

　부처께서 두 가지로 보살을 돌보신다는 것은 보살을 삼매에 들게 하며, 머리에 물을 부으시는 관정을 손수 시행하신다는 것이다. 이 삼매는 대승광명정(大乘光明定)이란 이름의 삼매이며 삼매에서 나오면 수많은 보살들이 둘러싼 가운데 부처께서 손수 관정하신다고 하였다.

　'들고 나면 시방의 모든 부처님들[入己十方諸佛…]'에서 '삼매에서 나오면[入己]' 모든 부처님이 두루 나타나신다고 하였다. 그런데 삼매에

들 때는 그 준비로 무상정(無想定)이나 전의와 같은 중간 단계가 필요하지만, 나올 때는 바로 현재(現在) 의식으로 바뀐다.

삼매에서 나왔다 하지만 선명하고 뚜렷한 의식인데 그 앞에 수많은 부처님들과 보살이 현신한다는 것은 의문이다. 이 역시 삼매 속에서 일어나는 것이 옳다고 여겨진다. 최초의 전의 이후 제10지 마지막까지 대여섯 가지의 깨달음의 현상들이 일어나는데 모두 삼매 중에만 일어나 자증할 수 있었다.

전의하면 의식은 밝고 맑고 뚜렷하다고 하였다. 뿐만 아니라 삼매 상태가 아닌 현상에서도 의식이 밝고 맑고 뚜렷해서 계속 이어진다.

대혜여! 이 보살마하살이 부처님의 가지력으로 삼매에 들고 나서… 모든 보살마하살은 두 가지 가지에 가지되는 까닭에 모든 부처님을 친견할 수 있으며, 그렇지 못하면 친견할 수 없느니라

수많은 보살들이 둘러싼 가운데 부처님이 손수 관정하신다는 이 깨달음의 현상을 이처럼 상세하게 묘사한 것은 기묘한 일이다. '머리에 보관을 쓰고 몸은 황금과 치자꽃 빛깔 같으며…'처럼 다채로운 색깔까지 기술하여 장엄하게 꾸민 것은 수행자들의 관심을 끌기 위함인 것으로 짐작된다.

수행자들은 경에서 이 대목을 읽고 자신도 이 현상을 보려고 노력해서는 결코 안 된다. 그런 현상도 있음을 인식하는 정도에서 그치고

염두에 두지 않아야 한다. 왜냐하면 명상하는 동안 줄곧 샛별을 보고자 하거나 또는 관정하는 영상이 떠나지 않을 것이기 때문이다. 그처럼 생각이 맴도는 경우 결코 전의하지 못한다.

삼매에 들어가려면 무상정(無想定)처럼 생각이 없는 공간을 통해 먼저 전의를 해야 한다. 삼매에서는 오로지 무공용행(無功用行)과 임운(任運)에 맡겨야 하는데 이 영상들이 조금이라도 남아 있다면 염력(念力)이 개입하게 되어 결코 전의에 들 수 없기 때문이다. 전의하게 되면 공(空)에 들었다거나 초월의 경지 또는 불지(佛地)에 들었다 표현한다.

전의하면 즉시 수승한 의식으로 바뀌어 현재 의식이 잠시 활동을 멈춘다 하였다. 명상이 계속되면서 자주 전의에 들게 되면 삼매가 잦아지고 의식의 멈춤 역시 잦아지다 보면 실생활의 의식에까지 영향을 준다. 의식 활동이 이루어지지 않는다 함은 생각이 일어나지 않거나, 분별하지 않거나, 하는 생각이 없다는 의미이다. 이 생각이 없는 상태가 10지에 다가갈수록 삼매에서는 물론 실제 생활에서도 점점 자주 나타난다.

이 경지에서 얼마 지나지 않아 보살 제10지가 마무리되는 공중무색(空中無色), 즉 참으로 순수한 공[眞空]을 체험하게 된다. 제10지가 마무리되어 공중무색의 현상을 자증하는 때가 되면 생활하면서도 거의 의식이 일어나지 않는다. 반야심경에서 마지막 현상으로 기록되어 있는 공중무색이란 공 가운데 색, 즉 생각이나 의식이 없는 진공(眞空)이라 할 수 있다. 의식 활동이 멈췄다는 것은 제8 아뢰야식의 기능이 정지하였음을 의미한다.

이제 삼해탈(三解脫)에 다가간 것이다. 삼해탈은 무념(無念), 무상(無相), 무원(無願)으로 생각이 일어나지 않는 것이 무념(無念), 생멸변천이나 생김새, 또는 집착 등의 작용도 생각이 일어나지 않으면서 서서히 없어지는 것이 무상(無相)이다. 무원(無願)이란 바라고 소망하는 것이 없다는 말인데 무상처럼 과거와 현재에 적용되는 의식이 없는데 미래에 적용될 의식이 있을 까닭이 없다. 따라서 의식이 멈추면서 아뢰야식도 멸진하며 동시에 해탈을 이루게 된다.

이제 각자(覺者)가 된 다음 어떻게 살아가는가 하는 문제에 직면할 수 있다. 전의가 되면 수승한 근본지(根本智)가 자리잡는다 하였는데 이는 진여처럼 분별을 여읜 진지(眞智)로 깨달음의 의식이다. 이 근본지와 함께 자리하는 의식을 후득지(後得智)라 하는데 여량지(如量智:無分別後知 · 俗智)라고도 한다.

부처가 되면 의식이 근본지(根本智)로 바뀌면서 동시에 후득지(後得智)를 갖추게 된다. 후득지는 부처가 되기 전의 의식을 얇은 분별 정도로 복사하여 세상의 일을 처리할 수 있는 지혜를 말한다 하였다. 내 경우 경(經)이 설한 대로 근본지와 후득지가 함께 자리하여 여생을 영위하고 있다.

해탈로 가는 길, 쿤달리니

초판발행: 2023. 1. 31

지은이: 김득주
펴낸이: 김득주
펴낸곳: 보문사

출판등록: 1987년 12월 1일 제301-2-383호
        경기도 고양시 일산동구 은행마을로 62 209동 204호(식사동)
        전화 010-5267-4264
ⓒ김득주, 2023. Printed in Seoul, Korea

값: 20,000원
ISBN 978-89-86662-04-7 03220

※잘못된 책은 바꿔 드립니다.